城乡建设发展系列

·本书由安阳市金科电气有限公司资助出版

基于演化观点的企业发展机制与发展环境优化问题研究

陈金波◎著

STUDY ON ENTERPRISES DEVELOPMENT MECHANISM AND DEVELOPMENT ENVIRONMENT OPTIMIZATION BASED ON EVOLUTIONARY VIEWPOINTS

中国经济出版社
CHINA ECONOMIC PUBLISHING HOUSE
北 京

图书在版编目（CIP）数据

基于演化观点的企业发展机制与发展环境优化问题研究／陈金波著．--北京：中国经济出版社，2022．11
ISBN 978-7-5136-4796-0

Ⅰ．①基… Ⅱ．①陈… Ⅲ．①企业发展-研究-中国 Ⅳ．①F279．2

中国版本图书馆 CIP 数据核字（2022）第 211815 号

责任编辑　叶亲忠
责任印制　马小宾
封面设计　华子图文

出版发行　中国经济出版社
印 刷 者　河北宝昌佳彩印刷有限公司
经 销 者　各地新华书店
开　　本　710mm×1000mm　1/16
印　　张　15．5
字　　数　220 千字
版　　次　2022 年 11 月第 1 版
印　　次　2022 年 11 月第 1 次
定　　价　88．00 元
广告经营许可证　京西工商广字第 8179 号

中国经济出版社 网址 www．economyph．com 社址 北京市东城区安定门外大街 58 号 邮编 100011
本版图书如存在印装质量问题，请与本社销售中心联系调换（联系电话：010-57512564）

目 录
CONTENTS

1 引 言

1.1 研究背景与问题的提出

企业在现代经济体系中居于核心地位，企业的发展状况实际上决定着一个国家或地区的经济乃至综合实力的强弱。因此，世界上许多国家或地区的政府都在努力优化营商环境，以促进企业发展。经过 40 多年的改革开放，尤其是党的十八大以来持续深化“放、管、服”改革、供给侧结构性改革、全面从严治党及扫黑除恶等一系列重大举措，中国在优化营商环境、促进企业发展方面已经取得了显著进步与成效。据统计，从 2013 年到 2021 年 4 月，我国企业从 1300 多万户增加到 4500 多万户，个体工商户从 4000 多万户增加到近 9600 万户（李克强，2021）。但是与贯彻新发展理念、促进我国企业高质量发展、建设中国特色社会主义市场经济、实现中华民族伟大复兴的中国梦等宏伟目标相比，与世界上经济发达国家或地区相比，目前我国企业发展环境与企业发展的实际情况依然不容乐观，还有许多重大的理论与实践问题亟待解决。

2021 年《财富》杂志世界 500 强企业排行榜显示，上榜的中国企业数量达 143 家，较上年增加 10 家，上榜企业数量已经超过长期排名世界第一的美国（122 家），居各国榜首，这说明近年来我国企业发展已经取得了显著成效。但是在以下几个方面，我国上榜企业与国外上榜企业相比仍然存在较大差距：①国外进入世界 500 强排名的企业大多是私营企业，而中国上榜企业则大多是国有企业，民营企业仍然很少。②国外上榜企业多属于竞争性很强的行业，如排名第一的美国沃尔玛公司就属于竞争非常激烈的零售业，而中国上榜企业则大多是石化、银行、电力、钢铁等政府行政性垄断的行业。③国内上榜企业虽然从营业收入、资产总量等总体指标数值来看比较大，但是从人均产值、全员劳动生产率等效率指标来看，则与世界500强企业具有较大差距，因此只能称为“大而不强”。与此同时，我国在经济转轨和对外开放过程中，随着大量跨国公司进入国内市场，在汽车制造、日用化工、电子芯片、农业种子等诸多行业还衍生出国内企业过度依赖跨国公司、本土市场基本被大型跨国企业占据、民营企业发展不佳、长期缺乏本国品牌等一系列重大经济问题。这充分说明我国企业发展环境与企业发展的总体状况依然不容乐观。

本书认为，如果某企业经营状况不佳、发展情况不良，主要原因可能在于该企业竞争能力不强等内部因素；但是如果一个国家或地区的企业普遍处于效率较低、竞争较弱的状态，则主要原因应在于企业发展的外部社会环境有待进一步优化。实践证明，哪个地方的企业发展得好，该地方的经济实力就强。近年来，我国地区发展产生差距的一个重要原因就是企业发展状况不同，有些地区不仅新生企业少，原有企业甚至还不断流出，经济发展缺乏活力，居民就业、经济收入等方面都受到严重影响，这反映出不同地区的营商环境之间具有较大差距。可以说，经济发达国家或地区的企业之所以普遍具有较高效率、较大规模和较强的市场竞争力，就在于这些国家或地区具有适合企业发展的社会环境，它们的营商环境排名也连续多年位居世界前列。我国企业之所以长期发展缓慢，与优秀跨国公司相比存在较大差距，主要原因也在于我国企业发展环境有待进一步优化改善。在企业发展环境的诸多构成要素中，政府行为在一国政治经济体系中具有特殊地位，因此政府管制政策法规对企业发展尤其具有重大影响，近些年世界银行对世界主要经济体进行营商环境评价与排名时，也会参考政府对开办企业、企业经营等方面的政策规定、办事效率等因素。

那么，企业是如何发展的呢？包括政府管制政策在内的企业发展环境又是怎样影响企业发展的呢？在我国还处于经济转轨时期、对外开放程度日益提高的情况下，我国政府应该采取什么措施、实行什么政策，才能创造良好的营商环境，以促进国内企业的健康发展？政府能否通过对企业实行强制性合并等措施，人为“制造”出具有强大市场竞争力的世界优秀企业呢？企业“优胜劣汰”是市场经济的根本特征，但是为什么我国很多行业的企业还存在“优不胜而劣不汰”的现象？这些问题都是关系到我国企业与经济发展大计以及中国特色社会主义市场经济体制建设的重大问题，十分值得我们关注和深思。因此，有必要对企业发展机制及企业发展环境有关因素的影响作用等问题进行深入研究，进而为优化我国企业发展环境、促进企业发展提出相应的理论指导和对策建议。

1.2 研究意义

1.2.1 实践意义

从企业发展的实际情况来看，当前我国企业发展的社会环境仍然存在较多问题与不足，特别是政府有关政策制度对企业发展仍然存在较大影响，主要表现在以下几个方面：

第一，政府有关部门对企业发展机制和发展规律缺乏科学认识。由于我国目前还处于经济转轨时期，计划经济的思维模式在很大程度上仍影响和困扰着有关政府决策。在企业发展的问题上，有关政府部门总是违背企业发展的客观规律，一方面，设置严格行政性进入壁垒阻碍新企业进入；另一方面，有时强制进行企业合并，拔苗助长、追求速成，企图人为制造出“大型企业”，一些地方政府甚至还采取各种地方保护主义措施来保护本地企业，使之免受外来优秀企业的竞争压力。但是企业发展的实际情况说明，无视企业发展机制、违背企业发展规律的行为，实际上很难打造真正具有市场竞争力的优秀企业。世界上第一个大规模并行处理计算机的共同发明人丹尼·希利斯（Danny Hillis）早就指出：“制造复杂机体的方法只有两种，一种是改造，另一种是进化。在这两种方法中，进化更为可取。”

第二，政府有关部门对有关社会环境因素影响企业发展的作用机理缺乏科学认识。企业发展环境包含的因素错综复杂，十分有必要科学认识有关因素对企业发展的影响作用。在过去很长一段时间内，无论是我国理论界还是政府有关部门，都过分注意和强调学习优秀跨国公司的管理、技术、创新等微观内容的重要性，而忽略了去研究和学习经济发达国家“制造”优秀跨国公司的“技术”，即政府应该如何创造适合企业发展的良好营商环境以促进企业顺利健康发展。前者的学习主体应该是各个企业组织，而后者的学习主体应该是各级政府。遗憾的是，有关政府部门总是在积极从事着本来应该由企业自己去做的事情，而对于分内之事则常常予以忽略或草率处理，主要原因就在于对有关企业发展的社会环境因素影响企业发展的作用机理缺乏科学认识。

第三，政府有关企业发展政策的制定长期缺乏科学理论指导。在企业经营与经济发展方面，国内理论界与政府部门经常机械照搬国外理论，以至于以促进我国企业发展为目的而制定的政策制度，实际上却恰恰严重阻碍了企业发展。党的十八大以后，我国从中央到地方各级政府进行了广泛“放、管、服”改革，持续优化企业发展的营商环境，与以前相比，在企业数量增加、企业规模扩张等方面取得了显著成效，但是国内企业尤其是广大民营企业仍然为种种烦琐的政策管制、繁重的税费负担、明显的制度歧视、不透明不公正的行政执法等问题所困扰，企业发展环境的优化仍然任重道远。

当前，我国改革开放持续深化，各行业跨国公司大举进入，国内企业普遍面临严峻挑战，经济安全形势严峻，与此同时，欧美等国家和地区的贸易保护主义重新抬头、表现强势。因此，研究企业发展机制与发展环境优化问题，具有非常重要的实践意义：①从总体上把握企业发展机制和企业发展环境的影响作用，必将使我国持续深化“放、管、服”改革、进一步优化营商环境的具体实践，少走弯路，有助于促进国内企业顺利发展；②我国企业面临更加复杂多变的国内国际环境，因此更需要在科学理论的指导下，转变总是依靠政府发展的传统思维模式，为迎接强势跨国公司的竞争制定科学的发展对策。

1.2.2 理论意义

以企业为主要研究对象的理论有很多，但是不同理论学派的研究内容和结论存在很大差异，这使得对各种企业理论的融合与评价变得更加困难。著名企业理论学者 Penrose E. T. （1959）指出："每个分析家都是任意选取其感兴趣的企业特征，并根据这些特征定义企业。"按照研究对象的数量与层次的不同，可以把各种企业理论划分为两大类：一类以企业个体为主要研究对象，主要包括企业规模经济理论、范围经济理论、交易成本理论、企业契约理论、企业成长理论、企业寿命周期理论、企业能力理论、企业资源理论、企业战略理论等；另一类以企业群体为主要研究对象，主要包括产业组织理论、企业集群理论、组织种群生态学、演化经济学等。

对于一国或地区的经济社会发展来说，企业群体显然比企业个体更为重要。虽然企业群体均由企业个体组成，企业群体的发展也包含企业个体的发展，但是由于企业之间存在竞争、合作等多种复杂非线性相互作用，因此企业群体并不等于其中企业个体的简单线性加总，企业个体的发展也并不一定总是与其所属的企业群体的发展保持一致。例如，政府对某行业设置政策性进入壁垒，这十分有利于现有企业获取政策性垄断收益，但是却可能会导致现有企业不思进取，而新企业又很难进入，从而阻碍整个行业的持续发展。又如，某个企业由于经营失败而退出市场，这对该企业来说当然十分不幸，但是对于市场中优秀企业的发展却又十分必要，有助于对企业优胜劣汰。因此，与单个企业的发展问题相比，企业群体的发展机理更为复杂，至今还没有被理论界所科学认识。原因虽然是多方面的，但是主要还在于居于主流地位理论的研究方法存在重大缺陷。

新古典经济学的集大成者马歇尔（2015）指出，经济学的基本研究方法有两个来源：一个是牛顿力学或机械论，另一个是生物进化论。前者从"理性假设"推导出均衡的概念，而后者依靠"物竞天择"假设来解释世界。主流的新古典微观经济理论以经典物理学作为方法论基础，以完全理性、完全信息作为理论假设，一切经济过程都是可逆的，也不存在时间概念，均衡是所有经济过程的结果。瓦尔拉（2015）明确指出："经济学的纯理论在每一方面都是类似于物理数学科学的一种科学。"诺思（2003）指出："（新古典微观经济理论）缺失的是对时间历程中经济演变方式的分析性理解。……分析和制定促进经济发展的政策，新古典理论实在是一种不合适的工具。新古典经济理论注重市场的运行，而不关心市场如何发展。如果人们不能理解经济是如何发展的，那么又怎么能够制定政策呢？……在进行时间历程中经济绩效的分析时，新古典理论包含着两个错误的假设：一是制度并不重要，二是时间并不重要。"哈耶克（2014）指出："经济学家通常都把竞争产生的那种秩序视为一种均衡状态——从某种角度来看，'均衡'并不是一个很适当的术语，因为'均衡'这个术语预先设定了这样一种情况，即所有的事实都已经被发现了，因而竞争也就停止了。"科斯（2003）指出，主流微观经济学正变得越来越抽象，它与真实世界越来越疏远了。可以说，虽然物理学的研究方法目前在主流的新古典微观经济学领域仍然居于统治地位，但是却难以科学解释企业和经济的发展问题，正在日益遭到越来越多学者的批评。

近年来，随着演化经济学、组织种群生态学等新兴学派把生物进化论的基本原理和研究方法引入经济学领域，从演化观点来认识和研究企业发展问题，已经逐渐成为当前经济理论界的重要研究课题。本书在生物进化论的基础上，对企业发展机制及企业发展环境有关因素对企业发展的影响等问题进行研究，可以在一定程度上弥补现有理论的一些不足，对一些似是而非的观点进行分析和纠正，为科学优化我国企业发展的营商环境、促进企业高质量发展提供科学理论依据和政策建议。

1.3 研究的主要理论假设

1.3.1 资源稀缺性假设

资源的稀缺性是经济管理理论建立和发展的重要基础。相对于人们对经济利益需求的无限性，人类可以开发利用的各类资源总是稀缺的，因此人们就必须考虑如何使用有限、稀缺的经济资源来更好地满足需要，即人们都要在资源有限的条件约束下对各种有待满足的目标进行优化选择，以便使资源得到最有效率的分配和使用。资源的稀缺性与人类需求和欲望的无限性之间存在着巨大矛盾，因此如何更有效地配置和利用资源以满足人们更多需要就成为经济学必须研究的核心问题。

1.3.2 经济人假设

经济人（Economic Man）假设一直是西方经济理论的基本理论假设，其主要观点是：①每个人天然地追求自己利益的最大化；②每个人在追求自己利益的同时又必须考虑别人的利益；③当每个人都追求自己利益最大化的时候，“看不见的手”会使其增进社会总收益、促进社会发展。英国著名经济学家亚当·斯密明确地把“利己心”看作驱动人们生产和交易的根本有效动力。按照经济人假设的观点，市场中的每个企业都会努力追求自身经济利益最大化，同时企业产品的购买者也会努力从交易中追求更多经济收益，即交易双方都具有最大化自身经济利益的动机和欲望，因此“利己心”是推动企业发展的内在驱动力。

1.3.3 有限理性假设

按照西蒙（Simon H. A.）的决策理论，有限理性（Bounded Rationality）指“一种受到较多限制的理性”，具有有限理性的人的行为只能是“意欲合理，但只能有限达到”。西蒙认为人的理性要受到三种限制：“每一备选方案所导致的后果的不确定性、不完全了解备选方案，以及必要计算无法进行的复杂性。”决策者在面临复杂环境限制情况下，对决策问题的认识、分析和处理等方面的能力都是有限的。按照有限理性假设，决策主体具有一定事先决策能力和事后判断能力，但缺乏完全的事前预测能力。根据有限理性假设，每个企业都只具有有限理性，因此企业在追求自身经济利益最大化的过程中，很难一开始就找到最优策略，在一定时期内企业所追求的只是在某个方面“比过去做得更好”，因此其策略选择总是客观上的“次优”而不是“最优”。

1.3.4 信息不对称假设

信息不对称指市场交易双方具有的有关信息总是存在一定差异，信息较多的一方在交易中往往处于比较有利的地位，信息较少者则可能会在交易中受到损失。在市场交易中，卖方常常比买方更了解商品信息，这导致商品买方会因为获取不到足够信息而对交易缺乏信心。占有较多信息的一方经常可能会利用信息不对称来以次充好、欺骗购买者，与此同时，占有商品信息较少的商品购买者为了避免交易产生经济损失往往会不得不“逆向选择”。市场交易双方的“败德行为”与“逆向选择”产生的直接后果就是使市场选择失灵，难以对企业优胜劣汰，造成“劣币驱逐良币”，这显然不利于企业发展。因此，作为市场交易主要监管者的政府就有必要进行严格的市场监管来防止信息不对称问题，企业也有必要主动进行相关信号显示以弥补信息不对称对交易产生的负面影响。

1.3.5 企业异质性假设

市场中的企业一方面具有一定共性，另一方面还具有多方面的个性，即异质性（杨瑞龙、刘刚，2002），它们采取不同的行动策略，这样就形成了企业之间的多样性。市场中企业之间的差异性对企业和经济的长期发展来说非常重要。国外有学者通过计算机模拟实验证明，多样化的经济系统由于具有更多创造性，在长期发展中能比同质经济系统产生更高增长率（杨虎涛，2011）。这是因为在同质经济系统中所有企业均遵循相同行为规则，其创造性必然受到限制；而在高度多样化的经济系统中，各个主体的决策和行为分散进行，大大降低整个经济系统受不确定性影响的可能，同时使系统的创造性得到足够保证，从而引发长期经济增长。而新古典经济学为了构建数学模型之便，通常假设所有企业完全同质，即所有企业的管理、技术及产品都完全相同，都以利润最大化为目标，在相同的市场环境中，依据相同规则开展生产经营。十分明显，按照企业同质性假设，最终市场必然走向完全竞争，即所有企业的产品、价格、利润与收益等均完全相同。这是一种典型的类型学思维（Typological Thinking）模式，很难对现实中不同企业之间的多方面差异等经济问题做出科学合理分析。企业异质性假设强调每个企业的主观偏好、差异性和多样化的重要性，其思维模式是人口学思维（Population Thinking）。米特卡尔夫（Metcalfe S.）指出，演化经济理论对新古典经济理论的替代，在思维方式上牵涉一个由类型学思维向人口学思维的转换。

1.3.6 机会主义行为假设

威廉姆森（Williamson O. E.）认为，机会主义是指人们一种狡诈的自私自利的行为倾向，如故意扭曲事实真相，误导、隐瞒、迷惑他人以获取利益（胡代光，2001）。钱颖一（2000）指出，经济人的天性是机会主义，即只要有可能就会采用一切手段扩大自己的利益，甚至不惜采用违法手段。市场交易一方会利用不对称信息或私人信息以损害另一方的利益为代价获取私利，这在法制不太健全的社会中十分常见。机会主义行为说明企业不会自动“遵纪守法”，只要外部条件允许，企业的机会主义行为倾向就有可能转化为实际行动。因此政府有关部门就有必要对企业行为进行必要的制度约束和严格治理，及时发现、惩罚严重违法的企业，否则就可能会发生“劣币驱逐良币”的逆向选择现象，让违法企业在竞争中获取更大经济利益，而遵纪守法的企业反而可能严重亏损甚至被市场淘汰，市场中多数企业的健康发展也会受到严重阻碍。

1.4 研究内容

本书共分为9章，可以分为理论分析、案例研究和政策建议三个主要部分。

第1章为引言。分析了本书的研究背景，提出了主要研究问题，论述了研究的理论意义与实践意义，介绍了主要研究假设、研究内容、研究方法和技术路线。

第 2 章首先对进化与演化的基本含义进行了回顾，简要介绍了生物进化论的基本内容，阐述了生物进化的三种机制以及生态环境对生物进化的影响。在此基础上，重点论述了不同学者或学派基于演化视角对企业发展问题以及企业发展环境的研究成果，并指出了目前研究中存在的问题与不足，从而为后文研究企业发展机制与企业发展环境的影响奠定了一定基础。

第 3 章对企业发展与生物进化进行了比较分析，从企业组织的整体系统性、目的性、生命有限性、遗传基因、异质性和多样性等方面研究了企业的类生物特性，并从企业组织规模的不确定性、复杂适应性等方面研究了企业发展的超生物复杂特征，以此说明人们可以借鉴，但不能盲目机械照搬生物进化基本原理研究分析和解释企业发展问题。

第 4 章探讨了企业组织变异的含义，论述了企业组织变异的两种方式——企业进入和企业创新。企业发展环境中影响企业进入与创新的政府因素主要有政府进入管制政策、开办经营企业的法律规定、政府工作效率以及外来直接投资政策等，就业观念、传统文化、治安状况、基础设施的完善程度等因素也会对企业进入与企业组织多样化产生一定影响。还采用生物学类比研究方法，论述了企业发展中的近交衰退风险。

第 5 章探讨了企业的适应度函数，建立了市场选择的生态学模型，通过模型对市场选择的过程与相应结果进行了解释。市场选择机制的重要作用，就在于对进入市场的企业优胜劣汰。影响市场选择的外部环境因素主要包括政府对商品的价格管制、政府对企业不正当竞争等违法行为的监管治理、政府对部分企业的补贴政策、进口贸易壁垒等。

第 6 章分析了企业基因的遗传方式与途径：优势企业对其企业基因的主动复制、企业衍生裂变与其他企业对优势企业的学习模仿。利用进化博弈论的有关知识，建立了企业基因通过学习模仿进行遗传的进化博弈模型，对优秀企业基因在企业之间扩散的过程和结果进行了深入分析。进一步对影响企业基因遗传的主要外部环境因素及影响作用进行了分析论述，主要包括政府对企业的反垄断管制、地方保护主义、国际贸易环境等。最后采用生物学类比研究方法，论述了企业发展中的传染病风险。

第 7 章在前文理论分析的基础上，以中国汽车制造企业为研究案例，结合美国、日本、韩国等汽车工业发达国家的经验，对中国汽车制造企业的行业划分、产品种类、社会贡献等进行了分析，并进一步从汽车总产量、工业增加值、销售额与总利润、劳动生产率、企业制度、国内与国际市场竞争力以及国内汽车制造企业与跨国汽车公司的合作情况等方面分析了我国汽车制造企业取得的发展成绩与存在的不足。

第 8 章对中国汽车制造企业发展机制与发展环境的影响等进行了科学分析。汽车制造企业发展的变异机制问题与影响因素主要有：汽车产业进入管制政策导致企业进入数量少，企业制度类型单一，民营资本进入时间晚、数量少，外资进入管制政策导致跨国汽车公司进入过早、过快、过多，汽车目录管制长期影响企业产品创新。汽车制造企业发展的选择机制问题与影响因素主要有：汽车价格管制严重影响企业价格竞争、大量汽车进口严重侵占国内市场、汽车市场地方保护主义严重扰乱汽车市场秩序、汽车企业垄断经营等不正当竞争行为长期存在、汽车制造企业市场退出障碍较大、企业数量长期居高不下等。汽车制造企业发展的遗传机制问题与影响因素主要有：企业规模成长缓慢、产业集中度长期偏低，限制性汽车消费政策长期影响汽车产销量，汽车消费者合法权益保护有待加强，保护性政府汽车采购政策长期缺位，企业地理布局分散阻碍企业学习交流与兼并重组。分析和解释了中国汽车制造企业长期以来一直发展缓慢、后来又转向依附型发展模式的主要原因，从而在一定程度上验证了前文的理论研究观点。

第 9 章在前文理论研究和案例实证研究的基础上得出研究结论，总结本书的主要创新点，并针对国内企业发展中所面临的主要问题，相对全面、系统地提出了创造合适的社会生态环境，以促进我国企业演化发展的政策建议，最后提出进一步的研究建议。

1.5 研究方法和技术路线

1.5.1 研究方法

本书所采用的研究方法主要可以分为三个层次：第一个层次是哲学层次，以马克思主义、习近平新时代中国特色社会主义思想、哈耶克的自发秩序理论、生物进化论和系统自组织演化理论为基本研究方法论，用发展的观点、联系的观点、整体的观点、矛盾的观点分析问题。第二个层次是一般科学方法层次，采用类比研究方法，理论研究与经验研究相结合，规范研究与实证研究相结合，定性分析与定量分析相结合，理论联系实际，主要面向我国企业发展的实际问题，为企业发展实践提供理论依据和解决对策。第三个层次是具体的科学研究方法，采用了生物进化论、数学生态学、进化博弈论以及案例实证分析等基本理论与研究方法，在广泛收集有关数据资料的基础上，从演化视角对企业发展机制及有关影响因素进行了一定研究。

本书力求在研究方法上突破传统经济、管理理论框架的束缚，尝试采用新的研究观点和方法研究企业发展问题，希望能够得出比较科学的研究结论。本书的研究是一项跨学科的研究，即综合了生物进化论、生态学、经济学、管理学等多学科的理论和知识来对企业进行研究。本书在应用进化论、生态学对企业发展机制及企业发展环境的影响等问题进行分析时，并不是机械地照搬自然科学理论，而是合理应用它们的理论体系和逻辑分析框架，因为企业作为一种复杂社会组织，在许多方面毕竟与生物存在很大差异。人类科学发展的实践经验也说明，自然科学理论的研究成果往往有助于对复杂社会问题的研究，因此本书坚信这种跨学科的研究是有益的，有助于得出比较科学的研究结论。

1.5.2 技术路线

本书的技术路线如图 1-1 所示。

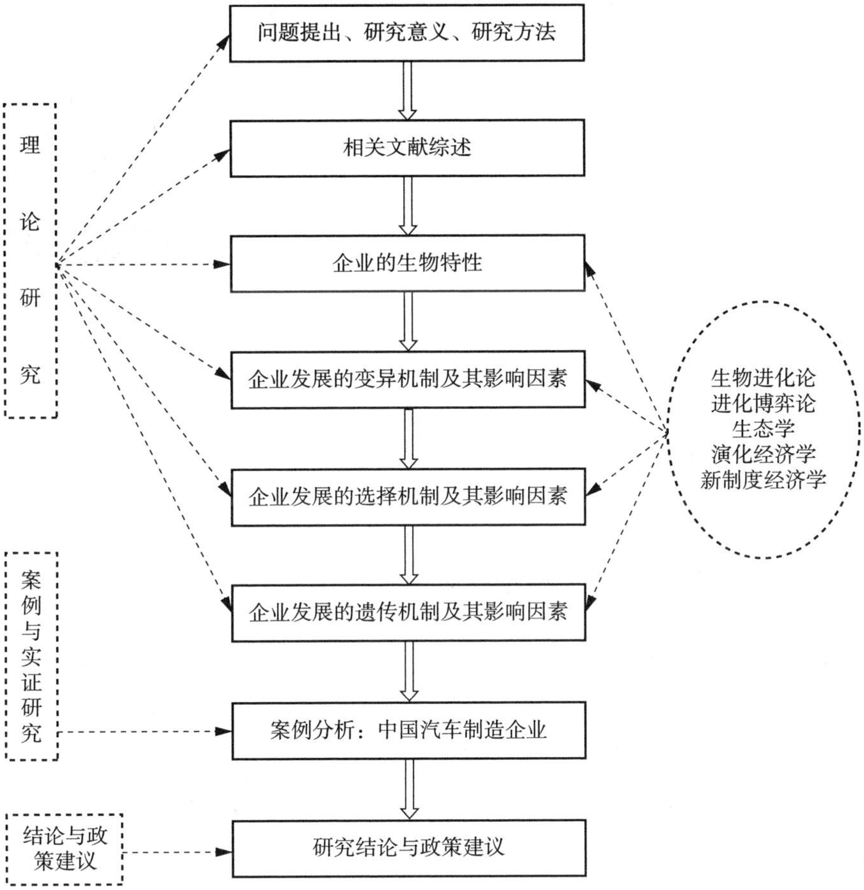
问题提出、研究意义、研究方法
相关文献综述
企业的生物特性
企业发展的变异机制及其影响因素
企业发展的选择机制及其影响因素
企业发展的遗传机制及其影响因素
案例分析：中国汽车制造企业
研究结论与政策建议
理论研究
案例与实证研究
结论与政策建议
生物进化论
进化博弈论
生态学
演化经济学
新制度经济学

图 1-1　本书的技术路线

2 文献探讨

2.1 生物进化论主要观点

2.1.1 进化与演化的基本内涵

进化与演化均来源于英文词语“evolution”，其内涵经历了长期发展变化。胚胎学家哈勒（A. Haller）在1744年最早使用“evolution”来表述其胚胎发育先成论有关内容。在达尔文时期，“evolution”主要指事物由低级、简单形式向高级、复杂形式发展、转变的过程。但是，达尔文认为生物进化不一定都是“进步”的。英国哲学家斯宾塞把“evolution”定义为：“进化乃是物质的整合和与之相伴随的运动的耗散，在此过程中物质由不定的、支离破碎的同质状态转变为确定的有条理的异质状态。”斯宾塞的进化概念是广义的，主要指物质从同质到异质、从无序到有序、从简单到复杂的发展变化的过程，为生物学及其他科学理论所广泛接受。根据该定义，进化并不是生物的独有现象，也可以用来表示包括社会文化等非生物系统的变化。

“evolution”的汉语译法主要有进化和演化。“进化”概念在我国生物学领域已经被普遍接受并得到广泛应用，生物进化主要是指生物在与自然环境相互作用的过程中，其遗传系统发生的一系列不可逆改变及相应表型的改变（张昀，2019）。该定义说明：①生物进化的结果使生物对环境的适应性得到增强；②生物进化主要用来描述生物群体（种群、群落等）的发展情况，生物个体的成长不能被称为进化。“演化”概念则被普遍应用于天文学、管理学、经济学、社会学等非生物学领域。本书遵从惯例，有关生物学方面的内容使用“进化”概念，关于企业发展等方面的内容则沿用“演化”概念，由于二者均译自“evolution”，因此并无本质区别。

2.1.2 生物进化论的产生与发展

从简单生命细胞的诞生到人类的出现，都是生物在适应环境的漫长历史过程中不断进化的表现与结果，但是直到19世纪人们才开始科学认识生物进化问题，产生了生物进化论。在中世纪的西方，各种学术思想都受到宗教束缚，宗教的“创世说”（creationism）等唯心主义占据统治地位。圣经《创世纪》把上帝视为创世主，认为包括生物在内的大千世界是上帝创造的结果，而且被创造出来后就永远保持不变。从创世论延伸出了两个生物学教条：生物适应环境的“目的论”（teleology）和“物种不变论”（fixitism）。在西方国家这种反进化思想一直到18世纪都牢牢占据统治地位。在19世纪初，法国学者拉马克（J. B. Lamarck）较早进行了科学的生物进化研究，首次提出了比较系统的生物进化学说。半个世纪后，达尔文（C. R. Darwin）提出了科学的生物进化论。此后，孟德尔（Gregor J. Mendel）开创的遗传学又进一步对进化论进行了修饰发展。可以说，现代生物进化论的主要理论来源至少包括三个方面：拉马克的进化学说、达尔文的进化论和孟德尔的遗传学。

（1）拉马克的进化学说

1809年，法国博物学家拉马克出版了著名的《动物哲学》。该书不仅全面总结阐述了此前的进化理论研究成果，还比较系统地提出了拉马克自己的进化学说。其主要观点有以下三个方面：①传衍理论。拉马克使用大量事实证明生物物种的可变性，包括人类在内的所有现存物种都由其他物种变化传衍而来，生物进化具有连续性、渐变性和多源性。他还指出，生命产生于非生命物质。②进化等级学说。他指出，生物进化是由简单到复杂、由低级到高级的逐步向上的发展过程。③“获得性遗传”学说和“生物器官用进废退”学说。他认为生存环境的改变能够引起生物发生适应性的变异，这种变化可以遗传，这就是获得性遗传。当动物的外界生存环境改变时，会改变动物的习性与行为，并导致某些器官使用强度的改变，在用进废退与获得性遗传作用下，生物不断得到进化。拉马克认为，环境的多样性是造成生物多样性的主要原因。

（2）达尔文的进化论

英国著名生物学家达尔文（C. R. Darwin）在 1859 年建立了科学的生物进化论。达尔文指出，自然选择能够使生物保留有利变异而消除有害变异，使生物的组织结构、功能发生进化，在变异积累到一定程度时即产生新物种，这就是著名的“物竞天择、适者生存”进化论，其核心是自然选择。达尔文进化论的主要内容有以下几个方面：①物种是不断变异进化的，新物种在不断产生，旧物种在逐渐消亡。有些生物变异能够遗传，有些则不能。②生物进化具有渐进性、连续性，不存在突然的变异即突变。③生物之间都有一定亲缘关系，现存物种均由过去的物种进化而来，它们有着共同的祖先。④自然选择是生物进化的重要动力。生物都具有过度繁殖倾向，但是一个物种的生存空间具有有限性，能够适应环境的生物个体被保留，不适应环境的生物个体则被消灭。⑤性状分歧与物种形成。同一物种的生物个体之间在结构和习性上愈歧异，在适应不同环境条件方面则愈有利，因而将会繁殖更多后代，在定向选择作用下，中间类型和不再适应环境的旧种不断灭亡，适应力更强的类型不断产生，于是原来的一个物种就会逐渐演变为若干个变种、亚种，乃至新种。地理隔离对物种性状分歧和新种形成具有促进作用。

（3）现代生物进化论

在拉马克获得性遗传学说和达尔文生物进化论基础上形成了多个学派，产生了现代生物进化论。①新拉马克学派。该学派以英国生物学家斯宾塞（Herbert Spencer）为代表，拥护获得性遗传学说，而否定自然选择对物种形成的重要作用。②新达尔文学派。该学派以德国生物学家魏斯曼（A. Weismann）为代表，强调自然选择对生物进化、物种形成的主要作用，提出了种质连续论，否定获得性遗传。③“突变论”。荷兰遗传学家狄·弗里斯（Hugo De Vries）认为新物种是突然出现的，而非长期自然选择的结果。④现代进化论。在20世纪发展起来的遗传学和细胞学基础上，逐渐形成了现代进化论。奥地利学者孟德尔在1900年建立了遗传理论，提出了分离和独立分配两大遗传定律，指出生物性状由“遗传因子”控制，对生物进化论进行了修改完善。在孟德尔遗传理论基础上，摩尔根（Thomas H. Morgan）提出了连锁遗传规律，创立了遗传基因理论和细胞遗传学，认为生物遗传基因的突变、选择、随机漂变等决定着生物进化的性质和方向。自然界中的巨大突变很少，而微小变异则必须通过定向选择的不断积累，才可能形成新物种。

2.1.3 生物进化机制与作用

“机制”（mechanism）原指机器运转过程中各零部件之间的相互联系及运转方式，后来逐渐被应用到生物学、社会学、经济学等领域，其实质是指系统内各部分相互联系、相互作用所产生的促进、维持、制约系统运行的内在工作方式（李朝霞，2001）。凡是机制均有以下几个明显特点：一是机制是按照系统的内在联系，在系统内部自发产生的作用；二是机制存在于系统内部，促进、维持、控制系统的运行和演化；三是机制是客观的，不同机制在系统演化中产生不同的作用和结果。根据生物进化论，遗传、变异和选择是生物进化的三种机制，三者对于生物进化均具有重要作用。

（1）生物进化的遗传（heredity）机制及作用

按照基因遗传理论，细胞是生物结构的基本组成单位，在生物上、下代之间传递遗传信息的物质被称为遗传物质，绝大多数生物的遗传物质是DNA，其主要载体是染色体。DNA分子复制时其两股双螺旋链相互分离，并分别作为模板，根据碱基互补配对原则，各自形成一个新DNA分子，每条链的碱基序列都和原DNA基本相同，这样就可以使亲代的遗传信息通过繁殖传递给子代。基因（gene）是有遗传效应的DNA片段，是控制生物遗传的物质单元，每个基因含有成百上千个脱氧核苷酸，它们在染色体上呈线性排列，排列顺序代表着遗传信息。现代生物遗传学将生物个体所具有的遗传信息总和称为基因型（genotype），它决定着个体的发育方向以及形态、生理、行为等特征。基因型的外在表达被称为表型（phenotype），即生物个体的外在性状。生物在繁衍后代过程中，将基因也遗传给了下一代。在生物基因库的多种基因型中，某些基因型会使生物个体得到更多食物、繁殖更多后代，从而导致生物种群内的基因频率发生相对变化，整个生物种群对环境的适应能力就得到了提高。因此遗传机制的重要作用就在于对优良基因的遗传，如果遗传过程受到阻碍，那些优良的生物基因就会随着生物个体有限生命的结束而消失，难以在生物种群中得到扩散和保持。

（2）生物进化的变异（mutation）机制及作用

受多种因素影响，生物繁殖下一代过程中遗传基因通常难以进行完全准确复制，而是会发生变异。基因变异主要有两个来源：一是突变，包括基因的突变和染色体的畸变，前者是指基因分子结构的改变，后者是指染色体结构或数目的改变；二是基因重组，即控制不同性状的基因进行重新组合。分子水平的基因变异产生于随机遗传漂变，基因变异既可能有利于生物适应环境，称为有利变异（advantageous mutation），也有可能不利于生物对环境的适应，称为有害变异（deleterious mutation），还有可能不对生物产生任何显著影响。因此，基因变异是中性的，并不会使生物种群进化，却可以产生新基因和基因组合，增加生物基因库的多样性，从而为自然选择提供备选对象。如果没有基因变异，生物基因库就难以保持多样性，生物种群对经常变化的自然环境就不能做出任何反应，从而也很难进化。

（3）生物进化的选择（selection）机制及作用

在多种生物基因型中，某些基因型会使生物个体在一定环境中得到更多食物、繁衍更多后代，因此这些基因型就可以通过遗传在生物种群内不断得到复制，导致种群内基因频率发生变化，从而提高整个生物种群对环境的适应力，这就是“适者生存”（survival of fitness）。如果没有自然环境的选择作用，所有基因型之间的优劣就得不到区分，优不胜而劣不汰，那些优良的基因型也就不会在生物种群内得到遗传复制，因此选择机制对于生物进化来说也是非常重要的。

通过生物基因的遗传、变异和环境选择的综合作用，生物就不断向着更适应环境的状态进化（尚玉昌，2010）。生物进化的遗传、变异和选择三种机制既各司其职，又全面协调，共同推动生物不断进化，各机制相互依存、环环相扣、循环作用，缺一不可，其内在逻辑关系如图 2-1 所示。

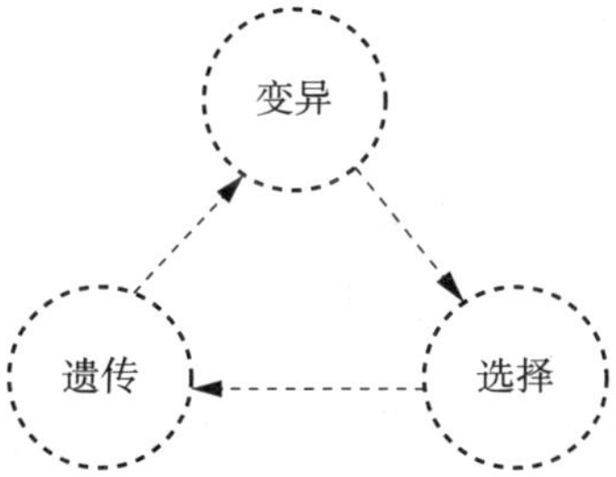

图 2-1 生物进化的遗传、变异与选择机制的逻辑关系

2.1.4 生态环境对生物进化的影响

生态环境是指某一特定生物体或生物群体以外的空间及直接、间接影响该生物体或生物群体生存的一切事物的总和（尚玉昌，2010）。任何生物都存在于一定生态环境之中，而且会发生相互影响作用。虽然生物可能会对生态环境造成一定影响，但是相对而言生态环境对生物的影响可以说更为重要。一定生态环境通过影响生物基因的遗传、变异和自然选择，就会对生物进化产生有利或不利影响。“橘生淮南则为橘，生于淮北则为枳”，这句话很形象地说明了生态环境对生物进化的显著影响。例如，如果受生态环境限制，一个生物种群长期进行近亲繁殖，就会严重降低种群基因库的多样性，使隐性有害基因得到表达，弱化生物个体对环境的适应能力（fitness），产生近交衰退（inbreeding depression）风险。在热带雨林等生态环境良好的地区，生物基因的遗传、变异和自然选择均能够正常进行，生物进化也能够顺利进行，呈现出一派繁荣景象。而在地球的南北两极、沙漠等自然生态环境非常恶劣的地区，生物基因遗传、变异和自然选择就会受到严重影响，生物进化就非常缓慢，物种稀少、一片荒凉。还有一些自然环境更恶劣的地方则不具备生物生存的基本条件，根本就没有生命存在，更谈不上生物进化。

2.2 演化观点的企业发展问题研究

马克思对达尔文进化论给予了高度评价，把它誉为19世纪人类社会的三大发现之一。生物进化论彻底推翻了在西方长期居于统治地位的宗教“创世说”和“目的论”，不仅在生物学领域产生了重大影响，对社会学、经济学、管理学等其他学术领域也产生了极为深远的影响，国外、国内的许多学者也从演化观点展开了对企业发展问题的研究。

2.2.1 旧制度经济学等早期经济演化研究

实际上，演化思想在经济学、社会学领域的产生比生物学更早，达尔文在创立生物进化学说过程中就曾经受到曼德维尔、马尔萨斯、斯密等演化思想的启发（贾根良，2015）。后来生物进化论得到较快发展完善，又反过来对经济学等理论产生了较大影响，很多经济学家都从生物进化论中获得启发和灵感。马克思高度评价了进化论，并运用演化论思想对技术进步、创新及制度变迁进行了阐述（韩喜平等，2013）。达尔文主义者认为，一切组织和复杂系统的发展都必然涉及变异、选择与承袭（遗传）三种机制（许文彬，2004）。G. M. 霍奇逊（2005）指出，旧制度经济学家凡勃伦（T. Veblen）最早把达尔文进化思想引入经济学领域，认为“问题不是事物如何在静态中自我稳定，而是它们如何不断地生长和变化”。凡勃伦主要研究了组织演进与制度变迁，建立了基于累积因果的经济制度演进范式（许文彬，2004）。这表明凡勃伦试图用一种系统、动态、整体的分析结构来替代新古典经济学的静态均衡结构。马克斯·韦伯（2020）指出，近代工业只有通过最适者生存的经济过程，才能培养和选择它所需要的经济主体，而不能利用机会获得盈利的企业注定要失败。哈耶克（2012）把市场竞争理解为发现和利用处于分散状态的知识与信息的过程。

著名经济学家马歇尔（A. Marshall，2015）认为，经济过程是动态演化的，并指出“经济学家的麦加（Mecca）应该在于经济生物学，而不是经济动力学。”但由于生物概念比静态物理概念更复杂，因而大量经济基础理论研究还是以机械类比、均衡、稳定为主；经济学不过是“广义生物学的一部分”，因此经济学家在研究社会组织特别是工业企业组织时，可以把它与高等动物机体上所发现的许多奥妙进行对比。马歇尔还认为，生产进程和知识积累不仅发生在单个企业范围内，而且发生在整个产业中乃至整个社会中。他把产业看作一系列由生产成本、市场份额等互不相同的异质企业联合而成，而且“产业结构不是由外部条件决定的，而是经历了一个渐进的历史发展转变过程后逐步形成的”。他已经认识到企业个体的发展与企业群体的发展是两个不同层次的问题。杰克·J. 弗罗门（2003）认为：“马歇尔表达了这样一种愿望，即经济学中流行的静态分析将是一种过渡状态，将被基于生物学概念的真正的动态分析所取代。”因此可以说，马歇尔的演化思想指示了经济学的长远发展方向，但是比较遗憾的是，他认为提出一门基于生物学的经济理论非常困难，其经济研究并没有沿着演化思想进行下去。从马歇尔之后，许多经济学家都受到了演化思想的影响。

哈罗德（Harrod R. F.）认为，企业家通常所面对的都是充满不确定性的环境，因此任何新的“处理事情的方法”都不过是黑暗中的一种探索，人们或许无法预知哪种方法或行为规则比其他的更为有利可图，但是人们可以通过事后比较得知什么样的规则相对较好，因此这些规则就会为人们所选择，而其他规则被排除（弗罗门，2003）。阿尔奇安（A. Aichian）建议在经济分析中用自然选择概念代替利润最大化概念。他认为演化机制会有助于企业种群对业已改变的外部市场做出反应；企业不应该被看作传统理论中的“完全的理性决策者”，而应被视为“适度性制度安排”，由市场力量决定其形态，这样，市场就被看作一种选择机制，获利企业扩张，亏损企业萎缩，确保效率相对较高的企业继续生存。阿尔奇安的思想对后来纳尔逊和温特的演化经济学的形成产生了较大的影响和启发。贝克尔（Becker G. S.）受到了阿尔奇安思想的影响，他认为经济演化过程可以产生标准的新古典结果，标准的新古典经济分析可以通过对演化过程的深入理解得到补充和完善。弗里德曼（Milton Friedman）提出了著名的 As-if 理论，认为新古典经济理论所坚持的收益最大化假设应当被理解为一种生存原则，只有那些力图获取最大化收益的行为主体才能够在市场选择中生存下来，因此收益最大化假设仅仅说明商人只是看上去在追求利益最大化，这是市场选择的结果，而不是说每个商人都是通过深思熟虑后才做出决策的。阿尔奇安、贝克尔和弗里德曼的市场选择观点说明，向新均衡的移动并不是由那些能够及时做出反应的理性企业造成的，而是由一种类似于生物学中自然选择的力量——市场所决定的。

尽管上述学者的经济演化思想还处于探索性阶段，但是说明许多经济学家已经将注意力从对新古典经济理论的静态均衡分析转向了对企业动态演化过程的分析，为以后从演化观点研究企业发展问题奠定了一定基础。

2.2.2 演化经济学的有关研究

熊彼特（Joseph A. Schumpeter）对创新过程的研究对演化经济学的形成具有重要影响。熊彼特在其著作《资本主义、社会主义和民主》中提出了内生技术进步理论，指出技术演化过程内生于人类演化过程之中。他把创新看作经济变化过程的实质，强调了非均衡和质变在经济体系中的重要作用，突出了企业家和技术创新在“创造性毁灭过程”中的核心作用。在对经济周期的解释中，熊彼特提出了基于“循环流转”的渐变过程和基于集群创新的突变过程的演化机制，这一机制以及基于创新的扩散过程的“Schumpeter 竞争模式”为后来演化经济思想的发展奠定了基础。

在西蒙的有限理性学说、熊彼特创新理论以及阿尔奇安经济演化思想等的影响下，纳尔逊（Nelson R. R.）和温特（Winter S. G.）共同出版了经典著作《经济变迁的演化理论》，这标志着演化经济学的形成。纳尔逊和温特在其著作中用了相当篇幅对新古典经济学的完全理性假设进行了批判，还基于有限理性和人类知识的分散性提出了企业“惯例”（routine）概念。企业“惯例”是指企业的规则和行为方式，犹如生物的遗传基因，由企业的经营特点、增长率和企业搜寻三个方面构成，具有学习效应的获得性遗传（heredity）特征，是拉马克式而非达尔文式的遗传。惯例既可以通过企业之间的学习而被遗传，也可以根据环境变化而发生改变。由于惯例不同，企业之间也具有一定差异，这就解释了不同企业组织之间的异质性。

纳尔逊和温特认为，改变企业惯例、培养动态能力有两种途径：“搜寻”与“创新”。所谓“搜寻”，是指企业在已知技术和惯例中寻找最适合自己的，与自身资源、能力相匹配的技术和惯例，而“创新”则是创造出原来没有的惯例。后者也被称为“熊彼特式竞争”（Schumpeterian Competition），它意味着要从根本上改变原先的惯例，进行“交互式发展”（Trade-off Development）。而前者意味着“选择”，选择就必须考虑环境，这对企业的成败兴衰至关重要。他们指出，市场是环境，而企业是市场中的行为主体，市场的选择决定着企业的生存和发展的界限，这一界限与企业存活能力和增长率有密切的关系，企业之间的竞争过程实质上就是企业对不断变化的外部市场做出反应和适应的调整过程。纳尔逊和温特除了继承阿尔奇安已经阐述了的企业生物相似性的演化思想之外，最有意义的是构建了一个与生物相似的企业研究框架，特别强调惯例、搜寻和市场选择对企业发展的作用。

纳尔逊和温特指出：“同在正统理论中一样，在演化理论中，说明个别企业的特点，主要是走向分析行业或其他大规模经济组织单位的行为的一步。本书中的模型都是‘行业的’，即许多颇为相似的企业在市场范围内相互起作用的情况，由产品需求曲线和投入供给曲线来说明其特点。”这说明，演化经济学对企业发展问题的关注焦点在于企业群体或遗传类型的命运，而非单个企业的命运，这一点也类似生物进化论。纳尔逊和温特认为，经济演化过程就是一个“惯例”学习过程，“惯例”是一种光滑序列的协调一致的行为能力，“惯例”是程序化的，在很大程度上，是一种无意识的知识，并且往往是自动进行的选择，它控制、复制和模仿着企业发展的路径和范围。

在纳尔逊和温特的著作发表以来，有更多学者致力于演化经济理论研究。Giovanni Dosi，Christopler Freeman，Richard Nelson，Gerald Silverberg 和 Luc Soete，Philip Anderson，Kenneth Arrow 和 David Pines，Richard Day 和 Gunnar Eliasson，Norman Clark 和 Calestous Juma，Lars Magnusson 等，就各自的研究主题出版了演化经济方面的理论专著，Ulrich Witt 对演化经济

学方面的经典工作进行了综述，《演化经济学》杂志（*Journal of Evolutionary Economics*）也得以成立。国内学者贾根良（2015）、蒋德鹏（2000）、邓向荣（2004）、杨虎涛（2011）等对演化经济学有关内容进行了比较系统的介绍、分析和论述。陈敬贵（2007）对经济领域的市场选择与生物领域的自然选择进行了比较分析。李玉红等（2008）从企业动态演化视角研究了“十五”前后时期中国工业企业的全要素生产率变动来源，发现中国工业企业的生产率水平和增速均有显著的异质性表现和差异。王皓等（2010）分析了中国制造企业的演化动态特征及其对劳动就业的影响作用。张天华等（2019）认为，经济发展的本质是微观企业优胜劣汰的动态演化过程。方芳等（2020）研究了环境规制对企业演化及城市制造业生产率的影响作用。

近年来，演化经济学在分析研究复杂经济现象方面不断发挥重要作用。总体来说，演化经济学的研究对象是随着时间变化的某一变量或某一系统，理论探讨就是为了理解引起这些变化的动态过程，特别是解释说明为何变量或系统到达目前这个状态，它是如何到达的（贾根良，2015）。这些变量或系统的变化既具有一定的随机性和扰动现象，又有通过系统的选择机制而呈现出来的一定的规律性。大部分演化理论的预测或解释能力在于其系统选择过程，通常假设这个选择过程具有一定惯性，同时这个过程亦潜伏着突变的动力，从而不断地产生新变种或新特征。演化经济学和生物进化理论都具有上述特征，然而演化经济学与生物进化理论在许多方面都有各自的特色。生物进化理论中强调的一些概念并未在演化经济学中使用，例如，性别和生殖在生物进化论中起着重要的作用，但这些概念很少在演化经济学中使用。又如，生物进化理论中强调的代际概念，也很难被引入技术、企业或制度的演化分析中来。但是，演化经济理论认为，微观个体在系统革新过程中发现的东西可以通过学习和模仿机制传给其他个体，这说明演化经济学沿用了拉马克的遗传基因理论。因此，纳尔逊和温特自称他们“毫不羞愧地是拉马克主义者”。演化经济学认为系统的变化具有一定的随机性，这样，开普勒的行星运动定律、牛顿的万有引力定理等确定性理论与演化理论是不相容的，基于古典物理的新古典经济增长的一般均衡理论也是与演化经济学不相容的。此外，演化经济学认为系统的变化具有一定的选择机制，从而呈现一定的规律性，这就排除了完全的随机性。

2.2.3 组织生态学的相关研究

在生物进化论的基础上，Hannan M. T. 和 John Freeman 在 1977 年创立了组织生态学。组织种群是该学派的一个重要概念，主要指进行类似活动的社会组织，范围比较广泛，不仅限于企业组织，还包括大学、医院、工会等其他类型社会组织。与演化经济学类似，组织生态学理论的研究重点不在于个别组织如何演变，而是整个组织种群（population）或组织群落（community）的变化，由于组织种群内一直在出现新组织，因此组织种群也在不断进行着演化。组织种群生态学主要解释了为什么随着新公司的增加，企业种群的多样性也在不断增强。组织种群演化的过程分为三个阶段：变异、选择和保留。这三个过程带来新组织形式在组织种群内的建立。Singh J. V.（1990）指出，组织生态学的中心任务是“对社会环境如何决定组织形态的产生与消亡率、组织的创建与死亡率以及组织形态的变化率进行调查”，并对组织生态学的内涵做了调整，把组织转换（transformation）看成组织生态学分析的结果。Hannan 和 Carroll（1992）把组织种群演化分为合法化（legitimation）和竞争（competition）两个生态过程，建立了种群密度（density）依赖公式解释企业种群的演化过程。Olav Sorenson（2000）在合法化和竞争的基础上又提出选择（slection）和组织学习（leaning）两个生态过程，通过选择可以淘汰适应度比较低的组织个体，而组织学习则可以提高整个组织种群的平均适应度，这样可以更准确地解释组织种群的演化过程。他以美国汽车产业为例对其理论假设进行了实证分析。Baum J. A. C. 和 Singh（1994）把企业组织演化分为四个层次：组织内演化（intraorganizational evolution）、组织演化（organizational evolution）、种群演化（population evolution）和群落演化（community evolution）。Aldrich H. E.（1999）从组织演化的角度对组织生态问题进行了具体分析和实证研究。P. A. Geroski 就美国汽车行业种群演化的动力学问题对市场依赖模型、负反馈模型、密度依赖模型以及传染病模型分别进行了实证研究，证明企业种群演化的动力主要来源于不同企业的相互影响以及决策者的非理性行为。Klepper S.（2002）研究了新进入企业的能力与美国汽车产业企业的演化之间的关系。Geroski 等（2010）分析了创业环境对企业创立的影响。Ghani 等（2016）认为印度黄金四角高速公路网络的修建提高了沿线企业的生产效率、规模和存活概率。Brandt 等（2012）认为，大规模的企业进入极大地促进了中国技术水平的提升和经济的增长。

近些年，越来越多国内学者开展了组织生态学的相关研究。罗珉（2001）在国内较早对组织种群生态学理论的发展情况及主要贡献进行了总结分析。高洁等（2004）发现，随着企业进入与竞争，整个产业的资本生产率等都会提高。陈金波（2005）分析了企业集群发展中面临的近交衰退（inbreeding depression）风险和传染病（infection）风险及防范对策。陈金波（2009）应用进化博弈论及种群生态学有关理论建立了企业竞争的生态学模型，研究了企业竞争的均衡结果。陈金波（2010）从变异、选择与遗传三个方面论述了产业集群可持续发展的生态学机制，提出了有关促进产业集群可持续发展的政策建议。杨正东等（2011）运用种群生态学分析了中国国有与民营企业数量变化关系。侯杰等（2011）基于组织生态学研究了典型中小企业的成长过程。梁强等（2017）发现不同新创企业具有不同成长路径并引致企业种群层面的演化。李玉红等（2008）发现，对于中国工业生产率的增长，企业进入退出演化导致的资源重新配置贡献与存活企业的技术进步贡献各占近一半。而杨汝岱（2015）、吴利学（2016）等则发现，企业自身成长是中国制造业全要素生产率（TFP）提升的主要来源，而企业进入、退出效应的贡献份额较小。张天华等（2018）发现，高速公路建设主要通过促进在位企业效率提升提高区域经济效率，企业进入、退出渠道没有显著作用。梁强等（2017）发现，不同新创企业具有不同成长路径并引致企业种群层面的演化。李俊青等（2017）发现，中国金融契约执行效率越高的地区，企业进入的激励越强。毕青苗等（2018）发现，中国地级市设立行政审批中心显著提高了企业进入率。

总之，种群生态学的主要观点如下：①比较强调组织之间的差异性和组织多样性的重要性。社会中组织的多样性直接关系到社会对不确定的未来变化做出反应的能力，任何活动领域的组织多样性都为解决集体性产出的生产难题提供了可选方案，每当未来表现为不确定时大量可供选择的组织形式就会显示出其价值。依靠少量组织形式的社会也许会繁荣一段时间，但是一旦环境发生改变，这个社会就会面临严重的问题，直到现存组织被重构，或新的组织形式出现。②认为环境是决定组织成功或失败的重要因素，特别强调环境对组织发展的影响力，社会力量如何决定某一组织种群的兴起和衰落是研究焦点。其假设和基本出发点是假定社会有无比巨大的力量，而单个组织则具有惰性，即使能有少量的改变，但始终敌不过大环境的压力，而难以完全适应环境变化。新组织的创新变革则发生得更为频繁，因此，当环境发生迅速变化时，老的组织容易衰退、失败，而能够更好地适应环境需要的新组织就会应运而生。比起那些变化缓慢的老组织，新组织更能满足社会新需求。若社会力量对于某个组织种群有利，那么该类组织会不断涌现；假如社会环境发生了重大改变，不再需要该类组织的产品、服务，甚至形态，则该类组织就必然被淘汰。③组织和组织种群为获得资源而进行竞争，每一个组织都正在为生存而斗争。这些斗争在新组织内尤为激烈，而且新组织的诞生和生存频度都与环境要素紧密相关。这些要素如市场容量、需求的可持续性、政治动荡、行业成长率和环境可变性，影响着大批专业化组织的诞生与生存。

2.2.4 路径依赖理论、组织效率理论等有关研究

W. Brian Authur（1988）较早开拓性地研究了企业技术演变过程中的自我增强和路径依赖问题，他认为企业新技术的采用往往具有报酬递增性质。由于某种原因先发展起来的技术通常可以凭借先占优势，利用规模巨大造成的成本下降、普遍流行导致的学习效应、许多企业采用相同技术产生的协调效应等，在市场中越是流行，越是促使人们相信它会进一步流行，实现自我增强的良性循环，从而在竞争中战胜对手。相反，一种比已有技术更优良的技术可能由于产生较晚、没有得到足够的追随者而陷入恶

性循环，甚至被锁定在无效率状态下难以自拔。总之，细小或偶然的事情和事件通常会把企业技术发展引入特定路径，而不同路径会导致完全不同的结果。L. Magnusson 和 J. Ottoson 对经济演化中的路径依赖性也进行了研究。Bathelt H.，Malmberg A. 和 Maskell P. 对区域型企业群体发展中的三种锁定效应进行了研究：①功能性锁定（functional lock-ins），即锁定到本地企业间的关系。②认知锁定（cognitive lock-ins），即将会有周期性低迷的长期倾向。③政治锁定（political lock-ins），即保留原有传统产业结构的很强的制度组织，影响到本地的内生潜力和创造力的发挥。路径依赖和这三种锁定之一种或三种同时存在，将会在一定情况下阻碍特定区域内企业群体的发展，使其长期陷入停滞状态。

新制度经济学的重要代表威廉姆森（Williamson O. E.）非常重视组织效率，他认为无论什么样的最有效率的组织形式都将会被观察到，因此他认为现存的所有制度和安排都将被提升到最可能有效率的那个位置：①有效率的组织形式之所以出现，是因为人们设计它们时就是要让它们有效率。②个人虽然无法预见未来的所有可能性，但是他们能从一个组织长期积累的经验中学习，而最终将会形成对环境的一种有效率的适应。③市场竞争可被认为是自然选择的一个合适类比，即成功企业的竞争可以引致其他企业的模仿和学习，或者有效率结构的企业将会很容易地清除无效率的企业。威廉姆森认为，在竞争市场的压力下，有效率的组织形式被假定会把无效率的组织形式驱逐出去，生存下来抑或被驱逐出去的组织形式取决于实际上被尝试的组织形式。他还指出，只有一个弱势的选择主义才是可以维持的，弱势的选择主义需要的是“较适应的生存”而不是“最适应的生存”，市场选择保证了所尝试的最有效率的结构将会流行。他还详细分析了“U”型企业为什么会被“M”型企业所取代。总之，组织效率理论的核心思想是，组织应该是有效率的。市场对组织选择的结果，将使更有效率的组织取代效率低下的组织。

与纳尔逊和温特提出的企业“惯例”概念类似，美国管理学家塞思·戈丁（Seth Godin，2003）把企业组织的制胜战略及其策略的基本构件、概念传递的功能单元称为企业记因（meme），记因在企业发展演化过程中起到类似生物基因的重要作用。记因式进化（memetic evolution）就是指创意或概念在从一个人到另一个人的传播过程和与其他记因结合的过程中，经过一段时间后发生的变化，结果是，最适应的记因得以生存并与其他记因结合，不适应的记因则会消亡。与生物基因的重组和变异相比，企业记因的变化与重组可以随时进行，因此企业能够以较快速度进化。戈丁认为，企业聘用新的员工、向其他企业学习、与不同供应商及客户进行商业往来，都会促进企业的记因发生重组与变异，因此企业可以通过选择与自己拥有不同记因的员工或客户来达到重组自身的记因、加速发展的目的。戈丁指出，企业招聘员工或选择客户非常重要，有关过程可以称为“企业的性选择”。类似生物个体通过选择优秀交配对象（生物的性选择）实现进化，企业只有选择优良记因进行重组，才会使自己得到更快发展。企业如果仅仅选择与自己各方面都比较相似的客户，则有可能造成近亲繁殖，使自己发展受阻。

2.3 企业发展环境的研究

正如生物进化要受到生态环境的影响制约一样，企业发展也要受到社会政治经济条件等企业发展环境有关因素的影响。系统自组织理论认为，系统所处的环境对系统的生长发育和自组织演化起着相当重要的作用。“不但产生天才难，单是有培养天才的泥土也难”，鲁迅先生的这句名言说明事物的外部环境对事物发展具有极大的影响作用。

2.3.1 早期综合视角的研究

早期对企业发展环境的研究文献较多，研究内容比较广泛、综合性较强，这里仅介绍代表性学者的观点。席酉民（2001）把企业的外部环境分为硬环境和软环境，硬环境包括自然环境和基础设施建设，软环境则包括人文环境、经济环境、政治环境、市场环境和管理环境（也称政府环境），其中，管理环境对企业发展影响较大。所谓管理环境，主要是指除自然、人文、社会、经济、政治、科技和市场等广义的环境因素外，企业发展必须面对和处理的外部关系，因为这些关系主要与政府有关，所以也被称为政府环境。由于政府的特殊性，政府环境对企业发展尤其存在重要影响，这也是国内外学者普遍重视政府作用的主要原因。李朝霞（2001）认为企业环境主要指企业边界以外的对企业行为有影响的所有要素的总和，可以分为作业环境、行业环境与一般环境三个层次，其中一般环境对企业发展的影响最为宽泛，能够导致一个国家或地区的企业普遍发展较差。梁嘉骅等（2002）把企业的外部环境视为企业生态环境，把组成企业生态环境的因素称为企业生态因子，生态因子对企业的发展起着或推动或制约的作用，主要包括：①经济生态因子，主要指影响企业产品或服务的生产、流通、消费等方面的因素。②社会生态因子，主要指文化、教育、社会制度政策、国际政治、科学技术等方面的因素。③自然生态因子，主要指自然生态，是指企业所处的地域地缘与自然资源情况。

2.3.2 营商环境视角的研究

受世界银行对世界上 100 多个国家和地区开展的营商环境评价影响，近些年对企业发展环境的研究逐渐转向了营商环境及其对企业发展的影响等方面。营商环境是国家或地区经济发展基础的重要方面，包括地理、历史及行政等因素，但主要指企业在开设、经营、纳税、关闭及执行合约等方面遵循政府的政策法规所需的时间和成本等条件（World Bank，2004）。世界银行创建了营商环境评价指标体系，主要从开办企业等 10 个方面评估监测 190 个经济体的营商环境并发布年度评价报告。Wach（2008）发现地区营商环境越好，越有利于当地中小企业发展。Klapper 等（2011）发现良好的营商环境能够促进创业。Elsayed 等（2009）认为营商环境能显著影响企业经营状况。Wagner 等（2017）发现政府对企业的良好服务及稳定高效的制度促进了欧洲企业快速扩张。许和连等（2018）认为优化营商环境有利于降低企业制度性交易成本、改善企业绩效。薄文广等（2019）认为企业家才能只有与一定营商环境相结合才会促进企业全要素生产率提升。夏后学等（2019）发现优化营商环境显著影响企业寻租与市场创新的关系。可以看出，得益于世界银行调查数据，营商环境及其影响的实证研究较多，在“知其然”方面做得较好，但是对营商环境是怎样影响企业发展等方面的理论机制研究仍显不足，在“知其所以然”等方面仍需努力。

2.4 研究结论及存在的问题与不足

2.4.1 研究结论

以上学派和学者已经从演化视角对企业发展与企业发展环境等方面进行了比较丰富的研究，它们各有特色与侧重点，一方面可以相互补充，另一方面也使得对企业发展问题的研究更具有系统性和逻辑性。通过对上述研究成果的分析，得出研究结论如下：

（1）演化视角的方法论

演化经济理论与新古典经济学研究范式的根本差异源自达尔文和牛顿方法论的根本不同。从研究方法论的角度来看，建立在完全理性及完全信息假设基础上的主流微观经济理论深受经典物理学的影响，如瓦而拉就认为：“经济学的纯理论在每一方面都是类似于物理数学科学的一种科学。”（贾根良，2004）新古典经济学以原子论和机械力学为理论基础，基于完全理性、一致性偏好等严重脱离实际经济情况的简单假设，对每个企业的生产函数进行加总得到社会需求函数和社会供给函数，并据此寻求经济系统的均衡结果。而凡勃伦、纳尔逊和温特等则以达尔文进化论、拉马克遗传理论为基本指导思想和研究方法论，演化经济理论模型能够比较真实地表现经济主体的多样性与复杂相互关系。

（2）演化视角的认识论

新古典经济学假设决策人具有完美的理性思维，决策人能完全了解所有可能的选择或基本理解这些选择的后果。在认识论上，演化经济理论针对动态过程的演化分析方法，相对于新古典研究方法来说是一个革命性的突破。演化经济学对于微观经济个体采用的是有限理性假设，因此这些个体不具备新古典理论中经济人全知全能的特征，无法事先掌握“客观”的经济活动规律。在演化经济学中，微观经济主体对于经济规律的认识是在演化过程中不断得到丰富和发展的，这与马克思主义的认识论相一致；同时，在个体化构模中，演化经济模型还涉及包括价值观在内的主观因素，这种主客体相互作用的演化过程与哲学的认识论观点也是相符合的。

（3）企业的异质性与竞争

新古典微观经济学为了数学模型计算和分析的方便，通常假设可以用一系列相同企业取代市场中差异极大的企业。演化经济理论则考虑了企业之间的差异性与竞争性，事实上这些差异性对社会经济长期发展来说也是必要的。市场经济国家与计划经济国家的经济发展历史说明，短期来看，存在高度差异性的经济系统没有差异性不显著的经济系统运行表现好，但长期来看，正是经济系统中的这种差异性，产生了持续不断的革新和创造的动力，从而引发市场经济国家长期的经济增长。

新古典经济学强调资源分配的研究，忽略了如何针对变化着的现实世界调整其组织结构的过程。熊彼特（2020）最早认识到新古典经济学的这种缺陷，他指出经济增长的主要动力是企业为了获得超常利润而引进的突破性发明，他解释了产业内部企业垄断地位形成的源泉。新古典经济学常常假设企业有追求利润最大化行为，而演化经济学则假设企业有搜寻利润的行为。在稳定环境下，利润最大化行为和搜寻利润行为区别不大。当企业运行的环境不稳定时，企业很难保证取得最优解，此时利润最大化行为和搜寻利润行为差异较大。

（4）对时间的认识

新古典经济学忽视了所有与时间有关的问题研究，即使讨论时间问题，也把时间看成是对称的或可逆的。新古典经济学注重市场平衡状态的研究，而轻视了达到均衡的时间过程研究。它假设企业能对变化的环境做出立即反应，从而达到新的均衡。演化经济学则认为，人类社会经济过程是不可逆的，过去的时间与未来的时间是不对称的，社会经济过程与生物进化过程的不可逆性极为类似。演化经济学还假定企业决策是连续的，每个企业决策时充分考虑未来的预期及其竞争对手的策略行为，企业的行为直接或间接地相互影响。企业可以学习模仿竞争对手的行为，改进自身的策略，故时间在演化过程中起着关键作用。

（5）随机因素及其作用

新古典经济学经济模型中，不确定因素以随机变量的形式出现在数学方程内，并给定随机变量的分布。不确定因素往往被过滤掉而集中注意力于一些重要变量的平均值研究上。新古典经济学派认为，即使存在不确定因素，理性代理人仍可找到最优化行为。而在演化经济理论中随机因素和选择机制都起着关键作用，特别是决策和搜寻革新过程，演化过程常被看成为一种试错过程，企业会尝试各种各样的战略，并且每一回都会有一部分发生替换，甚至会出现突破性的新技术。在多数情况下，用概率分布来描述这种不确定性是不可能的，这种不确定性使长期最优化决策难以实现，演化过程的长期趋势很难预测。但如果筛选过程的适应性标准确定，并且在一定时期内没有突破性的新技术出现，演化过程又呈现一定的规律性，从某种程度上讲，演化过程的长期趋势又是可预测的。

（6）演化视角的企业发展

演化视角的企业发展就是指企业为适应环境变化所发生的一系列变化过程和获得的相对稳定的结果，这是企业对市场环境适应性不断增强的过程。演化视角的企业发展研究主要关注企业群体（行业、企业群落等）的发展状况，主要是对企业群体中新奇的创生、选择、传播和由此导致的企业机能发展以及相关政策进行研究。

（7）企业发展的层次性

企业发展具有层次性：组织内发展、组织发展、种群发展和群落发展，各层次之间具有依次递增的关系。企业组织内发展是企业发展发生的最低层次。一般来讲，一种有效的创新总是首先发生在企业内部的某个部分，而后才会被整个企业复制，进而被种群和群落内其他企业学习和模仿，并由此引起整个企业群体的全面发展，一国或地区范围内企业的总体生产效率、市场竞争力也得到了提高。

（8）企业发展的路径依赖性

企业发展具有路径依赖性、锁定效应与时间不可逆性。按照演化的观点，企业组织当前的行为会对其未来状态产生难以预料的影响，因此锁定效应与次优状态有可能持久存在，相对低效的“QWERTY”打字键盘的产生与流行就是十分明显的例子，因此企业发展具有路径依赖性。企业发展还具有时间上的不可逆性，即如果某种力量导致了企业组织的变化，即使这种力量已经消失，企业也不可能恢复到原来的状态。

（9）企业发展的动因与外部环境的影响

企业对经济利益的无限追求与资源的有限性之间的矛盾是推动企业发展的主要动力，而生存环境的改变则是促使企业发展的外部原因，当环境的改变需要企业有新的知识和行为方式时，企业发展的必要条件就出现了。环境的变化会导致某种创新，当这一创新被证明有效并为其他企业模仿和接受时，企业就向前发展了。如果外部环境有利，则企业就发展得较快，如果外部环境比较恶劣，就会阻碍企业发展。

2.4.2 存在的问题与不足

虽然演化视角的企业发展研究已经取得了一些成果，但是仍然存在以下几个方面的问题，需要进一步深入研究。

（1）对企业发展机制还缺乏系统论述

虽然有的学者已经把生物进化的三种机制应用到经济学领域，但是对企业发展机制的具体内容还存在不同认识，缺乏系统、深入的研究论述。在演化经济学中，企业“惯例”是一个核心概念，其作用被视为与生物基因相类似。但是实际上，企业发展与生物进化存在着很大的差异。当生物个体孕育下一代时，其基因的遗传和变异才会发生，因此生物的进化速度要受到生物个体成熟期以及生殖周期的限制。企业发展则有很大不同，因为企业并不存在繁殖下一代的行为。那么，企业发展机制与生物进化机制有什么不同？纳尔逊和温特等对这些问题没有进行深入的论述。

（2）类比研究较多、差异研究较少

演化经济学与组织种群生态学对企业发展问题的研究主要集中在行业

层次，注重研究各种环境因素对组织种群内组织个体数量变化（进入率、死亡率、存量等）的影响，把企业看成与一般生物个体类似的组织，而没有注意到企业个体与生物个体之间的本质差别。生物种群和群落的进化结果一般是群内生物个体稳定在一定的数量范围之内，但是企业发展的结果一般是少数企业对整个行业的垄断。这种差别是由生物个体与企业个体之间的差异造成的。因为生物的需求、欲望以及寿命都是有限的，由其基因决定的，可以认为同种生物个体之间基本相同。但是企业对利润的追求则具有无限性，企业成长的边界以及寿命都具有很大不确定性，同一行业内不同企业个体在管理、技术以及规模等方面都存在很大不同。所以仅仅从企业数量变化的角度来研究企业发展问题，显然有失偏颇。另外，该学派对企业组织变异的认识仅限于企业进入，而没有认识到既有企业的创新实际上也是企业变异的一种重要方式。

（3）在企业发展环境及其影响作用与影响机制方面还缺乏系统研究

对企业外部环境的前期研究比较宽泛，定性分析较多而定量研究较少。得益于世界银行调查数据，近些年营商环境及其影响的实证研究较多，在“知其然”方面已经取得了较大进展，但是对营商环境有关因素影响企业发展的理论机制研究仍显不足，在“知其所以然”等方面仍需努力。

（4）针对国内企业发展环境与企业发展问题的研究较少

演化理论视角的企业发展研究一直被视为“非正统”学说，对我国营商环境如何影响企业发展等问题的研究仍然较少，联系中国“放、管、服”改革与企业发展实践的研究仍需要进一步深化。

总之，经过近些年的发展，基于演化视角对企业发展问题的研究已经取得了一些研究成果，但是仍然存在不少问题。在对企业发展机制的研究方面，多是简单地与生物进化机制进行类比，这导致有关概念比较含糊，难以对企业发展的复杂情况进行深入细致分析。对于企业发展环境及其影响作用等方面，则缺乏与新制度经济学、产业组织理论等有关主流学派在理论上的沟通，这使得一些研究缺乏坚实的理论基础和深入而有力的理论分析，对实践的指导作用和影响力也有待进一步提高。

2.5 小结

本章首先对进化与演化的基本含义进行了回顾，简要介绍了生物进化论的基本内容，阐述了生物进化的三种机制以及生态环境对生物进化的影响。在此基础上，重点论述了不同学者或学派基于演化视角对企业发展问题以及企业发展环境的研究成果，并指出了目前研究中存在的问题与不足，从而为后文研究企业发展机制与企业发展环境的影响奠定了一定基础。

3 企业发展与生物进化的比较分析

企业具有整体系统性、组织目的性、主动适应性、有限生命周期、遗传基因、异质性和多样性等类生物特性，同时还具有规模边界不确定、复杂适应性等超生物特征，因此可以借鉴，但不能盲目机械照搬生物进化基本原理研究分析和解释企业发展问题。

3.1 企业与生物的相似性

3.1.1 企业具有整体系统性

作为人类社会组织的企业具有整体系统性，是人们进行长期不断分工合作的产物，是由人组成的经济组织。美国管理学家巴纳德（Barnard C. I.，2013）指出，组织是人与人之间的协作系统，包含协作意愿、共同目标和信息联系三方面的因素；企业组织当中的经理人员的主要作用，就是对各方之间的协作活动进行协调联络，使组织能够正常运转。企业组织的每个成员必须遵守组织的各项制度规定，个人活动要融入组织的整体活动中，不能擅自自由行动。企业作为由人组成的高级复杂社会组织，具有个人所不具备的整体统一行动能力。在缺乏有效组织的情况下，不同人的思维、行动是分散进行的，因此个人的生产能力、竞争能力与生存能力也是有限的。而当很多不同个人在组织制度约束管理下组成了企业这样的社会组织时，个人利益的实现需要依赖企业组织的整体利益情况，构成企业的全体人员便能够形成远强于个人的整体系统思维能力和生产能力，这种整体系统性是企业组织得以持续生存、不断发展的重要组织基础。企业的整体系统性与生物个体十分类似。

3.1.2 企业具有组织目的性

按照经济人假设，企业是人类社会的经济组织，其主要目的就是追求经济利益最大化，而且企业获得的经济利益情况决定着组织的生存发展，这一点也与生物十分类似。企业的经济利益目的性实际上是人类行为目的性在社会组织层面的主要表现，人们在创造企业组织的时候也将自己的目的赋予了企业，期望通过企业来实现自己的目标。周其仁（1996）认为企业是“人力资本与非人力资本的特别合约”，而从本质上来看企业实际上是人与人之间的组合体，因为企业的非人力资本其实也来自其资本所有者，因此企业也成为有机生命组织。企业各项经营活动要由人来进行，企业的经济收益也要以工资、利息、利润、税收等各种形式分配给其利益相关者如经营者、投资者、银行、政府等。如果企业组织不能满足利益相关者的利益追求目标，就会面临解散风险。

3.1.3 企业具有主动适应性

在生物进化理论中，适者生存是基本规律，因此适应性是生物的主要特性。与此类似，作为人类社会组织的企业也具有较强的主动适应性，能够根据其外部环境要求和变化主动进行学习、创新，在组织结构、管理制度、生产技术等方面及时进行适应性调整更新，以便更有利于生存发展。那些能够较好适应市场与社会环境的企业可以获得充足资源，从而能够更好地生存发展，而不能适应环境的企业则很难获得维持生存的必要资源。企业的主动适应性首先表现在企业能够比较理智地面对环境变化，能够客观地认识自身整体的优势和劣势，进而选择合适的行为策略。企业适应性还表现在企业能够适时地进行必要的组织变革，具有自我破坏平衡的勇气和能力。但是企业的适应能力也有一定限度，没有哪一个企业对所有环境具有完全的适应性。从系统论观点来看，任何系统对环境百分之百的适应其实就意味着“热寂”状态的平衡，而百分之百的不适应则意味着系统死亡。

3.1.4 企业具有生命周期

与生物相类似的是，任何企业组织的生命都是有限的，都具有一定寿命周期，这就是企业从取得合法身份进入市场开始，然后不断成长、成熟，再到组织老化、解散并退出市场的过程。正是因为具有了类似生物的生命周期特征，企业组织才能够像生物进化一样不断发展演化。有关资料表明，全世界每年都有数以千万计的新企业成立和旧企业倒闭，没有哪个企业能够“长生不老”，这是企业组织生命有限性的突出表现，也是企业组织对环境有限适应的结果。当企业难以适应环境变化的时候，就会像生物个体一样衰亡退出，这一点与生物非常类似。但是与生物不同的是，生物个体的最长寿命周期由其遗传基因决定，而企业组织的寿命周期则具有不确定性，因为企业可以通过必要措施遏制或延缓衰退，并有可能重新获得强大生存能力。如果企业不能够根据生存环境的变化及时调整生存策略，则很快就会不断衰退消亡。

3.1.5 企业具有组织异质性

生物个体之间均具有基因异质性，由此也形成生物多样性，这对于生物进化具有重要作用。与此类似，不同企业组织在具有整体系统性、环境适应性、利益目的性、生命有限性等共性基础上，还具有多方面的个性即异质性，在知识结构、技术工艺、管理制度、组织文化、资源组成等方面都存在或多或少的差异，这样就形成了市场内企业的多样性。企业组织的异质性和多样性为市场环境的选择提供了备选对象，因此成为企业发展演化的重要条件。但是企业组织之间的异质性和多样性并没有为传统的主流经济理论所注意和重视。在新古典经济学的研究范式中，所有企业组织均被视为完全同质，企业之间事实上的各种差异被完全排除，因此也很难对企业之间的竞争、优胜劣汰，以及不断发展演化等经济问题做出科学研究与合理解释。

3.1.6 企业具有“遗传基因”

与生物具有遗传基因类似，企业也具有自己的“遗传基因”。纳尔逊和温特把企业的行为规则和行为方式称为企业“惯例”，惯例对企业发展的作用类似于生物基因的功能，是企业的固定行为方式和组织记忆，具有传递技能和信息的作用。他们指出，每个企业在管理、投资、生产、营销等方面都有一定惯例，因此企业的生产经营等活动就可以习惯性进行。企业惯例具有一定稳定性和刚性，能够通过企业之间的学习模仿而遗传。温特指出：“惯例趋于持续当然是演化理论的一个根本约定。”类似于生物基因发生变异，企业惯例也会根据环境变化而改变，具有获得性遗传（heredity）特征，是拉马克式而非达尔文式的遗传。荷兰学者约翰·C. 奥瑞克（Aurik J. C.）等（2003）把企业的业务能力要素称为企业基因（corporate genome），掌控着企业的“遗传密码”，决定了企业销售什么、销售对象是谁以及可以配置哪些资源。他们认为，如果把业务能力要素从它们所在的企业基因序列中独立出来，并以一种新的和更有效的方式加以利用，就可以对企业的基因进行重组，企业能力要素将会有更好的表现。塞思·戈丁（2003）把企业组织的制胜战略及其策略的基本构件、概念传递的功能单元称为企业的记因，记因在企业发展过程中起着类似于生物基因的作用。记因式进化是指创意或概念在传播过程及与其他记因结合的过程中发生的变化，结果是最适应的记因得以生存，不适应的记因则会消亡。综合上述学者的观点，可以认为企业基因就是指企业组织的习惯性行为规则，包括企业制度、管理模式、生产技术、组织文化、竞争策略等方面。企业基因具有相对的稳定性，决定着企业在一定环境条件下的行为模式和竞争力强弱。作为生物基因的类比物，企业基因也可以通过复制、学习模仿等途径在企业之间进行遗传扩散，还可能在遗传过程中发生重组变异。但是企业基因并不是一种像生物 DNA 那样看得见、摸得着的物质，企业基因的本质是企业组织的各种知识资源，企业知识指导和决定着企业的生产、经营活动。

3.2 企业组织的复杂性

企业是由人组成的复杂社会组织，因此企业发展既有与生物进化类似的方面，也有比生物进化更加高级、更加复杂的方面，主要有以下几个方面。

3.2.1 企业对经济利益的追求具有无限性

受遗传基因影响，在一定时间内生物个体所需要的食物数量比较有限，而且同种生物个体对食物需求量之间差别很小。与生物需要食物类似，但是却更为复杂的是，企业对经济利益的追求则具有无限性，而这正是推动企业不断持续发展的内在驱动力。企业是由人组成的社会组织，主流西方经济学也长期把个人作为经济分析基本单位。亚当·斯密指出，人们对经济利益的追求是经济发展的直接动力。心理学家马斯洛（A. H. Maslou）的需求层次理论把人的总需求分为生理、安全、社交、尊重及自我实现五个层次，当低层级需求满足之后，高层级需求就会自然产生，可以说每个人的需求都具有无限性，很难被完全满足。因此，由人组成的企业组织对经济利益的追求也具有无限性，表现为每个企业对利润的无限强烈追求。尽管理论上对企业组织的目标存在多种看法和认识，但是十分明显，如果一个企业不能够从市场获得足够利润，它就无法满足投资者对利润、劳动者对工资报酬以及需求者对产品的要求，因此也就无法获得更多资本与劳动等资源，就会面临解体危险。企业无限制追求经济利益的实际表现是，市场中有些企业已经非常庞大，甚至富可敌国，但是它们仍然在不断努力地追求更多盈利、促进组织扩张。

3.2.2 企业基因的遗传变异更加复杂

生物在繁殖下一代过程中才会发生基因的遗传、变异，因此就会受到繁殖周期、繁殖能力及寿命长短等因素限制，而且生物个体的基因在其生命孕育初期就已经形成而且在其生命周期内会一直保持固定不变，因此由遗传基因决定和控制的生物生活习惯与生态位（niche）也比较稳定，不可能发生突然变化，例如一头牛或一只羊就不可能在其生命周期内突然由食草动物改为食肉动物，而虎、豹等食肉动物也不会突然变成食草动物，这样，生物对环境的适应能力就受到了严格限制，生物进化的速度也比较缓慢。而企业基因的遗传则可以通过企业自我复制以及企业之间的学习模仿等多种途径同时进行，因此具有复制速度快、扩散范围大等多种比较复杂的特点。而且企业基因的变异也包括新企业进入与既有企业创新两种方式和途径，不仅能够在企业的代际更迭过程中进行，同一个企业在其生命周期内也能够实现企业基因的多次变异，因此企业基因变异与企业多样化的速度就大大提高，不再受类似于生物繁殖周期的限制。市场中企业组织的多样化也可以从纵横两个方面来理解：一是横向的多样化，即同一时间内各企业之间具有一定差别；二是纵向的多样化，是指随着时间推移同一企业能够通过创新来改变自己的企业基因，这也增加了市场内企业的异质性和多样化。因此，企业基因变异与企业多样化的速度也大大提高，这也是企业组织比一般生物高级和复杂的重要表现。

3.2.3 企业具有复杂适应性

适者生存是生物进化的最高准则。与一般生物相比，企业的适应能力要强大、复杂得多。复杂适应系统（CAS）理论认为，CAS 主体（agents）的主要特点是能够进行“学习”和“成长”，因此会随着时间不断演化，主体具有一定适应性是一切复杂适应系统的首要特征，“适应”一词基本上已经成为进化的同义词。作为高级经济组织的企业对市场环境也具有很强的复杂适应性，这也是企业组织比一般生物高级和复杂的一个突出表现，主要体现在以下两个方面：一是企业具有很强的学习模仿能力。那些在市场竞争中获得较低盈利甚至亏损的企业并不会坐以待毙，而是会积极搜寻新的信息，特别是会对优秀企业进行学习模仿，努力获得更多先进知识、经验、技术，提高自己的市场竞争力和环境适应能力。这样一来，优秀企业的基因就会得到更大范围的扩散、传播和保持，市场上的企业就会普遍得到发展，这在企业集群中表现得尤为突出。而且由于存在学习模仿行为，优秀企业只能在短期内保持竞争优势，只有持续不断创新才有可能保持领先地位，否则就有可能被学习能力强的企业所超越。二是与生物领域不同的是，在环境发生改变的情况下，企业可以通过创新来改变自己的“遗传基因”，从而可以适应新的环境。企业生态位的改变有可能十分迅速，如通过购买股票等手段，一家原来生产汽车的企业可以在很短时间内就加入电子或房地产等其他行业，从而有可能占领更有利于自身生存的领域，获得更多发展空间，进入新的发展周期。但是由于受到资源、技术等方面条件的限制，企业对外部环境的适应能力也存在一定限度，没有哪一个企业可以永远适应持续不断变化的环境，因此总会有一些不适应环境的企业破产退出。

3.2.4　企业规模难以确定

由于受遗传基因控制，生物个体的成长规模都被限制在一定范围内，身体过大或过小都不利于生物生存，如一头牛无论如何也不可能长得如一头象那么大。但是由于企业具有对经济利益的无限制追求、能够在其生命周期内多次改进企业基因等原因，企业规模的扩张边界很难明确限制，企业的最终规模往往难以事先确定。尽管许多学者都从不同角度对企业规模边界问题进行了深入研究，但是实际上没有人能够明确且具体地指出一个企业的最优或最大规模。主要原因就在于，不同企业在能力、资源存量等方面都存在着巨大差异，所以一个企业的“最优规模”不一定也是其他企业的最优规模。企业对最优规模的确定也是一个逐渐实验、探索的过程，企业规模边界很难事先确定和预计。施蒂格勒（Stigler G. J.）提出的生存技术（the Survivor Technique）理论认为，凡是在长期竞争中得以生存的企业规模均为最佳规模。世界企业发展史也说明，只要市场环境条件合适，企业自己就会在自组织作用下探索和确定适合自己情况的规模，宜大则大、宜小则小，但是企业发展的总体趋势是企业规模不断趋于扩大。《财富》杂志推出的世界500强企业排行榜显示，很多跨国公司的规模已经巨大，如2021年排名世界第一的美国沃尔玛（WALMART）公司的年营业额、利润分别高达559151百万美元、13510百万美元，已经远高于世界上多数国家的 GDP，但是近些年其规模仍然在持续提高，而且整个排行榜对上榜企业的营业额要求也越来越高。

3.2.5 企业竞争更加激烈

生物受到遗传基因影响，生物种群内的个体对食物需求量、体重成长规律及寿命周期等基本相同，因此在比较稳定的生态环境下，生物种群内的个体数量变化一般会遵守逻辑斯蒂方程，最终会受到有限环境资源限制而稳定在一定数量范围内。与此不同，市场中每个企业对营业收入等经济利益的追求具有永不满足的无限性，但是市场资源是有限、稀缺的，这种矛盾必然会导致企业之间的激烈竞争，每一个企业都竭尽全力，对内着眼提高自身利用经济资源的效率，对外则努力增强自己适应市场环境、获取更大经济利益的能力。但是企业之间在管理水平、生产技术以及经营实力等方面都存在很大差异，因此每个企业的成长规模与寿命周期都具有很大不确定性。经过激烈的生存竞争与市场选择，一些优秀企业的规模往往能够扩张到非常庞大的程度，组织寿命也能够延续很多年，但是依然保持成长状态。与此同时，还有很多企业的寿命非常短暂，进入市场后不久就破产退出。因此，同一市场中企业的数量变化不会遵守类似生物种群变化的逻辑斯蒂方程，而是会经历一个由少到多，再由多到少的“∧”形变化过程，第一阶段的变化是合法化（legitimation）过程，而第二阶段是竞争（competition）过程，最终绝大多数企业都被逐渐淘汰，只有极少数胜出的优秀企业垄断整个产业。所以说与生物种群相比，企业之间的生存竞争更加激烈，每个企业的风险也更大。

3.2.6 企业关系更加复杂

企业组织之间还具有比较复杂的相互作用关系，主要体现在以下两个方面：一是各企业组织会形成不同的层次，或者构成不同的企业集团、企业联盟、企业集群，如美国的硅谷、北京的中关村等；或者形成各种小类、中类和大类产业，如钢铁产业、电子产业、交通运输产业等。各个层次企业之间要么具有竞争替代关系，要么处于同一个生产链的不同位置，具有前后项的交易互补关系，形成各种企业群落。二是不同企业组织之间同时具有竞争与协同的特点，既存在对自然资源、人力资源、资本等有限经济资源的激烈争夺，又在共同面对极端复杂的生产经营问题的情况下合作，交流各自的知识信息，相互模仿学习，从而形成高阶次、多回路和非线性的信息反馈结构。

各企业之间所存在的复杂相互作用，使得企业群体从整体上已经超越原来不同企业个体各种性质的线性叠加，具有了新质。现实中，美、欧等国家或地区的企业在国际市场上所表现出来的强大竞争力，表面上是不同企业组织单独的市场竞争力，但是从系统观点来看，实际上是其企业群体整体竞争实力的统一外在表现。这种统一的系统竞争力，来源于群体中不同企业组织之间的复杂耦合关系，例如日本的大型企业集团与许多小型企业之间的协调性外包关系就是形成日本企业国际竞争力的一个重要原因。而在许多发展中国家或地区，企业主体之间则没有良好的功能耦合，许多企业长期处于“大而全”“小而全”的低效状态，导致了企业群体竞争能力的弱化。

3.2.7 企业发展环境的影响作用更大

市场等企业发展环境因素对企业发展所起的影响作用与生物进化中的自然环境还有所不同。生物遗传物质的改变总体上是由自身变化规律决定的，自然环境作为选择者和评判者，使得适应者得以保留、不适应者被淘汰，因此环境是生物进化的选择者和评判者。而在企业发展过程中，市场环境不仅仅起到选择和评判的功能，它对企业发展的影响首先是引诱和刺激，然后再通过比较、选择、同化等多种角色的作用，使获利企业扩张，亏损企业萎缩，确保效率相对较高的企业继续生存，促使企业不断地向着更高效率的方向进化。纳尔逊和温特指出，市场是环境，而企业是市场中的行为主体，市场的选择决定着企业生存和发展的界限，这一界限与企业存活能力和增长率有密切的关系，企业之间的竞争过程实质上就是企业对不断变化的市场环境做出反应和适应的调整过程。而企业又会反过来对市场环境产生巨大的影响，因此市场是企业进化的诱导者、决定者和承担者。由于市场环境总是处于不断的变动之中，因此企业惯例也会不断地产生变异。通过不断的学习、创新与市场选择，旧质的惯例就不断向新质的惯例变迁，企业也就不断得到进化和发展。企业显示了主动学习和创新的精神，这些主动性本质上是人的主观能动性的突出体现。

3.3 小结

本章对企业发展与生物进化进行了比较分析，从企业组织的整体系统性、目的性、生命有限性、遗传基因、异质性和多样性等方面研究了企业的类生物特性，并从企业组织规模的不确定性、复杂适应性等方面研究了企业发展的超生物复杂特征，以此说明人们能够借鉴，但不能盲目机械照搬生物进化基本原理研究分析和解释企业发展问题。

4 企业发展的变异机制与发展环境的影响作用

生物基因变异能够增加生物基因库的多样性，为自然选择提供对象。如果基因变异受到影响难以正常进行，生物基因库就不能保持足够的多样性，在环境发生不利变化情况下生物种群就会受到打击而很难做出能动反应。与此类似，企业发展的变异机制能够促进市场中企业组织多样化，为市场选择提供备选对象。在异质性、多样化的企业中，并非每个企业都能成功适应市场，但是如果变异机制受到影响难以发挥作用，那些潜在的优秀企业就很难产生，更不可能被市场发现，企业发展就会受到影响和阻碍。

4.1 企业组织变异的含义与作用

4.1.1 企业组织变异的含义

按照企业异质性假说，企业之间在制度、技术等方面存在一定差异，它们会采取不同策略开展经营管理活动，这是市场内企业组织的多样性的体现。与生物基因变异形成了基因多样性类似，企业组织变异也能够促进企业组织的多样性。不同学派对企业组织变异的认识并不完全一致。按照组织种群生态学的观点，企业组织变异（variation）是指企业种群中不断出现新的企业组织形式的过程，即新企业进入市场，可以促进市场中企业数量的增加。而纳尔逊和温特创立的演化经济学则认为，企业变异是指企业创新，如果企业进行了创新，其在产品种类、生产技术、管理方法等方面就必然会发生变化，尽管该企业仍然有可能沿用之前的名称，但是创新之后的企业实际上也可以被认为是一个新企业。综合以上观点，企业进入及企业创新均可以形成企业组织变异。

4.1.2 企业组织变异的作用

基于企业进入及企业创新的企业组织变异能够促进市场中企业组织的多样化，使处于分散状态的人类社会的知识得到充分表达和利用，因此它可以为市场选择提供更多备选对象，从而有利于企业发展。

诺贝尔经济学奖获得者哈耶克（Hayek F. A.）（2014）最早指出了人类社会知识的分散性及其对经济运行的影响，他把人类社会知识分为科学知识（scientific knowledge）和有关特定时空情形的知识（the knowledge of the particular circumstances of time and place）。哈耶克指出，有关特定时空情形的知识并不以一种集中且整合的形式存在，而仅仅是作为被所有彼此独立的个人所掌握的、不完全的而且还常常是相互矛盾的分散知识而存在的，它们分别为不同的人或组织所拥有，而且是难以交流和完全公开表达的。哈耶克（2012）指出：“正是在这个方面，每个人实际上要比所有的其他人都更具有优势，因为每个人都掌握着有可能极具助益的独一无二的信息，但是只有当立基于这种信息的决策是由每个个人做出的或者是经由他的积极合作而做出的时候，这种信息才能够得到应用。”

哈耶克（2012）还举例说，“一个靠不定期货船的空程或半空程运货谋生的人，或者一个几乎只知道瞬间即逝之机会的地产商，又或者一个从商品价格在不同地方的差价中获利的套利者，都是以他们所具有的有关其他人并不知道的那些一瞬即逝之情势的特殊知识为基础而在社会中发挥极大作用的。”著名经济学家钱颖一（1999）也认为，经济活动中最重要的知识恰恰就是这种分散在大众中的、非专业的、非常本地化的知识，这种知识才是创造财富的重要源泉。与有形资产不同，处于分散状态的知识是无形经济资源，具有极强的隐蔽性，它们天然地为其占有者所有，这些知识如果没有得到实际应用，或者说在得到应用之前，其他人可能根本就不会知道世界上还有这样的知识，更不可能知道它们有什么用处，因此也就更不可能有动力去寻找它们。哈耶克（2014）指出：“值得我们注意的是，这种广为分散的知识只是作为那些不同的个人的知识而存在的，而且也是不可能为某个指导性权力机构以任何可能的方式所拥有的。”所以，即使是在极端和纯粹的公有制计划经济社会里，这些分散和隐蔽的知识也不可能像资金、设备、土地等有形经济资源一样，成为可以由政府部门支配的公有财产。只有当基于这种知识的决策是由它们的掌握者做出的或者是经由他积极合作而做出的时候，这种知识才能够得到表现和运用。

根据哈耶克的知识分散性观点与企业有限理性假说，每个企业的知识均具有有限性，因此市场上企业组织的多样化程度越高，越能够促进社会上处于分散状态的知识的应用。如果企业组织变异不充分，企业多样化程度很低，市场中只有少数企业存在，那么就只有少量社会知识有机会得到应用，其他知识就失去了应用机会而被浪费。因此可以说，企业组织变异对于促进人类社会知识的应用与企业发展来说是非常重要的。

4.2 企业组织变异的主要方式与途径

4.2.1 企业进入与企业组织变异

企业进入是市场经济中十分常见的经济现象，指新企业组织进入市场并开始生产经营活动。企业进入会导致市场中企业数量的增加，促进市场中企业组织的多样化，其效果类似于生物基因变异，是企业组织变异的重要方式。企业进入市场的过程可以分为以下两个阶段：①准备阶段，这是潜在进入者对要进入的市场进行深入考察、决策和准备的阶段，有关投资一般局限于市场调研、产品开发及相应资金筹备等活动。由于此时潜在进入者还未取得合法企业组织身份，还不能进行正常生产经营活动。在准备时期，如果存在难以克服的进入困难和障碍，有的潜在进入者就可能会放弃进入。②实施阶段，经过准备阶段后，潜在进入者如果具备了开展生产经营的充分条件，就会办理有关法律手续，取得合法的企业身份和生产经营资格，积极进行相关投资活动并开始生产经营，正式进入目标市场，这就是市场中新企业的“出生”过程。

格罗斯基（Geroski P.）通过对英国79个产业的研究发现，企业进入对于促进全要素生产率的提高大约起到了30%的促进作用。阿罗（Arrow K.）发现，规模大、实力强的原有企业往往满足于现有生产经营活动带来的利润，而缺少研发新产品的动力。绍（Shaw R.）的研究表明，原有企业对20世纪50年代末迅速打进英国干洗产业的企业所使用的新技术在30年代时就已了解，但是却尽可能长地拖延对新技术的应用。戈特和克莱波（Gort M. and Klepper S.）研究发现，新企业的市场进入在新产品生命周期的早期就在激励创新方面起主要作用，在新产品及相关市场发展的早期阶段的绝大多数创新都是由新企业引入的，随着市场不断趋于成熟，新企业进入市场的难度会逐渐增加，进入数量也不断减少直至为零，因此新企业对市场发展的贡献也趋于下降。

4.2.2 企业创新与企业组织变异

企业创新（innovation）也是十分常见的经济现象，有关研究论述始于20世纪初，著名经济学家熊彼特在其著作《经济发展理论》一书中最早提出了“创新”概念，将其定义为“企业家对生产要素的重新组合……建立一种新的生产函数”。他把企业创新活动分为以下五种：一是引入新产品；二是引进新技术、新方法；三是开辟新市场；四是获得新的原材料；五是实现新的企业组织形式。他还进一步分析了企业创新与一般发明创造之间的区别与联系：企业创新是企业家把发明引进企业生产体系的过程，是把发明创造进一步商品化的活动。虽然企业创新并不会像企业进入一样增加市场中的企业数量，但是如果一个企业进行了创新，其在生产技术、管理方法等方面就必然会发生相应变化，因此也促进了企业组织变异和市场中企业组织的多样化，为市场选择提供可选对象。

企业创新具有很强的探索性和试错性，并非所有创新都能够为企业带来收益，有些创新还可能因失败而使企业遭受严重损失。在企业创新的动态过程中，以创新思维的形成为起点，随着知识、信息、资源等要素不断投入，创新活动各个环节紧密配合，才能实现创新目标。企业创新活动可以分为四个环节：一是创新思想形成阶段，企业往往是因为某项发明或提高盈利需要而产生创新设想；二是进行市场分析，拟定创新计划；三是将创新思想转化为新产品、新工艺、新管理、新制度等方面的落实阶段；四是创新成果的市场选择和检验阶段，企业创新如果被市场接受就会产生一定垄断收益，否则就会给企业造成相应经济损失。

企业创新有如下主要特征：①创造性。创造出新的资源以及对生产要素的重新组合，必然伴随着改进与提高的创造性活动，这是企业创新的最基本的特征，因此，熊彼特认为创新活动是一种“创造性的破坏”。②累积性。新的创新都要以先前的创新成果为基础，而且大量创新往往是渐进的，是既有创新成果的点点滴滴的逐渐累积，突变性的创新往往较少。③效益性。任何层次及规模的企业创新活动都需要一定的资源投入，而成功的创新又能够使企业获得一定的比较优势和经济收入，创新效益是企业开展创新活动的主要动力。④风险性。企业创新具有探索性和试错性，创新效果必须接受市场的选择和检验，因此创新活动也具有很高风险，企业创新结果很难事先准确预测。⑤扩散性。企业创新一旦取得成功，不仅会使企业获得相应经济收入，还会引起其他企业学习模仿，从而在企业之间不断扩散，推动企业普遍发展。

4.3 企业发展环境有关因素对企业组织变异的影响

如果受到企业发展环境有关因素的影响而导致企业进入与创新不能顺利进行，企业组织变异就会受到阻碍，市场中企业组织的多样化程度就难以充分提高，企业发展也会因此受到影响。如前文所述，在企业发展环境包括的多种因素中，政府具有独特暴力地位，因此政府有关政策制度措施对企业发展尤其存在显著影响，如政府的市场进入管制政策、政府部门的工作效率、外来直接投资政策、对知识产权的保护程度等均会影响企业组织变异与企业多样化。

4.3.1 政府进入管制政策及其影响

(1) 进入管制的有关概念

第一，进入壁垒。产业组织理论用进入壁垒概念来说明有关因素对新企业进入市场的阻碍作用。进入壁垒是新企业进入市场所面临的一系列障碍，反映了市场中潜在的竞争强度，高进入壁垒会使新企业很难进入受保护的产业，因此有利于保护现有企业的利润，防止租金耗散。贝恩（Bain J.）认为，进入壁垒就是“一个产业中原有企业相对于潜在进入企业的优势，这些优势体现在原有企业可以持续地使价格高于竞争水平之上而又不会吸引新的企业加入该产业”。贝恩定义的进入壁垒主要包括以下四种：规模经济（Economies of Scale）、产品差异（Product Differentiation）、绝对成本优势（Absolute Cost Advantage）以及投资的资本要求（Capital Requirement）。而施蒂格勒（Stigler）则认为进入壁垒是指那些“新厂商进入一个市场所负担的，而这一市场中的在位厂商不负担的生产成本”。施蒂格勒比较强调政府对企业的进入管制政策所形成的企业进入壁垒，而规模经济、产品差异、资本要求等因素在施蒂格勒看来都不构成进入壁垒。本书比较赞同施蒂格勒的观点，因为在位企业的绝对成本优势、产品差异、投资规模等经济性进入壁垒虽然也会对新企业进入市场形成阻碍，但是这些因素主要由具体行业的经济特征所决定，如汽车行业与服装行业相比就具有很高的规模经济进入壁垒，对此政府与企业均无法改变，因此本书对此类因素不再讨论，而主要关注政策性因素的影响。

第二，进入管制（regulation）。按照施蒂格勒等的观点，进入管制就是指政府对新企业进入一些产业所制定、实施的控制政策，实际上是政府管制诸多内容的一个具体方面。政府管制一直是西方经济学的重要研究内容，“政府”与“市场”的关系至今仍然受到密切关注。在第二次世界大战以后，西方国家政府为克服市场失灵的各种弊端，越来越多地采取了法制、行政等手段对有关产业和企业行为实行种种管制。西方经济学对政府管制的早期研究主要集中于考察政府对某些特殊公共产业的进入、价格等方面的控制，有关产业主要包括公用事业（电力、管道）、交通（公路货运、铁路、航空）与金融（银行、保险、证券）等，这种政府管制被称为传统经济性管制。卡恩（Kahn A. E.）指出：政府管制是对公共产业的结构及其经济绩效的直接政府规定，主要包括进入控制、价格决定、服务条件及质量的规定，以及在合理条件下服务所有客户时应尽义务的规定。卡恩的定义仍然局限于公用事业，缺乏普遍性。Joscow P. L. 和 Noll R. G. 进一步扩展了卡恩的政府管制概念，他们比较全面地总结了政府对竞争与非竞争产业的价格、进入、环境、健康、就业安全及产品质量等方面的管制。施蒂格勒指出："作为一种法规（rule），管制是产业所需要的并为其利益所设计和主要操作的。"他认为管制是国家强制权力的应用，并列举了四项政府管制措施：直接的货币补贴、对新进入的控制、对产业辅助品生产的鼓励及替代品生产的压抑、对价格的控制。史普博（Daniel F. Spulber，2008）定义了更加广义的政府管制，他认为："管制是由行政机构（administrative agency）制定并执行的直接干预市场配置机制或间接改变企业和消费者的供需决策的一般规则或特殊行为。"

（2）进入管制的相关理论

第一，政府管制的公共利益理论（Public Interest Theory of Regulation）。

政府管制的公共利益理论认为市场会失灵，如果放任市场失灵就会导致不公正、低效率，而政府管制就是对市场失灵的纠正。该理论认为，政府管制是针对私人行为的公共行政政策，是从公共利益出发而制定的规则，是对社会公正和效率需求所做出的无代价、有效和仁慈的反应，目的是控制企业对价格进行垄断或者对消费者滥用权力，具体表现为控制进入、决定价格、确定服务条件质量以及规定在合理条件下服务所有客户时的应尽义务等。该理论还假定政府在实施管制过程中可以代表公众对市场做出一定理性计算，使这一管制过程符合帕累托最优原则，这样不仅能在经济上富有成效，而且能促进整个社会的完善。Utton，Breyer，Weidenbaum 和植草益等都把政府管制看作对市场失灵的反应和矫正。总之，该理论认为政府管制是从公共利益出发，以纠正在市场失灵下发生的资源配置的非效率性和分配的不公正性，以维护社会秩序和社会稳定为目的，因此哪里有市场失灵，就应在哪里实施相应政府干预，以矫正市场缺陷。

对政府管制的公共利益理论的最大批评是，作为一种经济管制理论，公共利益理论本身是不完善的，它无法解释清楚市场失灵一旦出现，是通过什么成为修正性政策的对象的。Utton 结合英国政府管制的实际情况进行考察，认为公共利益理论缺乏说服力：在第二次世界大战以后很长时期里，英国的空中运输线路一直是由国家航空公司垄断经营的，其他公司很难进入，这样的政府管制在很大程度上就是为了建立政策进入壁垒以防止竞争；类似情况在公共汽车客运产业中同样存在——英国的长途和短途运输的严格特许制在很长时期里也被用来阻止竞争，尽管已经没有人认为公共汽车客运产业表现出强烈的自然垄断特征；英国通过垄断机构对牛奶销售的管制，看起来也主要是为了帮助牛奶生产商而不是为牛奶消费者而设计的，因为在这一领域人们已不再认为如果没有防止市场进入，就不能有效地维护安全标准。Utton 还列举了英国采煤和汽车制造业的政府管制的类似情形，从这些例子中人们很难认为把影响产业绩效的管制政策与市场失灵相联系是为了公共的利益，在管制结构下许多相关部门在牺牲消费者利益的基础上反而获利不少。对公共利益理论的批评导致了部门利益理论的出现。

第二，政府管制的部门利益理论（Sectional Interest Theory of Regulation）。

施蒂格勒最早提出了政府管制的部门利益理论，之后 Peltzman 和 Posner 对该理论进行了补充发展。该理论认为，确立政府管制的立法机关或政府管制机构仅代表某一特殊利益集团而非一般公众，政府管制是产业所需并为其利益服务而设计和实施的。他使用标准的经济供求分析来解释政府管制的存在，确立了一个以工商企业或消费者为需求方、政府为供给方的供求分析框架。从供求条件的变化就可以观察到管制政策究竟是为谁服务的。施蒂格勒发现，美国的一些政府管制在许多场合并不符合公共利益理论，许多产业总是试图谋求政府的如下强制管制：①政府对特定产业的税收优惠和直接的货币补贴。②控制产业进入。③控制替代品和互补品的生产。④固定价格（价格控制）。他认为进入自由对产业的补贴就是一种浪费。在新企业容易进入的那些产业中（如律师、药剂师、牙医、注册美容师等），现有企业对政府实施行业进入管制等措施的需求非常强烈。

在部门利益理论基础上派生出的政府管制俘获理论（Capture Theory of Regulation）认为，促使政府实施管制的要么是管制对象本身、要么是其他有可能从中获益的人，政府管制与其说是为了社会公共利益，不如说是特殊利益集团寻租的结果；也许某些情况下政府管制会给公众带来一些有益因素，但这不过是管制的意外结果，而非政府管制的实际初衷。总的来说，政府管制俘获理论增强了反政府管制的倾向，受此影响，英美等国家出现了放松管制（Deregulation）运动。该理论也为政府科学地制定和实施管制政策敲响了警钟，因为在政府管制中确实存在寻租、创租等情况。20世纪70年代在部门利益理论基础上还扩展形成了公共选择理论（Theory of Public Choice），该理论把政府管制政策的形成看作一个类似于市场交易的过程，那些需求政府管制者与那些被管制者（如产品供应商）经过讨价还价达成了协议，在此过程中还涉及选民、立法机关、行政机构、法院等政治力量，但是产品和服务的供应商可能占据上风，因为它们在政府管制中所具有的巨大经济动力比一般的公民或政府机构更多地影响管制决策。

政府管制的部门利益理论建立在以下假设基础之上：①政府的基本资源是权力，利益集团能够说服政府运用其权力为本集团利益服务。②管制者也是经济人，能理性地选择可使其效用最大化的行为。③政府管制是为了适应利益集团实现收入最大化所需要的产物。部门利益理论解释了一些特定产业，如美国的航空运输、部分农业、道路运输以及某些职业的管制方式，但对某些管制则缺乏解释力，如旨在保护消费者的产品质量、安全管制或旨在改善环境的某些管制，并非利益集团压力下的结果，其成本由现有厂商承担，而利益却广泛打散到社会公众，并且公众与这些管制的引入并没有多大关联。

第三，规模经济与自然垄断理论（Natural Monopoly）。

规模经济及自然垄断理论也为政府实施进入管制提供了理论支持。该理论认为，自然垄断产业是指由于产业存在显著的规模经济性，产品平均费用曲线随产品市场容量的扩大而向下递减，以致单一一家企业独占市场将比多家企业分享市场更能够取得更低平均成本，从而使得社会总成本最小的产业。鲍莫尔等认为，自然垄断产业未必只能建立在规模经济性的基础上，只要存在所谓的成本的劣加性（Subadditivity，又译作次可加性）或范围经济性，该产业就是自然垄断产业。范围经济（Economies of Scope）是成本劣加性的一个极端情况，是指一家企业提供具有共同投入品的各种产品要比多家企业分别提供其中一种产品节约成本。对自然垄断产业进行规制的根本原因，是在这类产业中实行独家企业垄断或少数几家企业寡头垄断在资源配置上可达到更高效率。因此，很多国家的政府都赋予特定的企业垄断供给权，并通过限制其他企业进入（即所谓进入规制）来维持垄断性结构，以免整个产业由于进入过度而使供给能力大量过剩，使得社会稀缺资源产生不必要的损失。

第四，过度竞争与重复建设理论（Excessive Competition and Redundant Construction Theory）。

过度竞争与重复建设理论也主张政府实施进入管制。在西方一些国家，过度竞争概念主要被用于为航空、货运及海洋运输等行业的进入管制政策进行辩护，这种理论认为如果某一行业的企业数量过多，就会导致企业之间产生恶性竞争、过度竞争，会导致经济资源的浪费，因此主张政府实施进入管制。但是在西方国家这种理论并没有产生明显影响力。Breyer指出，过度竞争的概念并未得到很好的定义，不适合小规模经济的竞争性产业。但是在中国，“过度进入”“重复建设”“恶性竞争”“过度竞争”等概念在经济研究文献中却有相当高的出现频率，而且对政府在很多行业实施进入管制政策产生了较大影响。

本书认为，重复建设概念从根本上说仍然来源于新古典经济学的企业同质性假设，因为严格来讲，只有建立多个完全相同的企业才可以被称为“重复建设”。如果每个企业都具有一定的异质性，那么即使是在同一行业同时成立多家企业也没有理由被称为重复建设，因为在存在一定共性的情况下，这些企业在管理方法、生产技术等许多方面还存在巨大的差异。如果硬要把这些企业说成是重复建设，那么重复建设就是必要的。对此钱颖一曾经指出：“在某种意义上说，没有重复建设就没有市场经济，重复建设是竞争的基础。”

(3) 市场经济发达国家的进入管制

西方国家政府对企业的进入管制主要有三种表现形式：首先，最简单的形式就是可转让配额。每家原有厂商都拥有一定数量的产品配额，这种配额由一定的政府机构来发放。一个潜在的进入者要获得这种配额，必须从现有厂商那里购买，这种配额价格就成为一种附加成本。其次，许可证或特许权也可以构成进入壁垒。潜在进入者进入政府管制行业前必须获得生产许可证，这种许可证可以从现有厂商处购买，也可以申请政府有关机构发放，但是申请和发放的程序会十分烦琐，新进入者必须证明它所提供的产品或服务是市场必需的。另外，既有厂商也会有强烈的动机和行为来反对发放更多的许可证。最后，是对新进入厂商的政策歧视，即“新人新制度，老人老制度”。这种对原有厂商和新进入者实行两套标准的做法会给后者造成很高的进入壁垒。

进入管制在西方市场经济发达国家曾经长期存在，但主要还仅限于少数被认为具有自然垄断特征或对国家经济发展十分重要的行业，如通信、航空、金融等。尤腾（Utton M. L.）指出，英国的航空运输业在很长时间内都一直由国家航空公司垄断经营，其他企业基本上不可能进入；在公共汽车客运服务业，英国对于长途与短途运输也实行严格的特许制以限制新企业进入。美国政府也曾经对航空业、金融业等行业实行进入管制。

(4) 我国的进入管制政策及其演变

如果说进入管制在西方发达市场经济国家还仅限于少数具有自然垄断特征的行业的话，在计划经济、转轨经济及一些发展中的市场经济国家则有更为广泛、复杂的进入管制形式，对企业进入的影响范围和阻碍作用也更大。在我国，由于长期受到计划经济体制、重复建设观点等方面的影响，就曾经存在广泛而严重的进入管制，主要表现就是很多行业都曾经实施对私人经济的严重歧视性进入限制，导致很多行业只有清一色的国有企业，企业数量增长缓慢、制度类型单一、严重同质化、创新能力弱，企业整体发展缓慢，企业发展的滞后进一步严重影响了全国及区域经济的健康持续发展。

我国改革开放以来，尤其是党的十八大以来，各级政府持续实施

“放、管、服”改革，其中的“放”主要就是指“简政放权”“放松进入管制”，我国曾经广泛实施的对私人经济的进入管制政策已经普遍放松或完全取消。例如，《中华人民共和国公司法》曾经要求有限责任公司的最低注册资本为30万~50万元，在全世界都属最高之列，过高的注册资金门槛等条件要求严重限制了民营企业进入市场，极大地阻碍了企业数量的增加和企业多样化程度的提高。在2014年初国务院批准公布了《注册资本登记制度改革方案》（以下简称《方案》），明确提出要通过改革公司注册资本及其他登记事项，进一步放松对市场主体准入的管制，降低准入门槛，激发各类市场主体创造活力：①降低注册资本门槛，注册资本由实缴登记制改为认缴登记制，放宽注册资本登记条件，公司股东（发起人）可以自主约定注册资本总额，取消以前有关法规制定的有限责任公司及股份有限公司最低注册资本数量限制，可以“一元钱办公司”；公司设立时全体股东（发起人）可以自主约定首次出资比例、可以“零首付”开办公司，还可以自主约定出资方式和货币出资比例，对于高科技等创新型企业尤其可以灵活出资，提高知识产权等非现金资产的出资比例，克服货币资金不足的困难；在进行公司登记时，也无须提交验资报告。②简化市场主体住所登记手续，主要是考虑到现实中很多企业特别是小微企业、初创企业等对经营场所的要求较低，简化登记手续有利于更方便市场主体准入。对于广大民营创业者来说，《方案》实行的注册资本登记制度改革极大地降低了公司注册门槛和创业成本。

党的十八大以来，我国政府持续深化改革，大力开展包括《方案》在内的放松进入管制的系列改革举措，在促进国内企业进入方面产生了十分明显的效果，很多行业新注册企业尤其是中、小、微型企业的数量呈现井喷式增长。2021年6月，李克强总理在全国深化“放、管、服”改革着力培育和激发市场主体活力电视电话会议上的讲话指出，我们把简政放权作为转变政府职能、应对经济下行压力的“先手棋”，不断推进商事制度等改革，极大地促进了市场主体发展，从2013年到2021年4月，我国平均每年新增市场主体超过千万户，登记在册的市场主体总数由2012年的近5500万户增加到2021年4月的1.43亿户，增长了1.6倍；其中，企业从

1300多万户增加到4500多万户，个体工商户从4000多万户增加到近9600万户。

但是与发达市场经济国家的情况相比，我国进入管制有关规定仍然有很大改革提升空间。如《方案》指出，现行法律、行政法规以及国务院决定明确规定实行注册资本实缴登记制的银行业金融机构、证券公司、期货公司、基金管理公司、保险公司、保险专业代理机构和保险经纪人、直销企业、对外劳务合作企业、融资性担保公司、募集设立的股份有限公司，以及劳务派遣企业、典当行、保险资产管理公司、小额贷款公司实行注册资本认缴登记制问题，另行研究决定。在法律、行政法规以及国务院决定未修改前，暂按现行规定执行。而且，我国在通信、电力、铁路、石化、金融、汽车制造等一些重要行业仍然对民营资本准入存在较大政策性歧视，甚至已经允许外资进入的一些领域仍然限制国内民营资本进入。因此，放松进入管制改革仍然任重道远，有必要继续深化。

4.3.2 开办企业的烦琐法律规定和政府工作效率及其影响

如果说政府实施进入管制尚有一定理论依据的话，政府在开办企业方面的烦琐法律规定和过低工作效率则完全没有理论依据，但是也会严重阻碍企业进入。过低的政府工作效率总是与烦琐的法律规定密切相关，缺乏透明度的复杂法律政策、政府工作人员执行政策的随意性、政府行为缺乏有效监督等因素，是政府工作效率过低的根本原因。政府在注册开办企业方面的烦琐法律规定、复杂的手续条件要求和低下的工作效率是一种强大的遏制因素，会严重阻碍新企业进入市场。

在这方面，拉美国家秘鲁是一个非常典型的例子。在秘鲁，曾经存在过多繁杂法律法规，使得政府部门有权对民众创办民营企业设置种种障碍，严重阻碍人们进入经济领域，造就了一个普遍的寻租性社会，遏制了秘鲁的经济发展活力。仅仅申办一个个体户的营业执照就必须经过很多道手续、拜访无数个政府机构、花费很长时间。赫纳多·迪·索托（Hernando de Soto）专门研究了在秘鲁首都利马地区开办一个商业机构的成本，发现非常繁杂的法律规定严重阻碍了新企业进入市场。他的研究小组进行了建立一个小型服装企业的实验，他们完全遵循法律规定程序和要求，花费了 194 美元和 289 天时间才完成了 11 项政府要求，被迫支付了 2 次贿赂，还有 8 次要求的贿赂被他们躲开了，但是被迫放弃的利润却超过了 1000 美元。他们还发现，开办一个仓库的程序相对简单，但是却需要更多费用（590.56 美元），涉及 3 个政府部委，花费 43 天时间。迪·索托等在美国佛罗里达州的坦帕进行了相同的实验，仅仅花了 2 小时就成功完成了一个小型企业的开办许可，在秘鲁消耗的时间竟然是美国的 1000 多倍，这充分说明政府工作效率对企业进入存在很大影响。

我国也曾经长期存在烦琐法律政策规定，注册一个公司所需的“公章”和“证明”的数量、办理所有手续需要花费的时间、按规定应缴纳的费用等方面，都远高于世界上经济发达国家。美国哈佛大学、耶鲁大学和世界银行的 4 位教授曾经对 85 个国家和地区的创业环境进行了实证研究，发现一家公司从开始注册到开业平均经历审批步骤和所需时间，加拿大只需要 2 天，而我国内地则需要经过 7 道程序、花费 111 天时间。我国政府显然早就已经注意到有关问题的严重性，在改革开放尤其是在党的十八大以后实行了一系列简政放权、放管结合、优化服务、提高效率等改革措施，简化了企业注册手续，降低了企业注册的有关要求，大大提高了政府部门的工作效率。例如，国务院及各级地方政府积极推行全国统一标准规范的电子营业执照，大力推进以电子营业执照为支撑的网上申请、网上受理、网上审核、网上公示、网上发照等全程电子化登记管理方式，为市场主体办理登记注册手续提供更多便利、提高办事效率。

但是与发达市场经济国家的情况相比，我国在开办企业方面的有关政策规定及政府工作效率仍然存在很大提升空间。有不少审批事项只是换了个“马甲”，从明的转成了暗的、从上面转到了下面、从政府转到与政府有关的“红顶中介”，审批服务中的各种“要件”、程序环节等还是关卡林立，一些“玻璃门”“弹簧门”仍然存在。李克强总理在 2019 年全国深化“放、管、服”改革、优化营商环境电视电话会议上明确指出，当前我国各种市场准入限制、审批许可、不合理的管理措施还是较多；公共服务还存在一些短板，一些政府部门服务意识不强、办事效率不高，工作拖沓敷衍、推诿扯皮，企业和群众意见较多；我国营商环境与国际先进水平相比仍有较大差距，有些指标排名还比较靠后。上述问题严重影响了企业投资兴业和群众创业创新。因此，政府还有必要进一步加大简政放权、优化服务的改革，严查简政放权改革中“玩花样”现象，大力清理收费项目，建立公开透明的“收费清单”，对清单外的事项务必以“法无授权不可为”为准绳，对顶风作案、变相收费的行为一定要严肃查处、绝不姑息。在当前国际形势特别是国际经贸环境发生深刻变化的情况下，我们要提高企业国际竞争力，就必须在深化“放、管、服”改革上有更大突破，在优化营商环境上有更大进展。

4.3.3 产权制度及政府对私有产权的保护及其影响

(1) 产权的含义

阿尔奇安（Alchian A. A.，2014）认为，产权（property rights）是一个社会所强制实施的选择一种经济品的使用的权利。德姆塞茨（Demsetz H.，2014）认为，产权的权利束包括排他性和可让渡性两个重要成分。排他性是指决定谁在一个特定的方式下使用一种稀缺资源的权利，而且占有由其决定产生的收益，并承担由此而来的成本，这有助于减少未来的不确定性因素以及避免产生机会主义行为，使公平、自由的市场交易成为可能。产权的排他性把选择如何使用财产和承担这一选择后果之间紧密地联系在一起，因此使所有者有很强的动力去寻求带来最高价值的资源使用方法。产权的可让渡性是指将所有权再安排给其他人的权利，它包括以任意价格提供销售的权利。产权的可转让性意味着所有者有权按照双方共同决定的条件将其财产转让给他人，这就为资源流向具有更高效率使用它们的人提供了激励并创造了制度条件，最终的结果是可以使社会资源得到尽可能更有效的配置。因此可以说，产权实际上是一种人与人的基本关系，而非人与物的关系。德姆塞茨（2014）在揭示产权起源时指出：“在鲁滨逊的世界里，产权是不起作用的。产权是一种社会工具，其重要性就在于事实上它们能帮助一个人形成他与其他人进行交易时的合理预期，这些预期通过社会的法律、习俗和道德得到表达，产权的所有者拥有他的同事同意他以特定的方式行使的权力。”菲吕博腾（Furubotn E. G.）和配杰威齐（Pejovich S.）（2014）认为：“产权不是指人与物之间的关系，而是指出物的存在及关于它们的使用所引起的人们相互认可的行为关系。产权安排确定了每个人相应于物时的行为规范，每个人都必须遵守他与其他人的相互关系，或承担不遵守这种关系的成本。因此，对共同体中通行的产权制度是可以描述的，它是一系列用来确定每个人相对于稀缺资源使用时的地位的经济和社会关系。”

（2）产权制度的种类及影响

相对于产权的概念，产权制度就是指关于产权的界定、划分、组合以及行使、保护等的一系列规则和规范（黄少安，2012）。按照制度和产权的定义，产权制度可以理解为对既定产权关系和产权规则结合而成的，能对产权关系实现有效的组合、调节和保护的制度安排。德姆塞茨（2014）把产权制度分为共有制、国有制与私有制 3 种形式。

①共有制产权制度。共有制产权制度是指一种由共同体的所有成员共同实施的权利。在这种产权形式下，任何人都可以实施他的共有权利，但却不能将任何人实施他的共有权利时所带来的成本仅仅集中于他身上；共同体内也没有人有权充当监督者来监督其他人对共有资源的使用是否合理，也不会有人愿意承担监督行为所产生的监督成本。假设共同体内某一个成员拥有可以提高企业生产效率的知识，在共有制的限制下，他缺乏把这些知识与共有的有形资源结合的动力，因为他不能独占由此带来的利润。所以，共有产权制度显然对企业的市场进入存在很大的阻碍作用。

②国有制产权制度。在国有制产权制度下，资源属于全体公民所有，但是使用权却归国家的代理人即少数政府官员所有。代理人虽然有权选择资源的使用方式（包括用于成立企业），但是却不一定有使企业有效经营的相关知识，而且不必为他们的决策后果承担相应的责任，即使企业经营失败或只有很低的生产效率，其个人损失也是微不足道的。而资源的所有者即全体国民对代理人行为的监督不仅面临着监督成本过高的困难，而且也缺乏对实施监督行为的激励，因此代理人的行为不可能受到有效的监督，从而导致其对社会经济资源的滥用。在国有制产权制度下，一旦代理

人可以从建立企业等有关决策中得到个人收益，就有动力动用其掌握的社会资源去建立尽可能多的企业，而不会考虑这些企业能否盈利。所以，国有产权制度实际上会促使国有企业的过度进入。

张维迎（2014）指出，计划经济体制下政府部门对投资的狂热归根结底与国有制产权制度有关。政府官员投资办企业可以得到货币收益和控制权收益，前者可以理解为企业利润，控制权收益则包括指挥下属时所产生的心理满足感、较高的社会地位、在职待遇消费的提高等个人收益。为了追求更多控制权收益，国有企业领导和政府官员就会尽可能地多投资多办企业，因此就必然导致很多行业的企业过度进入和严重的行政性重复建设。另外，国有企业的许多重要决策权仍然掌握在政府手中，因此国有企业领导就必然会在很多方面听从少数政府指挥而缺乏自主性，国有企业由于被要求遵守基本相同的分配、管理、人事、福利等有关制度，因此企业之间具有很强的同质性，企业多样化程度会受到严重影响。而且，在纯粹的国有产权制度下，个人没有建立企业的权利和能力，所以国有制产权制度在影响企业进入方面实际上存在着双重效应，即促生了国有企业的过度进入，同时则严重压抑了各种非国有企业的市场进入，极大地降低了市场中企业的多样化程度。

③私有制产权制度。私有产权就是将资源的使用与转让以及收入的享用权界定给个人，他可以将这些权利同其他具有类似权利的物品相交换，也可以通过自由契约将这些权利转让给其他人，他对这些权利的使用一般不受限制。私有产权的一个重要优点是具有充分内部性，可以对产权主体决策形成激励和约束作用，因此可以避免共有制和国有制产权制度的有关缺陷。私有产权所有者在做出投资决策时会努力考虑未来收益最大化，但是也必须承担由此所产生的成本与损失风险。私有制产权制度提供了对产权主体的激励和约束机制，能够促使产权主体更有效地利用资源。因此通过建立有效的私有制产权制度，把建立企业的收益和风险赋予企业所有者，社会民众的投资动机就会得到加强，从而更有利于促进新企业的产生。

（3）政府对私有产权的保护程度

私有制产权制度对企业进入、创新等方面的促进作用能否正常发挥，还要看政府对私有产权的保护程度。虽然我国政府已经明确提出要保护私有产权的合法权益，但是由于我国目前还处于经济转型时期，计划经济体制和旧的思维习惯仍然存在很大影响，公有财产仍然比私有财产重要，政府部门及一些官员肆意侵犯民营企业投资者和企业产权的事情仍然时有发生，私有产权缺乏良好保护，漠视和任意侵犯企业产权的政府行为必然会干扰投资者正常决策，严重影响新企业的市场进入。

4.3.4 政府对外来直接投资的管制政策及其影响

跨国公司的直接投资可以带来更多资金、先进技术等要素，因此对一国或地区企业的发展具有一定的促进作用，但同时也会对一国本土企业造成很大竞争压力，阻碍本国企业市场进入与发展。外来直接投资的负面影响在那些尚未得到充分发展的幼稚产业中表现得尤为突出，美国、欧洲、日本、韩国等很多经济发达国家或地区都曾经实行各种贸易保护政策严格限制国外直接投资。德国经济学家李斯特（2013）曾经指出："假如没有这样一个（贸易保护）政策，美国大西洋各州的工业建设是绝不可能顺利完成的。"在贸易自由化程度很高的今天，包括限制国外直接投资的国际贸易保护行为仍然大量存在，重大的国际贸易争端此起彼伏。日本的经验也十分具有参考价值。美国学者高柏（2004）指出，在第二次世界大战以后，日本政府为了保护本国企业，就长期严格限制外国资本直接投资，这使得日本的民族企业在初始发展阶段免遭强势跨国公司的竞争压制，为日本企业发展创造了有利市场环境。后来日本限制外来直接投资政策遭到了美国等经济发达国家的强烈反对，在国际压力强迫下，日本政府在1966—1973年才分阶段逐渐放开对外国直接投资的限制，先是允许外国资本在日本企业已经建立了很强国际竞争力的产业中建立独资企业，而对于日本企业在国际市场上的综合竞争力还存在不足的产业则规定外国投资者的股份不能超过公司全部股份的50%，对关系到国家安全的产业、幼稚产业以及正在进行结构性调整的产业则继续限制外国直接投资。

如果把对外技术引进、放宽对外来直接投资限制、降低国外产品进口关税等方面称为对外开放，则放松对国内资本的市场准入等方面就可以称为对内开放。十分明显，从日本、韩国等后起经济发达国家的经验来看，在二者的先后次序关系上，对内开放应该走在对外开放前面。我国从 20 世纪 80 年代初开始的对外开放对国内经济发展起到了巨大促进作用，虽然在对外开放过程中我国也一直奉行贸易保护政策，但是实际上有很多行业是在还没有对国内非国有资本完全放开准入限制的情况下，就过早地对外来直接投资进行了大幅度开放，由此导致国内民族企业的市场进入和发展受到了很大压制，很多产业如汽车、日化、电子等已经为外资企业、外国品牌所统治，这个问题显然值得深思。

4.3.5 就业观念等其他有关因素及其影响作用

除上述政府因素外，就业观念、传统文化、治安状况、基础设施及自然资源等因素也会影响企业进入与创新。例如，由美国盖洛普公司进行的一项民意调查发现，70%被调查的美国高中生对“你未来职业愿望”的回答是希望创立自己的公司，这样的社会文化环境与就业观念显然十分有利于产生大量新企业、促进市场中企业的多样化。而官本位的传统文化观念在我国影响深远，“学而优则仕”成为很多学子的就业理想，连续多年一直“高烧不退”的大学生公务员考试热就是有力证明。据统计，2021 年上半年全国各省市公务员考试招录总人数超过 15. 25 万，报名人数超过 200 万，有 142. 2 万人实际参加考试，最终被录用的人数不足公务员考试报名总人数的 3%。根据 2020 年有关媒体报道，1 名北大地球物理学博士和 1 名北大生物学博士分别被杭州市南苑街道办事处和五常街道办事处录取为工作人员，更是从实例角度验证了当代“考公热”的实情。我国大学生报考公务员热的另一面，则是大学生创业激情的淡漠和就业观念的畸形，一些毕业生迫于无奈才会到民营企业就业。

这表明，与市场经济发达国家和地区相比，中国“官本位”的就业观念和偏向保守、重视安定的传统文化显然不利于产生新企业，也不利于企业创新。因此有必要逐渐淡化我国“官本位”“学而优则仕”的传统思想观念，培育尊重企业家、崇尚创业、鼓励冒险、支持创新、宽容失败的社会文化氛围，同时给予创业者必要的经济、制度支持，鼓励更多的人投资创办企业，积极开展实际创新，促进企业多样化。著名民营企业家任正非（2017）在提到我国著名科学家屠呦呦获得诺贝尔生理学或医学奖时曾说："中国缺少创新、没有原创，主要原因是不尊重知识产权，没有严格的知识产权保护制度，加上社会文化没有包容精神，不鼓励试错，不包容有个性，这就导致谁也不愿进行原创，都热衷于抄袭。"例如，中国的院士制度规定了年龄申报制度，《中国科学院院士增选工作实施细则》（2003）规定：院士候选人除了不受理本人申请，还要求被推荐人的年龄一般不超过 65 岁，对 65 岁以上的被推荐人需有 6 名或 6 名以上院士推荐，且其中至少有 4 名院士所在学部与被推荐人相同方为有效。此类规定非常不利于屠呦呦这样具有实际创新业绩的优秀科学家参评院士，也会影响本应注重实效的企业科技创新。

从实践层面来看，党的十八大、十九大报告均指出，要实施创新驱动发展战略。习近平总书记明确指出："抓创新就是抓发展，谋创新就是谋未来。""要大力推进经济结构性战略调整，把创新放在更加突出的位置。""综合国力竞争说到底就是创新的竞争。要深入实施创新驱动发展战略，推动科技创新、产业创新、企业创新、市场创新、产品创新、业态创新、管理创新等，加快形成以创新为主要引领和支撑的经济体系和发展模式。"李克强总理在 2013—2022 年的历年《政府工作报告》中均多次提到"创新""创业"，大力促进"大众创业、万众创新"。这充分说明当前我国党和政府高层领导已经十分重视创业、创新的重要作用。但是要扎扎实实推进"大众创业、万众创新"，广泛促进我国企业进入、创新与企业组织多样化，还需要各级政府及金融、文化、宣传等社会各界大力支持，真正形成崇尚创业、尊重创新、鼓励冒险、宽容失败的良好就业观念。

4.4 企业发展的近交衰退风险

4.4.1 近交衰退风险的内涵

在生态学中，近交衰退（inbreeding depression）是危害生物种群的一种主要的风险因素。生物遗传学认为（尚玉昌，2010），有性生殖的生物在孕育下一代的过程中，两个亲代的染色体上的基因就会在子代体内发生重组，而且基因在重组的过程中还会发生突变，基因重组和突变可以增加基因库的遗传多样性。由于近亲生物个体之间的遗传基因具有较大相似性，长期近亲繁殖就会使种群基因库的多样性严重降低，使稀有基因、隐性基因和有害基因得到表达，造成群内生物个体的竞争力和对环境的适应力（fitness）弱化，这种后果就称为近交衰退（inbreeding depression）。为了保持基因库的多样性，生殖行为应该尽量避免在近亲个体之间进行。但是如果一个生物种群由于种种原因被与同种的其他种群长期隔离，就必然会产生近亲繁殖与近交衰退现象，最终造成整个种群对环境变化适应力降低，严重情况下可能导致种群的灭亡。

与生物种群类似，如果市场中企业的多样化程度因受到发展环境影响而不断降低，企业之间就会不断趋于同质化演变，最终产生类似于生物种群近亲繁殖所致的近交衰退风险，企业普遍陷入僵化状态，从而在变化的环境中失去应有适应能力。企业集群是企业发生近交衰退概率很高的地方。企业集群具有专业化分工（Specialisation）、地理性邻近（Ceographic proximity）、群内企业相互关联（Interrelatedness）以及协同与溢出效应（Synergies and spillovers）四大特性，这四大特性在构成企业集群竞争优势的同时，也滋生了集群企业的内生性潜在风险。由于地理区位上的集中和行业产品的紧密相关，集群内企业之间会进行十分频繁的信息、知识、人员、企业策略以及行为模式等方面的交流，同时也会排斥与集群外部的交流。在企业集群形成的初期，这种内部交流无疑对提高集群内企业的创新能力、市场竞争力等会起到巨大的促进作用，但是长期下去将可能形成很强的趋同效应，使得集群内企业都具有比较相似的“记因组合”。因此，当它们面临相同的市场机遇或威胁的情况下，很可能做出十分相似的决策和行动，这样就会导致整个集群形成战略趋同性“整体行动”，一损俱损，一荣俱荣。

4.4.2 近交衰退风险的危害

企业近交衰退的典型表现就是市场中的企业不断趋同发展，企业的多样化程度严重降低、企业之间趋于严重同质化发展。多数企业普遍陷入低效状态，应对市场环境变化的能力普遍弱化，即产生所谓的锁定（lock-ins）效应和路径依赖（path dependence）。锁定效应就是指使企业失去活力的效应，主要可以分为以下 3 种：①功能性锁定，即锁定到本地企业间的关系。②认知锁定，即将会有周期性低迷的长期倾向。③政治锁定，即保留原有传统产业结构的很强的制度组织，影响到本地企业的内生潜力和创造力的发挥。路径依赖是指一个具有正反馈机制的体系，一旦在外部偶然事件的影响下被系统采纳，便会沿着一定的路径发展演进，而很难为其他潜在的甚至更优的体系所取代，即系统如果因为某种原因发生了变化，即使导致这种变化的力量已经消失，系统也不会回到初始状态。路径依赖说明了锁定效应和次优行为可以持久存在。路径依赖和这 3 种锁定之 1 种或 3 种同时存在，将会阻碍市场中企业的多样化进程，最终会导致企业普遍产品同质、价格同质，企业普遍陷入近交衰退，应对市场环境变化的能力严重弱化，长期锁定在低效状态。在市场需求发生剧烈变化的情况下，企业很难迅速做出能动反应，就很可能为市场所抛弃，发展停滞甚至衰落、走向衰亡。

4.4.3 近交衰退风险产生的原因

如果企业发展的生态环境恶化导致同行业企业普遍同质化，最终就会使多数企业产生近交衰退。例如，如果企业的有效创新不能得到应有保护，则企业之间的学习模仿就会导致“搭便车”行为盛行，其他企业均能够无偿享用创新成果，这就会严重抑制企业创新积极性和企业多样化，同时强化企业之间的同质化程度。又如，我国在改革开放以前，由于政府行政权力严重杜绝民营企业产生，从企业制度的角度来看，当时很多行业的企业全部是国有企业，这种企业制度上的严重同质化最终导致很多国有企业在改革开放后因难以适应自由市场竞争而“全军覆灭”，相关行业也基本上成为外资或合资企业的天下。

4.5 小结

本章探讨了企业组织变异的含义，论述了企业组织变异的两种方式——企业进入和企业创新。企业发展环境中影响企业进入与创新的政府因素主要有政府进入管制政策、开办经营企业的法律规定、政府工作效率以及外来直接投资政策等，就业观念、传统文化、治安状况、基础设施的完善程度等因素也会对企业进入与企业组织多样化产生一定影响。本章还采用生物学类比研究方法，论述了企业发展中的近交衰退风险。

5 企业发展的选择机制与发展环境的影响

在多种生物基因型之中，在一定生态环境下某些基因型及生物个体会比另一些更有利于生物生存繁殖，这就是“适者生存”。企业发展的变异机制能够产生多个彼此存在差异的企业组织，而选择机制对于企业发展的重要作用就是对市场中多样化的企业进行选择和优胜劣汰。纳尔逊和温特指出，企业行为的对错不是由企业自身而是由市场做评判的，市场总是“最终会显示出最盈利的企业将较不盈利的企业迁出商业这一趋势。”如果没有市场选择，那些更优秀的企业就不会被发现，企业之间也就优不胜而劣不汰，企业发展就会受到影响。

5.1 企业发展的选择机制内涵与方式

5.1.1 企业的市场适应度

自然界中生物的适应度（fitness）就是物种生存的概率，“适者生存”就是指在一定自然环境中只有那些具有相对较大适应度的生物及其种群才能生存下去，它们的种群数量会不断增加，而其他不能够适应环境的生物种群则会逐渐消失。适应度概念也适用于经济领域。在演化经济理论中，企业的市场适应度就是企业组织从市场中获得的盈利。企业的市场适应度一方面受到其自身竞争策略的影响，另一方面也受市场中其他有关企业竞争策略的影响。因此企业的市场适应度可以用博弈论进行分析解释。

设某市场中的企业数量为 n（正整数），则市场中的全部企业可记为：

$$E=\{E_1, E_2, \cdots, E_n\}$$

企业 $E_i(i=1, 2, \cdots, n)$ 一般会有多种可能策略，全部可能的策略共同构成了该企业的策略空间 S_i，可以记为：

$$S_i=\{s_i\}$$

市场中所有企业的一个策略组合 s 是一个 n 维向量：

$$s=(s_1, s_2, \cdots, s_n)$$

其中 $s_i(s_i \in S_i)$ 是企业 E_i 的策略。

记：

$$s_{-i}=(s_1, \cdots, s_{i-1}, s_{i+1}, \cdots, s_n)$$

则 $s=(s_i, s_{-i})$。所有企业策略组合的全体构成了 n 维向量空间，记为 S^n。假设市场中所有企业都具有有限理性，企业的竞争目标是选择自己的策略以尽可能最大化其市场适应度。博弈的一个特征是一个参与人的支付不仅取决于自己的策略选择，而且取决于所有其他参与人的策略选择。令 f_i 为企业 E_i 的适应度，则企业 E_i 的适应度为：

$$f_i=f_i(s_i \mid s_1, \cdots s_{i-1}, s_{i+1}, \cdots s_n)=f_i(s_i \mid s_{-i})$$

因此，企业适应度要同时受其自身行为策略与同市场中其他企业行为策略的影响。如果有的企业采用了比其他企业更好的竞争策略，就能够得到更大适应度，能够从市场中获得更多资源和生存机会；有些企业的产品没有足够市场需求，其市场适应度就很低，最终就会被市场淘汰。

5.1.2 企业发展的选择机制内涵

所有企业为了生存发展都会努力寻找有利的竞争策略来实现经济利益最大化，但是由于受到有限理性等因素制约，任何企业都难以事先判断策略优劣，而必须通过不断探索试错来检验其竞争策略对市场的适应情况，因此类似自然选择的市场选择就会产生作用，一些优秀企业因为能够更好适应市场需求而不断发展壮大，而那些不能适应市场的企业则会不断退出。贝克尔（Becker G. S.）指出："如果企业的产出带来的是负利润，那么企业就不能继续生产、继续生存，其原因在于，处于这种配置的生产将会使资源最终消耗殆尽。”因此市场选择会导致企业数量减少，这方面与企业发展的变异机制的作用正好相反。市场选择可以不断发现优秀企业，而被迫退出市场的企业的经济资源又会被重新分解、配置使用。因此选择机制的作用发挥得越好，企业就越能够顺利发展。

5.1.3 市场选择企业的主要方式与途径

与自然选择相类似，市场并不能直接选择企业基因，而只能根据所有企业的产品价格、质量等信息选择产品，并由此实现对企业的选择。市场选择企业的过程也是市场需求方与企业进行交换的过程，还是市场上所有企业之间展开激烈竞争的过程。市场中需求方的收入约束着其购买行为，遵守市场交换规律，即价格越低、质量越好的商品会有越多购买者，其生产企业就会得到市场选择，从而获得更多盈利。而那些总是采取错误决策企业的产品往往质次价高，一般不会被市场选择，其生产企业也就难以得到足够盈利而最终退出市场。市场选择实际上决定着企业发展的方向。

5.2 企业竞争与市场选择的进化博弈与生态学模型

5.2.1 进化博弈论简介

西方微观经济学对企业竞争进行论述的代表性模型主要有古诺（Cournot A.）模型、伯特兰（Bertrand J.）模型、豪特林（Hotelling）模型以及塞洛普（Salop）模型，前两种模型讨论了生产完全相同产品企业之间的竞争情况，后两种模型虽然分析了产品存在一定差异的企业竞争问题，但是却没有分析竞争失败企业退出问题，而且 4 个模型均没有考虑时间因素，企业之间的竞争均衡是在瞬间达到的，而实际上企业之间的竞争是一个时间过程，市场选择与企业竞争结果均需要时间验证。因此可以说，上述模型对企业竞争与市场选择实际情况的解释能力还存在较大不足。考虑到市场选择与自然选择存在很大相似性，本书利用进化博弈论（Evolutionary Game Theory）与生物种群生态学（Population Ecology）有关理论知识，建立了市场选择与企业竞争的进化博弈与生态学模型，对市场选择可能产生的有关结果进行了比较合理的解释分析，能够反映出商品价格、质量以及时间等因素对市场选择与企业竞争的影响作用，因此具有较强解释力（陈金波，2009）。

（1）进化博弈论的主要特点

进化博弈论源于生物进化论，最初由梅纳德·史密斯（Maynard Smith）等创立，主要从有限理性的生物个体出发，研究生物种群通过变异和增殖的共同作用，拥有增殖成功率较高性状（形态、行为特征等）的生物个体在种群中比例的变化、稳定及其对生物进化的影响。这一理论最早由琼斯（Jones）、杰克·赫什莱佛（Hirshleifer J.）、康多利（Kandory M.）等引入经济领域，之后逐渐得到广泛应用，国内学者谢识予（2017）、孙瑞英（2020）、韦倩等（2019）先后介绍或应用该理论并对有关问题进行了研究。

进化博弈理论将人类经济活动同生物的生存竞争及进化现象相类比，研究人类经济行为策略、行为方式以及向均衡状态逐渐调整、收敛的时间过程。进化博弈论修正了传统博弈论的完全理性假说，将博弈各方视为有限理性的当局者（bounded rational player），具有有限理性的博弈者往往不会一下子就找到最优博弈策略，而是在博弈过程中通过不断学习试错来探索较好策略，因此博弈均衡是经过多次不断调整改进逐渐达到的，而非一次性选择的结果，即使已经实现的均衡还有可能再次偏离。

（2）进化稳定策略和进化稳定均衡

生物种群中生物性状特征的频数、比例稳定性主要由“进化稳定策略”（Evolutionary Stable Strategy，ESS）（谢识予，2017）概念来描述。在一个对称博弈（意味着行与列的博弈参与者可以互换而不影响支付矩阵）中，$u(x \mid y)$ 表示种群中随机遇到的博弈对手采取策略 y 条件下某博弈方采取策略 x 时的得益。梅纳德·史密斯定义的 ESS 为：①如果对于任意 $y \neq x$，都有 $u(x \mid x) > u(y \mid x)$，则策略 x 是一个 ESS。②若第一个条件不成立，但是有 $u(x \mid x) = u(y \mid x)$ 且 $u(x \mid y) > u(y \mid y)$，则策略 x 也是一个 ESS。

第一个条件说明，如果其他博弈方都采取策略 x，选择突变策略 y 的参与者在对选择策略 x 参与者的博弈中会得到较少收益，由于任何一个有限理性的参与者都会发现对他来说 x 比其他策略都更好，因此突变策略不能侵入选择进化稳定策略的群体中。第二个条件说明，假设初始状态时种群中几乎所有参与者都一致地采用任何其他策略 y，进化稳定策略 x 能够击败 y，从而使得选择 y 策略者在进化过程中从群体中消失，或者放弃原来的策略而采用 x 策略。由定义可知，满足以上两个条件之一的策略就是进化稳定策略（ESS）。

当群体中所有个体都选择进化稳定策略时，群体所处的状态就称为进化稳定状态，此时博弈所达到的均衡称为进化稳定均衡（Evolutionarily Stable Equilibrium，ESE）。这个均衡能够经受有限理性所引起的错误与偏离的干扰，即使在受到微量干扰后仍能恢复到均衡状态。

（3）复制动态微分方程

设一个大型博弈群体中有两类博弈方，所有博弈方均采用纯策略，S 表示所有纯策略的集合，$\varphi_t(x)$ 表示所有在 t 阶段采用纯策略 $x(x \in S)$ 的博弈方集合，定义状态变量 $\theta_t(x)$ 表示在 t 阶段采用 x 策略的参与人在群体中比例向量，则有：

$$\theta_t(x) = \frac{\varphi_t(x)}{\sum_{y \in S} \varphi_t(y)} \tag{5-1}$$

在 t 阶段采用纯策略 x 博弈方的期望收益是：

$$u_t(x) = \sum_{y \in S} \theta_t(y) \cdot u(x \mid y) \tag{5-2}$$

其中，$u(x \mid y)$ 表示采用纯策略 x 的博弈方与采用纯策略 y 的博弈方相遇时的收益。于是整个群体的平均期望收益为：

$$\overline{u_t} = \sum_{x \in S} \theta_t(x) \cdot u_t(x) \tag{5-3}$$

根据进化博弈论的有限理性假设，具有有限理性的博弈方有一定的统计分析能力和对不同策略收益的事后判断能力，收益较差的博弈方迟早会发现这种差异，并开始学习模仿另一类型博弈方的策略，因此博弈方类型的比例是随时间而变化的，可以表示为时间的函数。这个比例随时间变化的速度取决于博弈方学习模仿的速度。一般情况下，博弈方学习模仿速度取决于两个因素：一是模仿对象数量的大小（可用相应类型的博弈方在整个群体中的比例表示），因为这关系到观察和模仿的难易程度；二是模仿对象的成功程度（可用模仿对象策略所产生的收益超过群体平均收益的幅度表示），因为这关系到判断差异的难易程度和对模仿行为激励的大小。因此博弈方策略类型的比例 $\theta_t(x)$ 随时间变动的动态变化率可以用下列复制动态（replicator dynamics）微分方程表示：

$$\frac{d\theta_t(x)}{dt}=\theta_t(x)\cdot[u_t(x)-\overline{u_t}] \tag{5-4}$$

设$\frac{d\theta_t(x)}{dt}=F(\theta)$，则仅满足下述第一个条件的点为一般稳定状态，同时满足下述两个条件的点就是上述复制动态的进化稳定均衡 ESE：

$$(\mathrm{i})F(\theta)=\frac{d\theta_t(x)}{dt}=0 \tag{5-5}$$

$$(\mathrm{ii})f(\theta)=\frac{dF(\theta)}{d\theta}<0 \tag{5-6}$$

在进化博弈论中，均衡是经过一定时间逐渐达到的，而时间概念的引入也使得进化博弈论能够更好地对有关经济行为与过程进行解释。

5.2.2 市场中只有一个企业时产品需求量的动态增长情况

模型假设：①市场只有一个企业，且该企业只生产一种产品，该产品不存在任何替代品。②企业产品的价格与质量保持不变。③企业产品价格不低于长期平均成本。④企业产量等于销量。⑤每个需求者最多只需要一单位产品。由需求者收入和产品价格等条件决定的市场容量设为 K，企业产销量为 N，单位产品的使用效用为 r，产品推向市场的时间为 t，则企业产品产销量随时间变化的增长情况怎么表示呢?

一种新产品被推向市场以后，由于市场中的潜在需求者受到有限理性和信息不完全等因素限制，消费者往往需要一定时间对产品价格、质量以及他人购买使用情况等进行比较鉴别，才能逐渐认识到该产品能够给自己带来一定效用并决定购买，因此产品产销量的增长是一个渐进提高的过程。设市场中该产品存在 K 个需求者，需求者之间会对该产品的价格、质量及其所带来的收益（效用）进行随机配对反复博弈比较，所有博弈方均采用纯策略。

需求博弈矩阵如图 5-1 所示，其中 x 策略表示使用该产品，y 策略表示不使用。两个需求者都采用 y 策略时，各自收益均为 0，双方都不会对对方产生任何影响。但是在一方采用 x 策略而另一方采用 y 策略时，它们的收益分别为 r（$r>0$，设为常数）和 0，使用者就比未使用者得到了更多收益，从而会诱使后者改变自己的策略。双方都采用 x 策略时，各自收益都为 r。

		博弈方2 x	博弈方2 y
博弈方1	x	r，r	r，0
博弈方1	y	0，r	0，0

图 5-1　需求博弈矩阵

在静态博弈情况下，上述博弈只有一个纯策略纳什均衡。如果博弈双方具有完全理性，那么就可以预期博弈结果是所有需求者都同时采用策略 x，这样市场就会瞬间饱和，企业规模也会瞬间扩张到最大，但这只是一种理想状态。在需求者均具有有限理性情况下，通常情况是在新产品推向市场初期往往只有极少数需求者尝试购买使用，即采用 x 策略。设需求者总数为 K，采取 x 策略需求者的数量为 N，则采取 y 策略的需求者数量为 $K-N$，占需求者总数 K 的比例分别为 $\theta=\frac{N}{K}$ 和 $1-\theta=1-\frac{N}{K}$。在进行随机配对博弈时，每个博弈方（需求者）既可能遇到采取 x 策略的对手（其他需求者），也可能遇到采取 y 策略的对手，概率分别是 θ 和 $1-\theta$（对大群体来说，可忽略所考察的博弈方本身对各博弈方比例的影响）。因此一个需求者是否采用新产品，一方面取决于自己的策略，另一方面也取决于所遇到的博弈对手的策略。所考察的需求者采用 x、y 策略时的期望收益分别为：

$$U_x=r\theta+r(1-\theta)=r \tag{5-7}$$

$$U_y=0 \tag{5-8}$$

需求者群体的平均收益为：

$$\overline{U}=\theta U_x+(1-\theta)U_y=\theta r \tag{5-9}$$

上述结果表明，需求者采用 x 策略的收益明显高于采用 y 策略的收益，也高于平均收益，策略 x 就是该博弈的 ESS。因此原来采用 y 策略的需求者迟早会发现上述收益差别，认识到改变策略对自己有利，并开始模仿并改为采用策略 x。博弈方中采用 x 策略需求者的比例 θ 随时间变动的动态变化率可以用如下复制动态微分方程表示：

$$F(\theta)=\frac{d\theta}{dt}=\theta(U_x-\overline{U})=\theta(r-\theta r)=r\theta(1-\theta) \tag{5-10}$$

取 $F(\theta)=0$，可得 $\theta_1=0$，$\theta_2=1$。

对 $F(\theta)$ 求导可得：

$$f(\theta)=\frac{dF(\theta)}{d\theta}=r-2r\theta \tag{5-11}$$

$\theta_1=0$ 时，$f(\theta)=r>0$，$\theta_2=1$ 时，$f(\theta)=-r<0$。因此 $\theta=0$ 不是进化稳定均衡，因为即使只有一个需求者由于某些原因偶然采用 x 策略，其他需求者也都会进行模仿，最终导致所有潜在需求者都采用 x 策略，从而收敛到 $\theta=1$。因此 $\theta=1$ 是一个进化稳定均衡，即使有某些不理智的需求者采用了 y 策略，其也会很快纠正自己的错误行为，改为采用 x 策略。

将 $\theta=\frac{N}{K}$ 代入式（5-10），可得：

$$\frac{dN}{Kdt}=r\frac{N}{K}\left(\frac{K-N}{K}\right)$$

即：

$$\frac{dN}{dt}=rN\left(\frac{K-N}{K}\right) \tag{5-12}$$

式（5-12）即可描述企业产品产销量随时间变化的增长情况。其中 K 为由环境资源所决定的企业最大产量，即市场容纳量，$\frac{K-N}{K}$ 为逻辑斯蒂系数。当 $N<K$ 时，$\frac{K-N}{K}>0$，企业产销量会逐渐增加；$N=K$ 时，$\frac{K-N}{K}=0$，产销量达到最大。由此可见逻辑斯蒂系数对采用 x 策略需求者的数量变化会产生一种制动作用，使之总是趋向于环境最大容纳量，形成一种 S 形的增长曲线，即逻辑斯蒂曲线。对式（5-12）求积分，可得 N 随时间增长的逻辑斯蒂方程（其中 N_0 为初始状态下市场中采取 x 策略的需求者数量，也就是企业的初始产量）：

$$N_t=\frac{K}{1+\left(\frac{K}{N_0}-1\right)e^{-rt}} \tag{5-13}$$

5.2.3 市场中只有两个企业时的竞争动态情况

模型假设：

Ⅰ. 一个市场同时存在两种具有竞争性的产品 1、2，分别由企业 Q_1、企业 Q_2 生产。

Ⅱ. 当企业的产量降低到零时，即视为该企业退出市场。

Ⅲ. 任何企业中途都不改变其产品的生产成本、性能与价格。

Ⅳ. 企业产品价格不低于长期平均成本。

每个企业单独存在时，设由需求者收入和单位产品价格等条件所决定的市场容量（最大产销量）分别为 K_1、K_2，其各自的实际产量分别为 N_1、N_2，单位产品的使用效用分别为 r_1、r_2，则 Q_1、Q_2 的产量增长情况分别可以用如下逻辑斯蒂曲线表示：

$$\frac{dN_1}{dt}=r_1N_1\left(\frac{K_1-N_1}{K_1}\right) \tag{5-14}$$

$$\frac{dN_2}{dt}=r_2N_2\left(\frac{K_2-N_2}{K_2}\right) \tag{5-15}$$

在市场中同时存在 Q_1、Q_2 情况下，由于其产品可能存在的竞争替代性，其中一方的产量将不仅会受到自身已有产量的抑制，还会受到另一方产出的竞争抑制。这种情况下两企业产量的变化情况可以分别由以下方程表示：

$$\frac{dN_1}{dt}=r_1N_1\left(\frac{K_1-N_1-\alpha_{12}N_2}{K_1}\right) \tag{5-16}$$

$$\frac{dN_2}{dt}=r_2N_2\left(\frac{K_2-N_2-\alpha_{21}N_1}{K_2}\right) \tag{5-17}$$

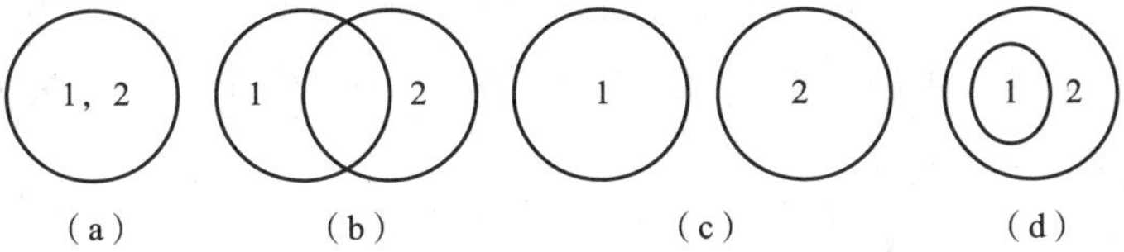

图 5-2 两种产品的性能集合

式（5-16）和式（5-17）中的参数 α_{12}、α_{21} 为企业竞争系数（competitive coefficient），分别表示 Q_2 单位产品对 Q_1 产品的抑制作用和 Q_1 单位产品对 Q_2 产品的抑制作用，由相关企业产品的性能、质量等产品特征决定。图 5-2（a）表示两种产品毫无差异、完全相同，此时 $\alpha_{12}=\alpha_{21}=1$。图 5-2（b）表示两种产品性能存在部分交叉重叠，同时都具有对方所没有的性能，此时 $0<\alpha_{12}<1$、$0<\alpha_{21}<1$。图 5-2（c）表示两种产品性能之间完全不同，不存在任何竞争替代关系，此时 $\alpha_{12}=\alpha_{21}=0$。图 5-2（d）表示产品 2 在具有产品 1 全部性能的同时，还具有其他性能，此时 $\alpha_{12}>1$、$\alpha_{21}<1$；与此相反的情况是产品 1 在具有产品 2 全部性能的同时，还具有其他性能，此时 $\alpha_{12}<1$、$\alpha_{21}>1$。α_{12}、α_{21} 同时大于 1 或者只有一个为 0 的情况均不存在。上述进化博弈与生态学模型中参数 K、α 与 r 的大小代表了两种产品的价格、性能之间的对比情况，决定着企业之间的最终竞争结果。r 值与 α 值都受产品性能的影响，不同的是，r 值取决于一种产品的性能，而 α 值则取决于不同产品性能之间的对比关系。在企业竞争策略保持不变的情况下，其产品性能与价格也均不变，因此方程中的 K、r、α 均为常数。

Q_1、Q_2 产量达到平衡状态时，分别有：

$$\frac{dN_1}{dt}=r_1N_1\left(\frac{K_1-N_1-\alpha_{12}N_2}{K_1}\right)=0 \tag{5-18}$$

$$\frac{dN_2}{dt}=r_2N_2\left(\frac{K_2-N_2-\alpha_{21}N_1}{K_2}\right)=0 \tag{5-19}$$

由此可以得到上述方程组的 4 个定态点：

$E_1(0,\ 0)$，$E_2(K_1,\ 0)$，$E_3(0,\ K_2)$，$E_4\left(\frac{K_1-\alpha_{12}K_2}{1-\alpha_{12}\alpha_{21}},\ \frac{K_2-\alpha_{21}K_1}{1-\alpha_{12}\alpha_{21}}\right)$（当

$\alpha_{12}\alpha_{21}\neq 1$ 时）或 E_4（N_1^0，N_2^0）（当 $\alpha_{12}\alpha_{21}=1$ 时，$N_1^0+N_2^0=K_1-\alpha_{12}K_2=K_2-\alpha_{21}K_1$）

定态点 $E_1(0, 0)$ 表示两个企业均未产生的情况，$E_2(K_1, 0)$ 表示 Q_1 生存、Q_2 失败退出，E_3（0，K_2）表示 Q_2 生存、Q_1 失败退出，$E_4(\frac{K_1-\alpha_{12}K_2}{1-\alpha_{12}\alpha_{21}}, \frac{K_2-\alpha_{21}K_1}{1-\alpha_{12}\alpha_{21}})$（当 $\alpha_{12}\alpha_{21}\neq 1$ 时）表示 Q_1、Q_2 在市场中并存，$E_4(N_1^0, N_2^0)$ 表示情况不确定。

（1）$\alpha_{12}\alpha_{21}\neq 1$ 时的情况

根据图 5-2，α_{12}、α_{21} 中只有一个为 0 而另一个不为 0 的情况是不存在的，即 α_{12}、α_{21} 要么同时为 0，要么同时大于 0。当 $\alpha_{12}=\alpha_{21}=0$ 时，Q_1、Q_2 会互不影响，各自分别按照逻辑斯蒂曲线独立发展。

当 α_{12}、α_{21} 同时大于 0 且 $\alpha_{12}\alpha_{21}\neq 1$ 时，根据上述逻辑斯蒂曲线方程可以做出每个企业产量变化的 dN/dt 等值线 $N_1=K_1-\alpha_{12}N_2$ 和 $N_2=K_2-\alpha_{21}N_1$，如图 5-3 所示。在每个企业的等值线以下区域内，有 $K_1-N_1-\alpha_{12}N_2>0$ 或 $K_2-N_2-\alpha_{21}N_1>0$，相应企业的产量增长率大于 0，因此产量增加，企业规模扩大；在等值线以上区域内，相应企业的产量增长率小于 0，因此产量下降，企业规模缩小；等值线表示相应企业产量和规模保持不变。从图 5-3 中可以看出，市场对两个企业的选择存在 4 种可能的结果，每种结果及其产生的条件如表 5-1 所示。

从图 5-3 中可以看出，在各种可能的均衡结果中，只有结果 4 一种情况可实现两个企业共同生存，如图 5-3（d）所示。在图 5-3（d）中，只有唯一的稳定点 E，两个企业产量达到稳定平衡，从而可以共同生存。在均衡点，Q_1、Q_2 的产量分别为 $(\alpha_{12}K_2-K_1)/(\alpha_{12}\alpha_{21}-1)$、$(\alpha_{21}K_1-K_2)/(\alpha_{12}\alpha_{21}-1)$，都分别小于在无竞争情况下各自的最大环境容许产量。这种均衡出现的条件是，必须同时满足 $K_1/\alpha_{12}>K_2$ 且 $K_2/\alpha_{21}>K_1$。即当 $K_1=K_2$ 时，α_{12}、α_{21} 必须同时小于 1；当 $K_1\neq K_2$ 时，$\alpha_{12}\alpha_{21}$ 必须小于 1，而且 $\alpha_{12}<K_1/K_2<1/\alpha_{21}$。

在其他 3 种结果中，没有一种结果能够导致两个企业实现稳定共存。从图 5-3（a）、图 5-3（b）、图 5-3（c）中可以看到，一个企业最终会将另一个企业完全排除掉，并垄断整个市场。在图 5-3（a）、图 5-3（b）中，都是最终只有一个企业生存下来，另一个失败退出。如果 $K_1/\alpha_{12}>K_2$ 且 $K_2/\alpha_{21}<K_1$，则 Q_1 的等值线 $dN_1/dt=0$ 位于 Q_2 的等值线 $dN_2/dt=0$ 之上，Q_1 生存，当 $N_1=K_1$ 且 $N_2=0$ 时达到稳定平衡，此即为结果 1；如果 $K_1/\alpha_{12}<K_2$ 且 $K_2/\alpha_{21}>K_1$，Q_2 的等值线位于 Q_1 的等值线之上，Q_2 生存，当 $N_2=K_2$ 且 $N_1=0$ 时达到稳定平衡，此即为结果 2。

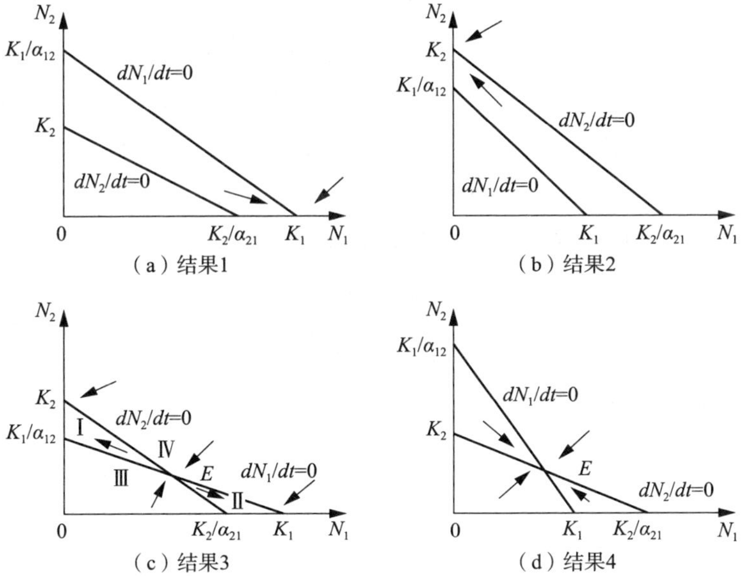

图 5-3　α_{12}、α_{21} 同时大于 0 且 $\alpha_{12}\alpha_{21}\neq 1$ 时市场选择与企业竞争的结果

表 5-1　市场选择与企业竞争的结果与条件

条件	$K_2/\alpha_{21}<K_1$	$K_2/\alpha_{21}>K_1$
$K_1/\alpha_{12}<K_2$	不确定，两个企业都有可能生存	Q_2 生存，Q_1 退出
$K_1/\alpha_{12}>K_2$	Q_1 生存，Q_2 退出	Q_1、Q_2 共存

当条件满足 $K_1/\alpha_{12}<K_2$、$K_2/\alpha_{21}<K_1$ 且 $\alpha_{12}\alpha_{21}>1$ 时，会出现如图 5-3（c）所示的结果。这种情况比较复杂，共存在 3 种可能的平衡，分别为 $N_1=K_1$ 且 $N_2=0$、$N_2=K_2$ 且 $N_1=0$ 及 E 点，前两者是稳定平衡点，但是两条等值线的交点 E 是不稳定平衡点。市场选择的最终结果取决于两个企业的初始产量及相应的增长速度，而产量增长速度则取决于各自产品的 r 值。

图 5-3（c）中，$dN_1/dt=0$ 和 $dN_2/dt=0$ 两条等值线相交，形成Ⅰ、Ⅱ、Ⅲ、Ⅳ共四个区域。以 Q_1、Q_2 的初始产量为坐标的点位于区域Ⅰ时，Q_1 产量将逐渐减少，而 Q_2 产量将逐渐增加，最终 $N_1=0$，$N_2=K_2$，即 Q_2 生存，Q_1 退出。同理，两个企业的初始产量在区域Ⅱ时，Q_1 将获胜，Q_2 退出。双方初始产量在区域Ⅲ时，其各自产量会同时趋于增加，由于增加的速率不会完全相同，设 Q_1 产量首先增加到其等值线上并停止增加，但是 Q_2 产量仍将继续增加，使产量坐标点进入区域Ⅰ，最终 Q_2 被选择，Q_1 退出；同理，如果 Q_2 的产量首先增加到其等值线上并停止增加，则最终 Q_1 将获胜。两个企业的初始产量在区域Ⅳ时，选择的结果与在区域Ⅲ时的情况类似。点 E 上 Q_1、Q_2 的产量分别为（$\alpha_{12}K_2-K_1$）/（$\alpha_{12}\alpha_{21}-1$）、（$\alpha_{21}K_1-K_2$）/（$\alpha_{12}\alpha_{21}-1$）。如果两个企业的产量点恰好位于点 E，则会暂时处于平衡状态，但是这种情况下一个非常微小的扰动就会促使产量发生变化，脱离 E 点进入Ⅰ、Ⅱ、Ⅲ、Ⅳ中的某个区域，因此 E 点是一个不稳定平衡点。所以在结果 3 中最终也只有一个企业生存下来。

（2）$\alpha_{12}\alpha_{21}=1$ 时的情况

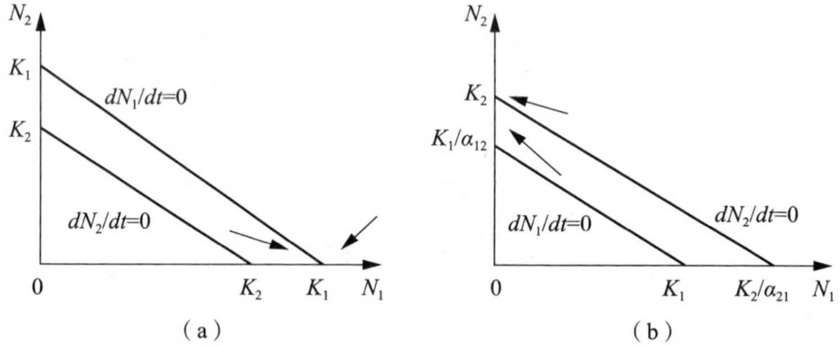

图 5-4　$\alpha_{12}\alpha_{21}=1$ 时市场选择的可能结果

当 $\alpha_{12}\alpha_{21}=1$ 时，存在两种情况：一是 $\alpha_{12}=\alpha_{21}=1$，二是 α_{12}、α_{21} 中一个大于 1 而另一个小于 1。当 $\alpha_{12}=\alpha_{21}=1$，产品 1、2 完全同质，则选择结果取决于各自的价格。设产品 1 价格 $P_1<$ 产品 2 价格 P_2，则有 $K_1>K_2$，Q_1、Q_2 产量变化的 dN/dt 等值线 $N_1=K_1-N_2$ 和 $N_2=K_2-N_1$ 平行，且 $N_1=K_1-N_2$ 在 $N_2=K_2-N_1$ 的上面，如图 5-4（a）所示。这种情况下，Q_1 最终获胜，当 $N_1=K_1$

且 $N_2=0$ 时达到稳定平衡。如果 $P_2<P_1$，则 Q_2 获胜，当 $N_2=K_2$ 且 $N_1=0$ 时达到稳定平衡。如果 $\alpha_{12}=\alpha_{21}=1$ 且 $P_1=P_2$，将有 $K_1=K_2$，两个企业的等值线将重合，等值线上的任何一点都可能成为产量稳定平衡点，这取决于二者的初始产量以及各自的增长率大小。当二者产量之和达到环境最大容量 K 时，其各自产量就会处于稳定状态。从理论上讲，在这种情况下，两个企业也可以同时生存。一种特殊的情况是，它们的初始产量以及各自的增长率都相同，并且同时进入市场，则达到均衡状态时，二者的产量都等于$K/2$。但是，如果有一个企业先行生产并达到最大环境容许产量 K，则其他企业如果仍然生产同类产品并以同样的价格销售，则其产量只能处于 0 状态，即这样的企业是不可能产生的。但是，考虑到企业之间所存在的异质性，产品完全同质的情况只是一种理论上的理想状态，实际上是难以实现的。

如果 $\alpha_{12}\alpha_{21}=1$ 且 α_{12}、α_{21} 不同时等于 1，设 $\alpha_{12}>1$，则 $\alpha_{21}<1$。当 $K_1<\alpha_{12}K_2$，Q_1 产量变化的 dN/dt 等值线 $N_1=K_1-\alpha_{12}N_2$ 在 Q_2 产量变化的 dN/dt 等值线 $N_2=K_2-N_1/\alpha_{12}$ 下面，如图 5-4（b）所示，这种情况下，Q_2 最终获胜，当 $N_2=K_2$ 且 $N_1=0$ 时达到稳定平衡。如果 $K_1>\alpha_{12}K_2$，Q_1 产量变化的 dN/dt 等值线 $N_1=K_1-\alpha_{12}N_2$ 在 Q_2 产量变化的 dN/dt 等值线 $N_2=K_2-N_1/\alpha_{12}$ 上面，则 Q_1 最终获胜，当 $N_1=K_1$ 且 $N_2=0$ 时达到稳定平衡。

5.2.4 市场中存在多个企业时的竞争动态情况

在市场中同时存在多个企业（企业数量≥3）的情况下，不同企业的产量变化情况可以分别由以下方程表示（设企业数为 n，$n>2$）：

$$\frac{dN_1}{dt}=r_1N_1\left(\frac{K_1-N_1-\sum_{j=2}^{n}\alpha_{1j}N_j}{K_1}\right) \tag{5-20}$$

$$\frac{dN_2}{dt}=r_2N_2\left(\frac{K_2-N_2-\alpha_{21}N_1-\sum_{j=3}^{n}\alpha_{2j}N_j}{K_2}\right) \tag{5-21}$$

$$\vdots$$

$$\frac{dN_n}{dt}=r_nN_n\left(\frac{K_n-N_n-\sum_{j=n-1}^{n-1}\alpha_{nj}N_j}{K_n}\right) \tag{5-22}$$

市场处于稳定平衡状态时，有：

$$N_i = K_i - \sum_{j \neq i}^{n} \alpha_{ij} N_j (i,\ j = 1,\ 2,\ \cdots,\ n-1,\ n;\ i \neq j) \qquad (5-23)$$

据此即可得出各企业在竞争平衡状态时的产量情况和市场选择结果。

5.2.5 模型研究结论与启示

以上进化博弈和生态学的市场选择与企业竞争模型说明，市场对企业选择的均衡结果有以下三种情况：

（1）独立共存

如果一些企业的产品之间不存在任何竞争替代关系，则这些企业就会相互独立地各自向市场环境的最大容量发展，彼此可以实现独立共存。

（2）竞争共存

一些企业的产品之间虽然具有一定竞争替代作用，但是却又具有自己的独特功能，不能够完全将对手排斥出去，因此这些企业就可以在市场上共同生存。

（3）完全退出

那些由于采用错误策略，其产品质量与价格均难以与其他企业进行竞争而遭到严重损失的企业，资源消耗达到破产临界点，就会必然从市场中退出。企业退出就会导致市场中企业数量的减少，与企业进入的作用相反。

上述模型对市场选择与企业竞争的不同结果进行了解释。模型说明，企业产品的 K 值、r 值越大，其他企业对它的竞争系数 α 就越小，该企业被市场选择的可能性就越大，这就要求其产品价格尽可能降低，或者具有其他企业产品所没有的性能。对于企业发展来说，市场选择机制具有必不可少的促进作用。市场选择会导致市场中企业数量减少，同时那些更加优秀的企业也会被市场选择出来。

5.3 企业发展环境有关因素对市场选择与企业竞争的影响

市场中的所有企业为了生存成长都会积极寻找和采取能够提高盈利的策略，但是由于有限理性等因素的制约，谁都无法事先判断策略优劣，只能不断探索和试错。经过一定时间与自然选择，类似的情况就会发生作用，市场将根据商品价格、质量等有关信息对企业进行选择，决定哪些企业会盈利、哪些企业会亏损。如果受到市场环境中某些因素的影响，市场对企业的选择受到干扰不能顺利进行，企业就难以实现优胜劣汰，优势企业很难成长壮大，劣势企业也不能顺利退出，优不胜而劣不汰，企业发展就会受到严重阻碍。前文的市场选择模型说明，决定企业能否被市场选择的关键因素就是其产品的价格、质量等方面，因此市场选择机制能否在促进企业发展中发挥应有的作用，主要取决于企业能否自主定价、市场能否准确识别产品质量等情况。另外，企业也可能会在经济利益驱动下开展不正当竞争等非法经营活动，因此政府对企业违法行为的管理制裁也会严重影响市场选择与企业竞争。

5.3.1 政府对企业违法行为的监管治理及其影响

在利益诱惑下，一些企业有可能开展不正当竞争或其他违法行为以获取非法收益，如果政府不能够对企业违法行为进行应有监管，那些违法企业就可能比守法企业获利更多，守法的好企业反而容易在竞争中失败，久而久之市场上就会充斥大量频繁违法的“坏企业”，因此政府对企业违法行为的监管程度也会严重影响企业竞争、市场选择与企业发展。根据《中华人民共和国反不正当竞争法（2019）》的规定，不正当竞争行为就是指经营者在生产经营活动中，违反本法规定，扰乱市场竞争秩序，损害其他经营者或者消费者的合法权益的行为，主要包括以下 7 类行为：假冒其他商品、商业贿赂、对商品质量性能等方面进行虚假宣传、侵犯商业秘密、违法有奖销售、编造传播虚假信息损害竞争对手的商业信誉和商品声誉、违规开展网络经营。除不正当竞争行为以外，企业的其他违法获利行为种类繁多、形式多样，如非法集资、恶意欠薪、逃废债务、偷漏税款、财务造假、上市圈钱、操纵股市、违法排放污染环境等。由于篇幅所限，本书仅对以下 3 种企业违法行为、有关政府管制及其对市场选择的影响作用进行分析。

（1）政府对商品质量标准与信息披露的监管及影响

商品质量是市场对企业进行选择的一项重要信息和依据。但是市场上的需求方往往并不能正确地对商品质量优劣进行鉴别，企业也有可能基于逐利动机而故意隐瞒或歪曲商品的质量信息，从而导致正常的市场选择受到干扰阻碍。因此，政府主管机构就有必要对企业的商品质量及相关信息披露做出强制性规定。在买卖双方信息严重不对称的市场中，政府就十分有必要制定有关法律法规制度保障市场交易双方尤其是需求方的正当权益。如果政府对商品质量标准、商品质量生产管理等方面的规定和要求不够健全，那么企业就容易故意隐瞒对自己不利的信息，如故意模糊食品成分，利用广告散布商品虚假质量信息、以次充好，等等，由此导致商品购买者的正当利益受到严重侵害，还会使有关行业产生“劣币驱逐良币”的逆向选择现象，那些生产优质产品的企业反而竞争不过生产劣质商品的企业，市场就不能顺利选择出那些真正优秀的企业，选择机制就难以发挥应有作用，导致整个行业的企业普遍陷入低效锁定状态。

按照消费者对商品质量信息辨别的难易程度，一般商品可分为“搜寻”商品、“经验”商品以及“信任”（credence goods）商品：如果消费者在购买之前就能够检查并确定商品的质量，则该商品具有搜寻质量；如果消费者必须通过消费该商品才能够确定其质量，该商品就被称为具有经验质量；如果消费者即使在消费某些商品后也不能断定其质量情况，则称此类商品为“信任”商品，消费者对“信任”商品质量的判断只能依赖于商品生产者的单方面说明。现实中许多商品的质量特征往往属于搜寻质量、经验质量和信任质量特征的综合，其中某一方面表现得较为明显。如对于食品类商品来说消费者在购买阶段就可以获得外观、色泽、重量等“搜寻”质量信息，但是还存在大量“经验”质量信息和“信任”质量信息则很难获得，造成买卖双方对于商品质量存在严重的信息不对称，这就给一些非法企业以可乘之机。企业商品质量案件的发生，除了立法不完备、有关责任者钻法律空子外，更主要的原因在于企业不遵守法规规定，尤其是政府行政执法部门执法、监管不力。

从实践情况来看，市场经济发达国家和地区政府在商品质量标准及相关信息披露等方面的法律规定都比较健全，实际执法力度也非常大，对企业行为与企业发展产生了较好效果。如在美国，商品质量信息披露等均受到政府广泛而严格的管制，任何商品只要存在伤害使用者正当利益的危险，就可以通过法院命令给予强制查封和定罪（韦登鲍姆，2002）。例如，在 2017 年德国大众汽车公司因在美国实施汽车尾气排放造假被美国环境保护署发现，被美国法院提出 3 项指控，大众公司被迫承认违反了 3 条美国联邦法律，并与美国司法部达成了下述认罪协议：大众公司需向受害车主、环境保护机构等利害方支付 250 亿美元的罚款，同时向美国司法部支付 43 亿美元的刑事和民事罚款，还要回收 50 万辆问题车辆，对公司内部架构进行大革新，采用新的审计方以及受独立监管机构监督，在未来会变更在美国及其他国家的经营方式；美国司法部同时还对大众 7 位现任及前任高管做出了指控。美国政府的强制规定迫使美国企业普遍高度重视和预防因产品质量引起的可能潜在风险，许多企业采取了自愿惩治的做法以减少可能产生的不利公告的弊端。从发展趋势来看，欧、美、日等经济发达国家和地区政府均在不断加强对商品质量标准及相关信息披露等方面的法律管制。

由于中国目前商品质量信息披露法律不完善、执法“宽松软”，我国在食品制造、房地产、汽车、家电等许多行业多年来都不断发生商品质量问题和违法案例。商品质量信息不对称问题一方面大大增加了消费者的搜寻成本，对消费者利益造成损害，也使得那些真正优秀的企业难以脱颖而出，严重阻碍我国企业的健康发展。近些年我国食品行业频频爆出危害消费者健康甚至生命安全的重大质量事件，如重庆石蜡火锅底料案件、浙江金华农药火腿案件、“苏丹红”案件、频繁发生的假茅台案、2021 年 8 月大润发超市济南市省博店隔夜臭肉案以及 2022 年初发生的湖南插旗菜业有限公司“土坑酸菜”事件等，均造成了严重的经济损失与社会影响。其中最为典型、最具代表性的当数2008年奶制品行业发生的三聚氰胺重大系列案件，当时我国包括大型国企“三鹿”公司在内的绝大多数奶粉制造企业被牵涉其中，“三聚氰胺”奶粉不仅给一些婴幼儿消费者带来了个头矮、尿不尽、肾结石等长期严重病患痛苦，还导致国产奶制品在国内、国际市场的声誉严重下降，并为国外奶粉进入中国市场创造了良好商机，使得我国进口奶粉从2008年的14万吨迅猛增加至2014年的105万吨，在6年时间里竟然增长了6倍多。三聚氰胺事件爆发以来，政府有关部门加强了对奶制品企业的监督管理，如农业部从2009年开始连续7年实施生鲜乳质量安全监测，但是我国消费者对“国奶”质量依然普遍缺乏信心，“洋奶粉”热长期“高烧不退”，国内许多奶制品企业举步维艰，持续发展困难重重。

商品质量问题在房建、宾馆饭店等其他行业也大量存在。如2020年3月福建省泉州市欣佳酒店发生坍塌造成29人遇难、42人受伤，2020年8月山西省临汾市襄汾县聚仙饭店坍塌造成29人遇难、28人受伤。尽管上述案件发生后有关部门依法惩处了相关责任人，但是有关伤亡人员的具体赔偿标准都没有公开，没有起到对国内同类违法行为应有的警示作用，严重房屋质量及坍塌事故依然在不断发生。2022年4月29日，湖南长沙医学院附近的违章自建楼倒塌，事故造成了53人遇难，其中长沙医学院的学生多达32人。这栋倒塌的房屋位于长沙市望城区金山桥街道金坪社区盘树湾，属于砖混结构，建筑面积800平方米左右，最初只有3层，事发时已经违规建成了9层，最上面3层简易阁楼由房主自住，其余楼层用来开展商业活动，1层有一家麻辣烫、一家饮料店，2层还有一家餐厅，倒塌时间正是中午学生外出用餐的高峰期，悲剧就这样发生了。经有关部门调查核实，湖南湘大工程检测有限公司对涉案自建房家庭旅馆（4~6层）进行房屋安全鉴定后出具了虚假房屋安全鉴定报告，有关人员已经被逮捕。案件发生后，长沙市有关部门全力排查、大规模整治了各类危险和私搭乱建的建筑，但是整治效果仍有待进一步观察。

（2）政府对企业财务造假问题的监管及影响

企业尤其是上市公司还可能进行财务造假，以骗取投资资金，为自己牟取不正当利益。每一起上市公司财务造假案，都给大量投资者带来巨大经济损失，同时也会严重影响正常的企业竞争与市场选择。从严治理上市公司财务造假是各国政府实施资本市场监管普遍面临的重要任务。

世界各国上市公司财务造假事件频繁发生，即使在法制非常健全的美国也曾发生了轰动世界的安然公司财务造假案，欧盟发生了著名的帕尔马财务造假案。与市场经济发达国家或地区相比，国内上市公司财务造假案件具有发生数量多、发生频率高等特点，早些年曾发生过性质恶劣、影响广泛的银广夏公司财务造假案，2019 年发生了康美药业、康得新公司财务造假案，均在国内产生了比较严重的社会影响。而在 2020 年发生的在美国纳斯达克上市的瑞幸咖啡公司财务造假案则在国内国际均产生了非常恶劣的负面影响。2020 年 1 月 31 日做空机构浑水公司揭露瑞幸咖啡严重夸大了 2019 年第三、第四季度咖啡销量。2020 年 4 月 2 日瑞幸咖啡承认在 2019 年第二至第四季度期间虚构了 22 亿元人民币交易额，还虚增了相关成本费用，受财务造假丑闻影响，瑞幸咖啡当日盘前暴跌 85%，开盘后触发 6 次熔断，收盘时股价跌幅达 75. 57%。2020 年 6 月 29 日瑞幸咖啡被强制从美国纳斯达克退市，并且受到美国投资者的法律索赔诉讼。

我国证券监管部门一直把强制性信息披露作为对上市公司的监管重点，强调上市公司在信息披露上必须满足真实性、准确性、完整性、公允性、及时性等“五性”要求。但是证券市场的实际情况是，管理层在不断出台新的管制政策法规，而上市公司却经常爆出信息披露违规造假问题，粉饰财务报表、盈余管理、表外业务等轻微违规现象更是频频发生。还有一些上市公司每年的董事会公告、年度报告中充斥一些重复、模糊的信息，还有大量针对公告的公告如对已发布信息的澄清、说明等，虽然没有严重到虚假信息的地步，却在一定程度上造成了对投资者重要决策的误导。大量非上市公司也存在财务造假问题，比较常见的情况包括：虚增营业收入、利润及资产价值以获取更多银行贷款，虚减营业收入和利润以减少纳税，等等。

公司财务信息的严重失真一方面使得违法企业获得大量非法收益，干扰了正常的企业竞争与市场选择，另一方面也使投资者很难根据有关信息做出正确投资决策，导致我国证券市场上长期存在浓厚投机氛围，股市长期萎靡不振，很多投资者宁愿把资金以较低利息存在银行，也不愿投资股票。上述问题的主要原因就在于现在有关法规制度及实际执行方面缺乏对财务信息造假的严厉管制和对投资者正当权益的严格保护。沈艺峰等通过研究我国证券市场进行股权再融资的上市公司发现，在控制公司特征和宏观经济变量情况下，政府对中小投资者的法律保护程度与上市公司的权益资本融资成本呈显著负相关关系。

（3）政府对企业污染环境问题的监管及影响

企业污染环境问题存在显著的外部效应，导致了严重的市场失灵。外部效应或外部性是指一个经济单位的活动对其他经济单位所产生的有利或有害的影响，且这种影响无法通过市场交易对收益付费或对损失进行补偿，并导致私人成本和社会成本、私人收益和社会收益不一致，难以满足实现帕累托最优的价格条件，从而导致市场失灵。例如，企业排放污染物会污染环境，如果企业要投入治污设备减少污染，就要自己承担相关费用，但不治理污染所造成的环境损失并未由企业承担，企业就必然缺乏减少污染的投资激励，不会主动进行减少污染排放方面的投入。如果一个企业试图增加投入来控制污染水平，它就会由于生产成本的提高而比那些不进行污染控制的竞争对手处于相对不利的竞争地位。因此，缺乏政府有效管制的市场不仅不能对环境污染实现有效的控制，还会惩罚那些主动控制污染物排放的企业，那些不进行污染控制的企业则会由于节约成本而更容易在竞争中胜出，企业就会普遍向更严重污染环境的方向发展。因此，严格的政府管制对于控制企业环境污染来说非常必要。由于有关部门执法“宽松软”等问题，近些年国内企业的环保违法案件仍然不断发生。

美国汽车制造企业的汽车尾气排放、油耗等技术现在已经达到了较高水平，但是有研究表明（陈清泰等，2004），如果没有美国政府相关法律法规的管制约束，这些成绩不可能取得。亨利·福特曾经承认：“我们不会在汽车上安装一系列安全设备，除非有一部联邦法律；我们不会节约燃油，除非有一部联邦法律；也不会有尾气控制，除非有一部联邦法律。”在烟雾污染上面，美国汽车企业起初认为，汽车废气在大气中消散得很快，不会造成空气污染问题。后来，当汽车造成的空气污染加重、许多人对此问题的担忧日益增长时，福特、通用与克莱斯勒公司还企图以建立统一研究机构为掩饰消除它们在开发和利用污染控制技术方面的竞争。当美国政府在20世纪70年代发布汽车尾气排放管制条例时，这些汽车企业仍然坚持认为，即使一些外国厂商引进了高效低排放且低成本的催化式排气净化器的创新发动机（例如，本田的复合式涡动燃烧室或CVCC发动机），条例标准也是不可能达到的。在20世纪90年代，加利福尼亚州和东北部各州实施更严格的“超低”尾气排放条例，三大汽车公司再次指责标准不可达到，尽管这时以本田公司为首的外国公司正在引进提供更高推动力和加速度同时还能达到苛刻排放标准的发动机设计。

总之，企业违法获利行为种类繁多、危害巨大，对此政府十分有必要进行严格监管。党的十八大以来，我国政府大力开展了“放、管、服”改革，其中的“管”就是对企业等市场主体的违法行为实施严格监管。国务院在2014年批准公布的《注册资本登记制度改革方案》中提出，要转变市场监管理念和方式，强化信用监管、协同监管和社会共治，更加注重运用信息公示、信息共享、信用约束等手段，形成部门协同监管、行业自律、社会监督和主体自治相结合的市场监管格局；强调企业在享受改革赋予更多便利条件的同时，也要依法承担相应的信息公示等义务和责任，市场主体信用信息公示体系不仅要在工商系统内部实现跨地区互联互通，更应与中国人民银行的基础信用数据库、税务机关和最高法院的信用系统联网，要形成跨部门、跨领域、跨地域的黑名单，让违法主体一处失信，处处受限。

目前我国政府对企业违法行为的监管已经取得了较大进展和较好效果，但是仍然存在较多问题和不足，主要表现在很多行业市场竞争秩序混乱，违法企业长期获取非法利益，守法企业反而屡屡受到侵害，在市场竞争中处于劣势。因此，我国政府在加强政府监管方面依然任重道远。李克强总理（2019）指出，当前我国市场监管不公、检查任性、执法不力等问题依然突出，一些领域竞争不公平、市场秩序混乱，假冒伪劣、坑蒙拐骗等问题仍然存在。李克强总理（2021）在2021年全国深化“放、管、服”改革着力培育和激发市场主体活力电视电话会议上讲话时又进一步指出，要健全监管规则，创新监管方式，完善事中事后监管，深入推进“双随机、一公开”监管、跨部门综合监管、“互联网+监管”和信用风险分类监管，提高监管的精准性、有效性；对一些领域的监管不到位，要明晰基本职责，强化责任担当，进一步解决这方面的问题；还要寓监管于服务之中，重视企业合理诉求，加强帮扶支持，让市场主体安心发展、更好发展。

5.3.2 政府对商品的价格管制及其影响

（1）价格在市场选择中的作用

商品价格对于市场选择起到了低成本传递信息的重要作用。当需求者按照价格选择商品的时候，实际上也就等于在对不同企业及其所拥有的知识进行选择，虽然人们不一定知道有关知识的具体内容。哈耶克（2012）指出：“从根本上讲，在一个有关相关事实的知识（the knowledge of the relevant facts）由众多个人分散掌握的系统中，价格能够帮助不同的个人协调他们所采取的彼此独立的行动，就像主观价值（subjective values）可以帮助个人协调他所制订的计划的各个部分一样。”由于那些占有更多知识的企业将会以更为高效的生产效率生产出更高质量和适当价格的商品，通过商品价格的信号传递作用，这些企业的产品会被市场选择出来，当然它们有关商品生产的重要知识也会被同时选择。因此，企业对自己产品的自由定价权利，对于市场选择机制作用的正常发挥显然是非常重要的。政府实施的商品价格管制是影响企业定价的主要因素。政府对商品价格的管制范围越广泛、程度越严格，价格就会越僵化，价格体系在市场选择过程中所具有的信息传递作用也就越有限。

（2）价格管制的理论依据

政府进行价格管制的一个重要理论依据就是企业在市场选择过程中有可能采取掠夺性定价策略或采用低价倾销行为来排挤竞争对手。为了将对手排挤出市场和吓退潜在的进入者，一些企业有可能先将价格大幅度降低，甚至低于生产成本，在对手退出市场后再将价格提高，以短期损失换取更多长期利润，这种行为就是掠夺性定价策略。掠夺性定价策略行为常常以损害其他企业的利益为代价来获取市场垄断，因此实际上也是许多国家或地区反托拉斯法、反不正当竞争法等打击的行为之一。但是，广泛的经济和法律文献提到的明确认定企业是否采用掠夺性定价策略的标准并不多见，主要原因在于判断掠夺性定价行为具有很大的操作难度，很难将其与企业正常的定价策略区分开来。而且，即使一个企业欲采用掠夺性定价策略来排挤对手，它也必须首先知道众多既有乃至潜在竞争对手的生产知识、生产成本等许多复杂信息，这在现实中往往是不可能实现的。

（3）价格管制的表现形式

政府的价格管制政策主要是针对某些商品制定价格上限（price ceiling）或价格下限（price floor）（曼昆，2012）。由于任何商品的买者总想出低价格，而卖者总想要高价格，所以买卖双方的利益是冲突的。如果买者在对政府的游说中成功了，政府就对相关商品可以卖的价格实行法定最高价格，不允许价格上升到这个水平之上，这就是价格上限。与此相反，如果制造商成功了，政府就对价格实行法定最低价格，不允许价格下降到这个水平之下，这就是价格下限。

（4）价格管制对企业竞争与市场选择的影响

价格管制对市场选择与企业竞争的负面影响很多。对于市场选择来说，价格管制常常会阻碍企业之间进行充分的价格竞争，压制优秀企业而保护生产效率低下的落后企业，从而阻碍对企业优胜劣汰。因此尽管政府对价格管制有种种理由，但是许多学者对此是持反对意见的。美国经济学家曼昆（N. Gregory Mankiw，2012）指出："价格控制往往伤害了它想要帮助的人。租金控制可以保持低租金，但它无法鼓励房东维修住房，并使找房困难。"

（5）政府价格管制的发展趋势

从发展趋势来看，许多国家的政府都在逐渐放松传统的价格管制。美国经济学者韦登鲍姆（Weidenbaum M. L.，2006）指出，美国民用航空委员会（CAB）在1977年实行了几项变革措施并最终取消了对美国航空业的经济管制，给予航空公司更大的定价权力，降低了进入新航线的限制。

CAB对航空公司价格管制的解除很快产生了非常显著的市场效应，美国客机的二等票价格急剧下降，与此同时飞机运量迅速增长，航空公司的总利润也显著增加了。由此导致的另一个结果是，在1978年美国国会通过立法结束了美国民用航空委员会（CAB）对航空公司市场进入和价格的管制权。美国民用航空委员会取消对航空公司价格管制所产生的市场效应证明，以前的价格管制确实存在损害旅客和航空公司利益的问题。另一个知名案例是，时任美国总统里根在1981年解除了对原油及有关石油产品的价格限制，还取消了对能源利用的政府分配，之后美国的能源价格一直下降，从1981年至1996年，美国汽油价格持续下降了46%，这同一些当时批评家的观点完全相反。

与经济发达国家政府主要对少数自然垄断行业、农业、金融等基础性重要行业进行价格管制相比，计划经济及转轨经济体制国家对商品价格实行政府管制的范围则要大得多，因此这些国家的政府价格管制对企业竞争、市场选择及经济发展所产生的阻碍作用也是巨大的。从发展趋势来看，不仅美、欧等经济发达国家和地区在逐渐放松商品价格管制政策，我国也在大幅度取消价格管制，但是在石化、航空、金融等许多行业仍然存在大量价格管制政策。

5.3.3 政府对部分企业的补贴政策及其影响

出于种种原因，政府往往对部分企业实行大量政策性特殊补贴。例如在我国，政府出于培养优势产业、鼓励创新等目的，对一些企业实施财政补贴、税收减免或优惠贷款等特殊照顾，比较常见的是对国有企业进行各种经济扶持，如财政拨款、优先贷款等，还有对外资企业的普遍政策优惠。从市场选择与企业竞争角度来看，政府对个别企业实施的补贴政策往往会软化享受特殊照顾企业的预算约束，严重扰乱正常的企业竞争与市场选择，使得一些本应退出市场的劣势企业由于补贴而继续生存，而作为竞争对手的优势企业也会面临更大竞争压力，从而加剧企业之间的恶性竞争，影响企业发展。张维迎、马捷（1999）认为，我国国有企业进行恶性竞争的主要原因，就是国有企业的软预算约束制度。李涛（2005）通过对中国上市公司的实证研究发现，国有股权使上市公司存在预算软约束预期，降低了公司经理的努力程度，损害了公司业绩。而且，政府对国有企业实施政策补贴的另一面，实际上就是对民营企业的政策歧视，融资难、融资贵、税费负担重一直是我国民营企业必须面对的突出问题，政策补贴与政策歧视均严重干扰了国有企业、外资企业与民营企业等不同制度企业之间的正常竞争和市场选择，尤其阻碍了我国民营企业的发展。我们常常将所有资源分配给极少数公司，从而制造出全国规模最大的企业，其结果是破坏了企业之间的公平竞争秩序，有关大企业在市场上反而普遍缺乏应有竞争力。

日本政府的有关经验值得借鉴参考。理论界一直认为日本政府在外汇、融资等方面对企业的政策支持促进了日本企业竞争力的提高，很多学者强调日本政府偏爱部分产业及个别企业，却忽视了日本政府支持政策的普遍性对促进企业发展的重要作用。第二次世界大战以后，日本政府建立了外汇预算配额制度来控制外汇，严格控制着外国商品，尤其是会对国内产业造成威胁的商品进口，将很大一部分外汇用于进口技术、原材料及日本国内无力生产的重要生产设备，外汇是当时日本所有企业都非常需要的经济资源。高柏（2004）指出，日本通产省的外汇分配政策主要以加强日本企业在国际市场上的竞争能力为目标，在分配外汇额度时总是平等对待日本的大企业，而非把所有外汇分配给它选中的一两家重点企业。日本通产省以高度平均主义的态度对待大公司，按现有生产能力决定外汇配额。日本政府还鼓励私有银行向战略性产业中的大企业提供资本。但这两种措施都是同时面向具有相互竞争关系的多家企业，而不是一两家特殊企业。

5.3.4 进口贸易壁垒及其影响

进口贸易壁垒可以分为关税壁垒与非关税壁垒两大类（克鲁格曼等，2021）。

（1）关税壁垒

关税是指进口国对某种进口商品所征收的税款，可以分为从量税、从价税两种，前者是指按照进口商品单位数征收一定税额，后者是指按照进口商品价格征收一定比例税收。从其影响来看，两种关税都会提高进口商品的最终销售价格，从而影响国内外有关企业之间的竞争与市场选择。关税能够增加进口国政府的税收，还会通过提高进口商品销售价格来影响市场选择、保护进口国内的相关企业。早在19世纪早期英国就开始实施《谷物法》，通过征收关税来保护本国农业，使之免受进口农产品影响。美国、德国到19世纪末期也通过征收进口关税来保护本国新兴的工业企业。日本在第二次世界大战以后很长时间内征收高额进口关税以保护国内有关企业，直至1959年还有74%的进口商品受到政府关税限制（高柏，2004），日本的关税壁垒在保护国内企业方面收到了良好效果。

（2）非关税壁垒

非关税壁垒是指除关税以外的对国际贸易商品和服务的其他所有限制措施，它或者是由政府直接设置，或者是由与政府相关的机构实施，也有的是由相关企业之间达成的协议而形成的贸易保护主义措施（克鲁格曼等，2021）。与关税措施相比，非关税壁垒能够更有针对性地为本国企业提供有效保护，因此在现代国际贸易中有着广泛应用。根据影响方式，非关税壁垒可以分为直接性、间接性和意外性三种壁垒。第一，直接性非关税壁垒指进口国直接限制进口商品的金额、数量等措施，具体表现为进口许可证、进口配额、出口国“自动”实施出口限制等。第二，间接性非关税壁垒指进口国在进口商品数量或金额之外制定各种严格规定间接限制商品进口的措施。第三，意外性非关税壁垒指进口国意外事件产生的溢出效应对商品进口产生了限制作用。非关税壁垒可以与关税壁垒一起使用，但是与关税壁垒相比，非关税壁垒具有以下特点：第一，比关税壁垒具有更大针对性、灵活性。第二，比关税壁垒更具有隐蔽性和歧视性，如对商品质量、性能等方面做出非常复杂的要求和检验。第三，有关措施复杂多样，适用范围更广泛，比较典型的有进口配额、进口许可证、外汇管制、技术壁垒、绿色壁垒等。第四，具有显著的难以克服性，能够有效实现限制国外有关商品进口。

商品进口往往对一国市场竞争与企业发展存在多方面的影响：一方面，进口商品能够满足本国市场需求，弥补市场空缺；另一方面，进口商品又必然会大量占领国内幼稚产业及相关企业的市场，给本国企业带来较大市场竞争压力。从全世界企业与经济发展的历史来看，包括美国、欧洲以及日本在内的很多市场经济发达国家或地区，都曾经实施加征关税等多种贸易壁垒，严格限制商品进口以保护本国幼稚产业和中小企业。例如日本、韩国等国在本土汽车工业发展的初期阶段，都曾经严格限制进口外国汽车，以保护本国汽车制造企业，使之免受外来商品的市场竞争压力。

即使当今世界贸易自由化程度已经很高，世界上也仍然存在各种贸易保护行为，重大国际贸易争端频繁发生。根据彼得森国际经济研究所（2021）的数据，在 2018 年以前美国对中国商品的平均进口关税只有 3.1%，但是前总统特朗普对包括工业品、玩具在内的多种中国进口商品加征关税后该数据已经大幅度上升至 19.3%，而中国对美国商品征收的报复性关税则将对美国商品的进口关税从 8%提高到了 20.7%。彼得森国际经济研究所（2021）的有关数据资料还显示，作为世界上两个最大经济体，中美之间的贸易商品中，现在有一半以上都要加征高额关税，而在中美经贸摩擦开始前这个比例还不足 1%。这表明，包括中美在内的经济大国都在重新审视之前长期实施的贸易自由化政策对本国企业与经济发展所产生的影响，开始重拾关税等进口贸易壁垒开展贸易保护。

5.4 小结

本章探讨了企业的适应度函数，建立了市场选择的生态学模型，通过模型对市场选择的过程与相应结果进行了解释。市场选择机制的重要作用，就在于对进入市场的企业优胜劣汰。影响市场选择的外部环境因素主要包括政府对商品的价格管制、政府对企业不正当竞争等违法行为的监管治理、政府对部分企业的补贴政策、进口贸易壁垒等。

6

企业发展的遗传机制与发展环境的影响

在生物进化中，那些经过自然选择的优良生物基因会通过繁殖遗传给更多下一代，提高了种群内的基因频率和整个种群的环境适应能力。如果不能进行基因遗传，那些优良基因就会随着携带它们的生物个体的死亡而消失，生物进化就会受到影响。如果某些企业在市场选择中获得了较高盈利，它就会不断复制其“企业基因”，还会招致其他企业的学习模仿，这其实就是企业基因的“遗传”过程，一方面可以促进优秀企业规模扩张，另一方面也可以使那些优良企业基因在企业之间得到复制传播，促进企业普遍发展。如果受企业发展环境某些因素的影响，企业基因遗传受到阻碍，企业发展也会受到影响。

6.1 企业基因遗传的主要方式

相比生物只能通过繁殖进行基因遗传，企业基因的遗传方式比较复杂多样：一是优秀企业主动复制；二是衍生新企业；三是企业学习模仿。正是由于第二种和第三种方式的存在，才使得企业基因遗传呈现出复制速度快、传播范围大、影响范围广等诸多突出特点。

6.1.1 企业主动复制

（1）简单扩大生产规模

纳尔逊和温特指出：“盈利的企业将增长，不盈利的企业将收缩。所以较为盈利的企业的经营特点将成为它们在该行业的活动中所占的份额不断增加的原因。”很多在市场竞争中获得较多利润的企业都会直接进行简单扩大生产规模来复制使之获得初期成功的良好“企业基因”。20世纪初期美国福特汽车公司（Ford Motor Company）实施的T型车大规模生产战略就是一个非常经典的成功案例，该战略的巨大成功使福特汽车公司成功主导了1910—1920年的美国乃至世界汽车市场（詹姆斯·W. 布罗克，2003）。时任福特公司负责人亨利·福特认为，市场对轿车需求有很大价格弹性，“每次降价1美元，我将获得1000个新客户”，因此不断降低汽车价格是激发市场需求量的主要方法，而单品种、大批量生产则是降低汽车生产成本的关键，价格降低推动了市场需求扩大、大规模生产的显著规模经济及更大总利润。福特公司实施低价格销售、大规模生产竞争战略的产物就是T型车，最早的福特T型车于1908年10月1日推出，每辆价格为900多美元，很受市场欢迎，之后福特公司不断降低价格，又研发出世界第一条汽车生产流水线，大幅度扩大生产规模，到1921年T型车产量已占当年世界汽车总产量的56.6%。福特公司对T型车的单品种大规模生产战略竟然一直持续了将近20年，在受到后来美国通用汽车公司（General Morter Company）创造的多样化、小批量竞争战略严重威胁时才被迫进行了调整转变，T型车在1927年退出市场时价格已经降低到每辆260美元，自上市以来总销量则达到了惊人的1500多万辆。

与福特公司的单品种大规模战略恰好相反，美国通用汽车公司在20世纪20年代初期创造了经典的汽车市场细分和产品多样化战略（艾尔弗雷德·斯隆，2017）：一是对汽车市场进行细分，研发生产更广泛的汽车产品系列，向市场推出品种多样（多种型号、颜色）的汽车，把“生产适应每一种追求和目的的车”作为其经营目标和竞争战略；二是基于“车型变化会刺激更多市场需求，从而增加销售额”的市场理念，从工程技术、乘坐舒适度以及流行性等方面不断改进汽车款式型号。通用公司的多样化竞争战略受到了汽车消费者的欢迎，而福特公司的T型车则由于式样单调、颜色单一等原因，市场销量不断降低。由此，通用汽车公司也取代福特，成功占据了美国及世界汽车产业的主导地位。之后通用公司也不断复制着它的市场细分与产品多样化策略，这使得近半个多世纪以来通用汽车公司一直占据世界汽车产业领导地位，虽然之后历经德国大众、日本丰田等跨国汽车公司的严峻竞争挑战与生存危机，但至今仍然在全球汽车制造企业中位居世界前列（《中国汽车工业年鉴》2021）。

（2）建立连锁店

世界著名连锁餐饮公司——美国麦当劳就是通过不断建立连锁店复制其成功经营模式等企业基因而从一个微小汽车餐厅一跃成为巨型跨国公司的经典案例（雷·克洛克等，2019）。雷·克洛克在1955年开设了首家麦当劳特许经营店，对汉堡制作、薯条烹炸、招待顾客等事项都进行了认真细致的深入研究，并把研究成果编制成书面规定，创建了一套极其严格的食品卫生、服务、品质、成本、价格等方面的管理经营制度——著名的QSCV（Quality、Service、Cleanness、Value）统一经营系统，这套经营系统其实就是麦当劳的“企业基因”。之后所有麦当劳特许经营连锁店都被要求要严格复制并执行QSCV经营系统，不仅店面装修风格与服务方式要与总店（特许经营总部）完全一样，汉堡包等食品的品种、价格、质量也必须与总店保持一致，所用蔬菜、肉品、调料等原材料的品质与制作工艺均要遵守总店统一规定的标准。

麦当劳公司用QSCV经营系统指导每个连锁店的管理者和普通员工，要求世界各地所有分店经营者与每个员工都必须遵循其规范化、标准化制度规范要求。公司还在美国芝加哥开办了汉堡包大学作为员工培训中心，所有特许经营者在正式开业前都要进行长达一个月的强制专业培训，回去后还要对加盟店所有员工进行认真培训，确保麦当劳公司的相关制度规定要求均得到准确理解和认真执行。为确保所有特许经营店都能按QSCV经营系统要求开展经营，麦当劳公司还经常派工作人员对全世界的连锁店开展巡视和监控，并定期考评每个分店的营业收入、成本、利润等经营业绩，这样就能及时掌握分店的经营情况和问题，以便及时采取改进对策。对优良企业基因的成功复制使麦当劳在全球每家连锁店的产品与服务都能够严格保持一致。

通过转让特许经营权、严格复制标准的QSCV管理模式，1967年麦当劳首次在美国以外开设连锁店，如今，麦当劳已经成为全世界零售食品服务业的龙头企业。根据麦当劳官网（2022）有关信息，全球的麦当劳连锁店在 2019 年底已经超过 38000 家，遍布 100 多个国家和地区，每天都为 6900 多万名顾客提供高品质食品与服务。麦当劳在 2020 年的 Brand Z 全球最具价值品牌排行榜第 9 名，并连续 13 年排名前 10，是榜单前十强中唯一的餐饮企业，品牌价值超过 1293.21 亿美元。与麦当劳类似，2021 年《财富》杂志世界 500 强排名第一名的美国沃尔玛，营业收入与利润分别达到了惊人的 5591.51 亿美元和 135.10 亿美元，也是靠建立连锁店的方式复制其“企业基因”——标准管理模式而迅速成长起来的。

（3）建立子公司

与餐饮、超市、宾馆等服务业企业通过建立连锁店进行企业基因复制、实现规模扩张不同，制造类企业如美国通用汽车公司、日本丰田公司、德国大众公司等常常通过建立子公司来复制企业基因、扩张企业规模。改革开放以来，我国就通过大量吸引外资来国内直接投资设立合资或独资子公司，学习到了跨国公司先进的生产技术、管理制度、文化理念等（苏晓华等，2007；陈建勋等，2012）。母公司除直接建立子公司外，还可以兼并其他企业使之成为自己的子公司，企业兼并过程中的企业基因复制特征尤为突出。企业兼并是指一个企业获得了对目标企业资产的部分或全部支配权，从而实现企业之间的结合，常见情况是一个企业通过取得另一个企业的股份而获得其支配权，使之成为自己的子公司。按照所涉及的产品市场关系，企业兼并可以分为横向兼并（horizontal merger）、纵向兼并（vertical merger）和混合兼并（conglomerate merger）三类（让・梯若尔，2018）。横向兼并是指对生产、销售相同或相似产品的企业进行的兼并，以此实现快速提高市场占有率。纵向兼并是指对生产经营前后关联企业的兼并，既可以是前向兼并最终生产和销售企业，也可以是后向兼并投入要素或原材料生产企业，由此可以把市场交易内部化。混合兼并是指兼并与被兼并企业分别处于不同产业、不同市场，企业产品之间没有显著替代关系，兼并双方企业之间也没有密切的投入产出关系。

主流的产业组织理论认为，企业兼并可以实现更大规模经济、节约交易成本、更多范围经济等多方面的经济效应（让·梯若尔，2018）。而从演化观点来看，优秀企业兼并其他企业的过程往往还是复制遗传其优良“企业基因”的过程。在兼并与被兼并过程中，实施兼并的优秀企业常常对被兼并企业实行“接管”，即派出己方优秀管理者到被兼并企业任高层主要领导，还向被兼并企业输入自己的管理制度模式、技术工艺经验等，这样，优秀企业的“基因”就被复制给了被兼并企业，被兼并企业的生产效率往往会由此得到提高。现代公司治理理论表明（罗伯特·A. G. 蒙克斯，尼尔·米诺，2017），存在被“接管”危险是促使公司制企业的职业经理人努力工作的重要原因之一。我国著名的海尔公司就是通过兼并其他企业实现企业基因复制与规模扩张的典型案例（胡国栋，2021）。海尔对外实施兼并时专门寻找那些设备等硬件设施较好，而管理等“软件”不足的“休克鱼”式企业，而不会考虑那些硬件和软件都很差、没有任何价值的“死鱼”式企业。海尔公司长期以来已经形成了独具特色的管理模式、文化理念等优良企业基因，通过向被兼并企业派驻高层管理者把海尔的企业基因成功复制传播过去，往往能够使被兼并企业的市场竞争力很快得以提高。海尔集团很好地把握了吃“休克鱼”而不吃“死鱼”的兼并原则，在不断扩张过程中成功实施了多次兼并。

6.1.2 新企业衍生裂变

企业衍生或企业裂变是指企业的管理、技术、销售等员工辞职，利用从原企业学习到的管理、技术知识和有关信息开办与原企业技术产品市场等基本相同的新企业的过程（郑健壮等，2018；李志刚等，2020）。许多企业的创立者在成立自己的企业之前，往往都具有在相关企业工作的经历，在具备各方面经验、技术等条件的情况下，他们脱离原企业，出来成立自己的企业（丁雪辰等，2021），这样原企业的管理制度、技术、经验、信息等企业基因也会遗传、复制到新企业，新企业也往往在行业选择、管理模式、生产技术等方面与原企业具有较大相似性。企业衍生是与老企业同类的大量新企业进入市场的一个主要原因，因此也是企业基因遗传的一个重要方式和途径。

在美国硅谷，许多企业就是由原企业的员工主动脱离原企业，利用原企业的管理模式、技术知识或市场资源进行创业的产物（郑健壮等，2018）。在我国很多地区的企业集群中，许多新办企业的投资经营者都有曾在同类型企业，尤其是外资企业工作尔后“跳槽”自办企业的经历（于海云等，2015）。许多家族企业也往往会发生企业衍生裂变，家族内部成员经过一段时间的共同经营之后，也逐渐分立成由各家族成员分头掌管的不同企业，能够持久维持家族成员共同经营的企业并不多见。但是与优秀企业主动复制其“基因”不同，由优秀企业衍生出的新企业是对优秀企业基因的“盗窃式”复制，对原企业来说会产生更多同行业竞争对手，因此往往受到原企业的反对、阻挠和压制（杜鑫等，2022），也会受到政府的法律限制。

根据《中华人民共和国劳动合同法》（2012 年修正）第二十三条、第二十四条的有关规定，掌握公司重要商业机密的人员离职后，在一定的时间期限内不得在生产同类产品、经营同类业务或有其他竞争关系的用人单位任职，也不得自己生产与原单位有竞争关系的同类产品或经营同类业务。很多企业，尤其是掌握核心技术的企业，都会与能接触到此类商业机密的员工签订一份竞业限制约定，规定一旦与本公司解除劳动关系，则 2 年内不得从事本行业的工作（包括创办同类企业），此类竞业限制约定完全符合国家法律规定。竞业限制的签订主要是指与用人单位的商业机密接触较多，以及对用人单位的经营管理有巨大影响力的劳动者，一旦他们离职并到同行企业工作，会对原用人单位带来不可估量的损失，所以才会有此协议出现。它是用人单位为了防止公司机密被泄露，特与负有保守用人单位商业机密的劳动者所签署的协议，因此也受到法律的支持与保护。

6.1.3 企业学习模仿

（1）企业学习的概念

人类具有适应性学习行为，最大特点就是在适应环境过程中能保存过去的经验，并能灵活运用经验来改变当前行为，心理学上将这种因经验而导致的行为改变称为学习（learing）。哈耶克（2014）认为：“人类最为显著的特征乃在于他拥有模仿的能力和传承其所习得的东西的能力。”多西（Giovanni Dosi）和纳尔逊指出：“更一般地，进化理论可以被认为是一种关于社会或经济是如何学习的理论：在很特殊的例子中学习导致行为收敛于某些‘最优行为’的集聚。”（李朝霞，2001）企业是一个以人为主的社会组织，因此也存在学习行为（刘廷华等，2018；梁卓等，2021；王慧等，2018；唐明凤等，2020）。彼德·圣吉（Senge P.，2018）认为，企业唯一持久的竞争优势就是有比其竞争对手学习得更快的能力。那些在企业竞争与市场选择中获得较低盈利甚至产生亏损的企业并不会坐以待毙，而是会学习模仿优秀企业的生产技术、管理制度等优良“企业基因”，这样那些优秀企业的基因就会在企业之间得到广泛复制并传播扩散，从而促进市场中企业的普遍发展。

（2）企业学习的主要途径

与其他企业进行信息交流是企业学习的主要途径。显然，企业之间的信息交流在地理距离比较接近的企业之间，尤其是企业集群中进行得非常频繁。企业在地理区域上的集中分布使得集群中企业的员工能经常自然地相互见面，并自由地、低成本地交换各种信息知识。因此，同一个集群内企业之间的知识、信息流动成本低、速度快、频率高，容易产生相互学习的效果，加速彼此能力的成长和提高。马歇尔（2022）曾明确地描述过这一过程：“（当同行业中的很多公司集中在一个地区时）业务中的秘密不再是秘密，而在人们中流传……杰出的工作得到应有的评价，机器、生产流程以及业务组织上的发明与改进的优点得以迅速论证。如果某人提出了一种新的构想，它将被其他人迅速采纳并糅入他人的想法。这就是新构思的源泉。”保罗·克鲁格曼、奥伯斯法尔德（2021）在描述不同企业的员工之间的非正式信息交流所造成的知识外溢对于美国硅谷企业的发展所产生的巨大作用时指出：“这种信息的非正式流动意味着在硅谷的公司比其他地方的公司更容易与技术发展的前沿保持一致。事实上，很多跨国公司在硅谷设立研究中心甚至建厂无非是想跟上科技的最新发展。”企业也可以通过购买其他企业的先进专利、技术等途径进行学习。

6.2 基于企业学习的企业基因遗传模型

6.2.1 进化博弈论模型构建与分析

设在一个市场内有数量众多的同类企业，企业之间进行随机配对反复博弈，所有企业只有两种纯策略 x、y，且 x 是比 y 具有更强竞争力的策略。从演化观点来看，企业策略即为企业基因，决定着企业竞争行为及相应收益。该博弈模型的收益矩阵如图 6-1 所示。

		企业2 x	企业2 y
企业1	x	3，3	4，1
	y	1，4	2，2

图 6-1　企业博弈矩阵

两个企业都采用 y 策略时，各自收益均为 2，双方可以和平共处。一个企业采用 x 策略而另一个企业采用 y 策略时，它们的收益分别为 4 和 1，采用 x 策略者就对采用 y 策略者产生了威胁。双方都采用 x 策略时，各自收益都为 3。如果博弈双方具有完全理性，那么可以预期博弈结果是种群内所有企业都同时采用策略 x。

但是在有限理性的情况下，并不是所有企业一开始或者说一瞬间就能找到最佳策略，通常情况是市场内既有企业采用 x 策略，也有企业采用 y 策略。可以假设在初始状态下，市场中采取 x 策略的企业比例为 θ，则采取 y 策略的企业比例为 $1-\theta$。企业之间进行随机配对博弈时，每个企业都既可能遇到 x 策略类型的对手，也可能遇到 y 策略类型的对手，前者概率为 θ，后者概率为 $1-\theta$（对大群体来说，可忽略所考察的博弈方本身对各博弈方比例的影响）。因此，一个企业的收益一方面取决于自己的策略类型，另一方面也取决于博弈对手的策略类型。

博弈双方企业采用 x、y 策略时的期望收益分别为：

$$U_x = 3\theta + 4(1-\theta) = 4-\theta \tag{6-1}$$

$$U_y = \theta + 2(1-\theta) = 2-\theta \tag{6-2}$$

市场中所有企业的平均收益为：

$$\overline{U} = \theta U_x + (1-\theta) U_y = \theta(4-\theta) + (1-\theta)(2-\theta) = 2+\theta \tag{6-3}$$

上述结果表明，企业采用两种策略的收益具有明显差异，采用 x 策略的收益明显高于采用 y 策略，也高于所有企业的平均收益；而采用 y 策略的收益不仅低于采用 x 策略的收益，也低于所有企业的平均收益。因此，策略 x 就是该博弈的进化稳定策略（ESS）。根据前面的假设，有限理性的企业有一定的统计分析能力和对不同策略收益的事后判断能力，因此原来采用 y 策略的企业就迟早会发现上述收益差别，认识到改变策略对自己有利，并开始模仿另一种类型的博弈方，改为采用策略 x。采用 x 策略类型企业的比例 θ 随时间变动的动态变化率可以用式（6-4）所示的复制动态微分方程表示：

$$F(\theta) = \frac{d\theta}{dt} = \theta(U_x - \overline{U}) = \theta(4-\theta-2-\theta) = 2\theta(1-\theta) \tag{6-4}$$

对式（6-4）求积分，可得 θ 随时间变化的逻辑斯蒂方程，其中 θ_0 为 θ 的初始比例：

$$\theta(t) = \frac{1}{1+(\frac{1}{\theta_0}-1)e^{-2t}} \tag{6-5}$$

根据式（6-4）、式（6-5）可以分别做出采用 x 策略类型企业的比例 θ 随时间变动的复制动态微分方程的相位图以及逻辑斯蒂曲线，分别如图 6-2、图 6-3 所示。

令：

$$F(\theta) = \frac{d\theta}{dt} = 2\theta(1-\theta) = 0 \tag{6-6}$$

则有：$\theta_1 = 0$，$\theta_2 = 1$。

根据式（6-4）求 θ 的导数：

$$f(\theta) = \frac{dF(\theta)}{d\theta} = 2-4\theta \tag{6-7}$$

$\theta_1 = 0$ 时，$f(\theta) = 2>0$，$\theta_2 = 1$ 时，$f(\theta) = -2<0$。

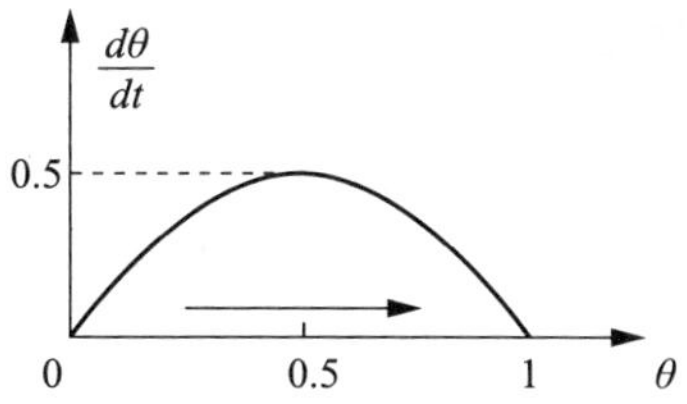

图 6-2 x 策略的复制动态相位图

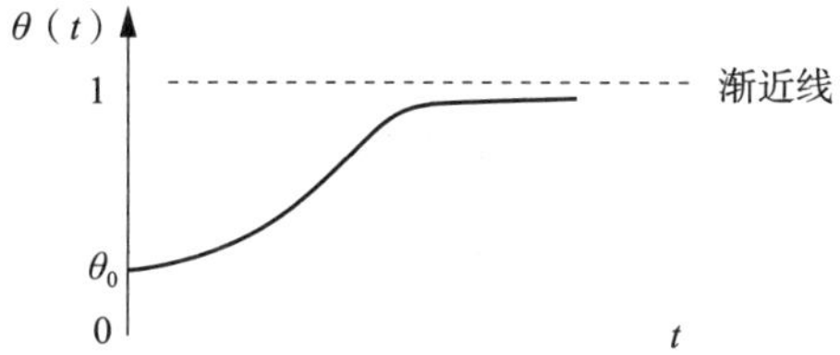

图 6-3 x 策略扩散的逻辑斯蒂曲线

根据进化稳定均衡的成立条件，只有 $\theta_2=1$ 是该博弈的 ESE。$\theta=0$ 时，即初始时刻没有一个企业采用策略 x，所有企业都不会受到收益降低的威胁，因此都不会有意识地改变既有的策略，则由式（6-4）及式（6-5）可知，市场会保持在全部企业都采用 y 策略的状态。当 $0<\theta<1$ 时，也就是开始出现采用 x 策略的企业（产生于企业基因变异）时，$F(\theta)>0$，则采用 x 策略的企业就会逐渐增加，直到 $\theta=1$ 为止，如图 6-2、图 6-3 所示。$\theta=1$ 时，市场内所有企业都已经采用 x 策略，因此其变化率 $F(\theta)=0$。$\theta=0$ 不是进化稳定均衡，因为即使市场中哪怕只有一个企业采用了 x 策略，则其他企业都会逐渐进行模仿，最终导致所有企业都采用 x 策略，直至收敛到 $\theta=1$。而 $\theta=1$ 则是一个进化稳定均衡，即使有某些不理智的企业采用了 y 策略，它也会很快纠正自己的错误行为，采用 x 策略。

对式（6-4）求 t 的导数可得：

$$\frac{d^2\theta}{dt^2}=\frac{dF(\theta)}{d\theta}=4\theta(1-\theta)(1-2\theta) \qquad (6\text{-}8)$$

式（6-8）可以表示策略 x 在企业系统中扩散的加速度。令 $\frac{d^2\theta}{dt^2}=0$，即可得复制动态微分方程的拐点。排除 $\theta=0$ 与 $\theta=1$ 两种情况，复制动态方

程的拐点是 $\theta=\frac{1}{2}$。把 $\theta=\frac{1}{2}$ 代入式（6-5），可得：

$$t^*=\frac{\ln\left(\frac{1}{\theta_0}-1\right)}{2}$$

把 $\theta=\frac{1}{2}$ 代入式（6-4），可得：

$$\max\left.\frac{d\theta}{dt}\right|_{t=t^*}=\frac{1}{2}$$

对式（6-8）继续求 t 的导数可得：

$$\frac{d^3\theta}{dt^3}=2\theta(1-\theta)(4-24\theta+24\theta^2) \tag{6-9}$$

令：$\frac{d^3\theta}{dt^3}=0$，排除 $\theta=0$ 与 $\theta=1$ 两种情况，可得：

$$\theta_1=\frac{1}{3+\sqrt{3}},\quad \theta_2=\frac{1}{3-\sqrt{3}}$$

把 θ_1、θ_2 分别代入式（6-5），可得：

$$t_1=\frac{\ln\left(\frac{1}{\theta_0}-1\right)-\ln(2+\sqrt{3})}{2},\quad t_2=\frac{\ln\left(\frac{1}{\theta_0}-1\right)-\ln(2-\sqrt{3})}{2}$$

把 t_1、t_2 分别代入式（6-4），可得：

$$\left.\frac{d\theta}{dt}\right|_{t=t_1}=\left.\frac{d\theta}{dt}\right|_{t=t_2}=\frac{1}{3}$$

因此，式（6-4）有两个拐点（t_1，$\frac{1}{3}$）、（t_2，$\frac{1}{3}$）。当 $t\to\infty$ 时，有 $\theta\to1$，$\frac{d\theta}{dt}\to0$。可以把 θ 随时间变化的过程分为 4 个阶段，即第一阶段 $0<t<t_1$、第二阶段 $t_1<t<t^*$、第三阶段 $t^*<t<t_2$、第四阶段 $t_2<t<\infty$。在第一阶段，θ 从 θ_0（θ_0 值很小）缓慢增加到 $\theta_1=\frac{1}{3+\sqrt{3}}$，可以称之为策略 x 扩散的起步阶段。在第二阶段，θ 从 $\theta_1=\frac{1}{3+\sqrt{3}}$ 以较高的速度与加速度增加到 $\frac{1}{2}$，

可以称之为加速阶段。在第三阶段，θ 从$\frac{1}{2}$以较低的速度和递减的加速度增加到 $\theta_2=\frac{1}{3-\sqrt{3}}$，可以称之为成熟阶段。在第四阶段，$\theta$ 从 $\theta_2=\frac{1}{3-\sqrt{3}}$缓慢趋向于 $\theta=1$，可以称之为完成阶段，至此策略 x 在企业之间的复制、扩散过程全部完成，策略 x 所代表的企业基因也就通过企业之间的学习得到了复制和传播。

6.2.2 模型研究结论

在企业仅具有有限理性情况下，企业对较好竞争策略的选择随企业不断发展而涌现，即理性是企业发展的结果而不是发展的前提。

经过以上企业博弈和学习过程，具有更高效率的策略及相关企业基因就在市场中的企业之间得到了复制、传播和扩散，因此也促进了企业的普遍发展。

6.3 企业基因遗传的主要作用

6.3.1 促进企业规模不断扩大

优秀企业主动复制其企业基因，可以促进企业规模不断扩大，因此可以取得更大的规模经济、范围经济以及节约交易成本等多方面的经济效应。如果优秀企业对其企业基因的主动复制速度相对于其他企业的学习速度更快，则其市场占有率、有关盈利以及企业整体规模就会不断扩大，在行业或产业层次上就表现为市场集中度的不断提高。否则，优势企业就有可能很快被其他企业所超越。因此从企业发展的观点来看，企业的规模经济以及相应市场集中度的提高，实际上就是优势企业对其企业基因进行复制的结果与表现。很多行业经过长期发展，绝大多数的企业都会被逐渐淘汰出局，最后是少数优秀企业胜出并垄断整个产业与市场。一个十分典型的例子是美国汽车行业，在 1880 年只有福特、通用等极少数几家汽车制造企业，在随后的15年左右时间里汽车制造企业的数量一直在缓慢增加，在1895—1900年则迅猛增加到350多家。如此之多的企业为了生存发展而发生了非常激烈的市场竞争，那些劣势企业逐渐被淘汰退出，从1900年到1915年美国汽车制造企业的数量逐渐降低到300家左右，但是在1915—1930年激烈的市场竞争迫使大量企业破产退出，企业数量迅速下降到50家以下，到1945年就只剩下10多家了。

6.3.2 促使企业能力普遍提升

通过其他企业对优秀企业的学习模仿，优秀企业的技术、经验及管理制度等基因就会在企业之间得到复制扩散，市场中的企业能力也就得到了普遍提升。例如，美国福特汽车公司造的流水线大批量生产方法（詹姆斯·W. 布罗克，2003）、通用汽车公司基于市场细分的多样化生产战略（《中国汽车工业年鉴》2021），以及日本丰田汽车公司创立的及时（just in time）生产制度（日本经济新闻社，2021），都使全世界许多国家和地区的企业获益匪浅。我国实行改革开放以来，国内各地区特别是沿海地区通过积极引进外国直接投资（FDI），获得了国外企业先进的生产技术、管理知识等优良的企业“基因”，迅速提高了国内企业的生产能力和生产效率，促进了国内企业的普遍发展（于海云等，2015）。

企业能力提升的一个突出表现是，企业组织结构会相应地由简单到复杂、由机械到有机、由刚性到柔性，不断趋于复杂化、完善化，由原始简单结构不断演变到U型组织结构、M型组织结构及复杂网络组织结构。另外，企业制度也不断趋于健全。虽然人们现在已经无法准确考证世界上第一个企业究竟出现在何时、何地，但是从世界企业发展的历史过程与趋势来看，与生物进化中遗传基因不断复杂化相类似，企业发展过程中企业组织制度也在不断演变和逐渐健全，主要经历了家庭手工业作坊、工场手工业、古典业主制独资企业和合伙制企业、近代公司制企业和现代大规模公司制企业几个主要的演化形态与阶段。而一个企业从诞生到不断发展成熟，其组织制度也会从简单到复杂，不断完善、健全。一般来说，新企业大多是家庭手工作坊式的微型企业，规模小、能力弱，其中的优秀企业规模会不断扩张壮大，企业组织制度也往往会进一步演变为独资企业、合伙制企业，一些企业还能够发展为大规模的公司制、股份制企业。

6.3.3 推动企业基因的重组变异与企业多样化

与生物基因在遗传过程中会发生变异相类似，企业基因在遗传过程中也会发生重组变异。

首先，通过企业的衍生裂变，原企业中的一些有能力的员工在自身管理、技术、销售等有关条件成熟的情况下会脱离母体而创办自己的新企业，从而促进更多新企业的产生。这些新企业虽然携带有原企业的部分遗传基因，但是新企业的基因并非原企业基因的简单复制，还包含着创业者及员工的自有知识，因此是原企业基因在遗传基础上的重组和变异。

其次，原企业的基因可以与学习者的企业基因进行重组，从而可以形成新的企业基因组合。市场中暂时处于劣势的企业通过对优势企业的学习，可以获取优势企业的部分知识并与其原有知识进行结合重组，就会产生新的企业基因，促进企业创新，在产品种类、生产成本及价格等方面不断改进。因此，原来处于劣势的企业通过学习就有可能超过原来的领先者，甚至将原来的领先企业逐出市场。例如，在 20 世纪 50 年代以前，美国汽车公司凭借其雄厚实力在世界范围内获取了丰厚利润，而日本汽车制造企业的生产水平远远落后于美国。在这种情况下，日本汽车公司潜心向美国同行学习，并在模仿的基础上结合自身优势不断进行创新，结果在 20 世纪 80 年代就全面实现了对美国汽车公司的赶超，并一度把克莱斯勒等美国汽车公司逼入严重亏损的境地（日本经济新闻社，2021）。

6.4 企业发展环境有关因素对企业基因遗传的影响

伴随着企业基因遗传，市场中优秀企业的规模不断扩张壮大，同类企业也得以学习模仿优秀企业而优化企业基因、提升市场竞争能力。如果企业基因遗传受企业发展环境中有关因素的影响，优秀企业的基因难以顺利进行复制遗传，那些优秀企业就很难顺利扩大规模，同类企业也不能学习模仿优秀企业而得到普遍发展，也很难衍生裂变出更多新生企业，企业发展就会受到严重阻碍。

6.4.1 政府反垄断管制及其影响

主流观点认为，政府实行反垄断管制的主要目的在于维护和促进市场公平竞争、防止垄断所造成的低效率，从而保护消费者利益。而从演化观点来看，反垄断管制会严重阻碍那些优秀企业建立更多子公司或兼并同类企业，甚至还会强制拆分优秀的大规模企业，因此也会阻碍企业基因复制和优秀企业的成长与发展。美国实施反垄断的深刻教训与日本促进企业兼并的经验从反、正两个方面十分典型地说明了这个观点。

美国是世界上最早对市场垄断及企业兼并实施管制的国家，有关法律制度也最为复杂且健全。美国在 19 世纪末期出现了第一次企业并购浪潮，自此美国企业之间的并购就一直受到政府管制。美国在 1890 年制定了世界上第一部反垄断法《谢尔曼法》（*Sherman Antitrust Act*），在 1914 年还制定了《克莱顿法》和《联邦贸易委员会法》，到第二次世界大战前期美国反垄断政策不断完善。意大利经济学家尼古拉·阿克塞拉（2001）指出，在《谢尔曼法》刚颁布时“法律不考虑经济效率，它的通过主要是想控制经济和政治权利的集中。像‘贸易限制’‘垄断’的术语，由法院来界定，并且随着时间的推移，法院也不断改变着对它们的解释”。在 1911 年，美国政府根据《谢尔曼法》对两大知名企业——美国烟草公司和美国联合石油公司进行了反垄断拆分。在 20 世纪 70 年代，美国司法部对一系列大型著名企业提起反托拉斯案件诉讼：1969 年实施的国际商用机器公司（IBM 公司）反垄断案、1972 年开始的施乐复印机公司反垄断案、1972 年凯洛特公司等 4 家早餐用谷物公司反垄断案、1973 年的埃克森公司等 8 家石油精炼公司的反垄断案等。美国实施的一系列反托拉斯案件消耗了大量时间和资金费用，如 IBM 公司案件诉讼时间长达 13 年之久，产生了多达 6600 万页的相关文件资料，花费了 IBM 公司和纳税人数十亿美元，还严重削弱了美国企业在世界市场的竞争力。

与美国相反，日本则从第二次世界大战之后就想方设法规避美国对日本设立的反托拉斯规定，一直鼓励日本企业开展兼并、不断扩大生产规模。高柏（2004）指出，日本政府一直认为，反垄断政策需要考虑的不仅是公平竞争与经济平等的问题，还需要考虑国际竞争力的问题，而严格的反垄断政策将会损害日本企业的国际竞争力。十分明显，与美国实施反垄断的措施相比，日本政府对反垄断管制的观点与举措比较正确，为第二次世界大战之后日本迅速扩大企业规模、提高企业国际市场竞争力及经济发展提供了良好的政策支持，而美国政府的反托拉斯管制政策对美国企业的严重打击和限制则恰好为日本企业的迅速发展创造了良好的外部国际环境。美国错误的反垄断管制政策造成的后果十分严重，事实上，从 20 世纪 80 年代初开始，美国很多传统优势企业及相关产业在包括美国在内的世界市场都遭到了日本企业的严峻挑战，国际竞争力在日本、亚洲“四小龙”等国家和地区企业的强有力竞争下下降。

后来受芝加哥学派有关观点的影响，美国政府逐渐认识到反垄断问题的严重性，从 20 世纪 80 年代开始就逐渐放松了对美国企业的兼并及垄断的政策管制，在 1984 年颁布了新的《并购指南》，全面收缩了干预公司并购的范围（沈伟伟，2021）。从当前美国反垄断政策实际情况来看，对本国企业的反垄断政策虽然仍广泛存在，但是从总体发展趋势上看是在不断减少和放松，而针对包括中国在内的外国企业的反垄断管制与打击则在不断加强，中国企业在美国反垄断活动中可能面临日益严峻的管制（金美蓉，2020）。

6. 4. 2 地方保护主义及其影响

所谓地方保护主义，就是地方政府采取多种行政手段，限制外地企业和产品进入本地市场，压低外地产品在本地市场的占有率，以保护本地区企业及有关方面利益。地方保护主义存在诸多负面影响，从演化观点来看，地方保护主义在同一国家内部不同地区之间形成了类似于国际贸易关税或非关税贸易壁垒，造成市场严重分割，阻碍了外地优秀企业和商品的市场进入，压缩优秀企业成长的市场空间，阻碍优秀企业的基因复制、规模扩张与顺利发展。

改革开放以来，我国对外开放程度不断扩大，而国内各地区却长期存在广泛的地方保护行为，各省份之间的贸易壁垒之高几乎与许多主权国家之间的关税水平不相上下，造成了国内市场的分割，严重影响了企业和经济发展。焉昕雯、孔爱国（2021）认为，地方保护常常通过政府补贴、行业准入等方式实现，地方保护为企业提供了一个有效的避风港，而处于保护之下的企业充分享受稳定的市场和盈利；我国目前的地方保护现实打破了产品市场的有效竞争，使其对管理者的约束效应不能正常发挥。叶斌、熊秉元（2020）以异地企业的合同纠纷案件为研究样本的实证研究发现，在跨地区企业的合同纠纷案件中仍然存在显著的司法地方保护主义。

龙小宁、王俊（2014）通过对我国近 30 年以来的知识产权诉讼案例的实证研究发现，我国的地方保护主义严重妨碍了各地区的司法公正。地方保护主义破坏了我国各地区的司法公正，在本地区形成了排他性契约制度环境和进入壁垒，其他地区的企业欲进入该地区目标市场，不仅要承担交通运输费等多种运输成本，还要克服地区较差的制度环境形成的政策性进入壁垒。黄玖立、周璇（2018）基于世界银行对中国企业的调查数据，实证研究了定制生产企业受到地方保护主义影响的问题，发现定制生产比重越高的外地企业对其他地区的契约环境越敏感，越容易遭受外地市场地方保护主义的限制性影响。

这方面的一个非常典型的案例是国内盾构机市场（黄玖立、周璇，2018）。盾构机是专门用于隧道挖掘施工的专用大型工程机械，盾构机的生产制造具有典型定制化特征。近些年我国经济发展速度很快，高速铁路、城市地铁、城际铁路、高速公路、“南水北调”水利工程等基建项目大量开展，由此也导致了盾构机的市场需求量激增，也使得许多地区纷纷仓促成立自己的盾构机制造企业。但是很多盾构机企业成立时间过短，并未掌握盾构机生产的专业核心技术，因此常常只能采购跨国盾构企业配件进行简单组装，沦为跨国盾构企业的组装车间。但即便如此，许多地方政府仍然倾向于扶持本地盾构机制造企业，在工程招投标等领域对来自其他地区的同类企业严重排斥。由此导致了我国盾构机行业的重复建设和严重市场分割，也导致一些国外盾构机企业垄断了国内多个地区有关市场。

地方保护主义在许多地区形成了歧视性的契约制度环境，阻碍了盾构机等商品的地区专业化分工，导致我国盾构机行业的重复建设和市场分割。从企业长期发展的角度来看，这种“以邻为壑”的地方保护行为常常招致其他地区实施类似的报复性保护行为，从而严重压缩各地区优秀企业成长的市场空间，阻碍优秀企业正常的成长发展，最终损害实施地方保护主义地区的长远利益，形成“囚徒困境”的“双输”甚至“多输”的局面。

在我国地方保护主义还有更为广泛的表现形式和严重的影响后果。例如，地方政府往往对本地违反质量、安全、环保、税收等法律法规的企业进行纵容袒护，有的政府部门甚至公然支持一些企业的制假贩假、假冒伪劣、侵犯知识产权等违法行为，甚至还与违法者同流合污，纵容违法企业对市场秩序的干扰破坏，致使各种“违法经济”广泛蔓延，难以得到应有的法律制裁，由此也导致优秀企业的成长空间受到严重限制。

6.4.3 国际贸易环境及其影响

对于那些非常优秀的企业来说，仅靠国内市场是难以满足其规模化发展需要的，而良好的国际贸易环境则有利于优秀企业通过出口或对外直接投资等途径顺利进行规模扩张。如果国际贸易环境比较恶劣，即使比较优秀的企业也很难开拓国际市场、获得规模化发展。在这方面，日本具有非常典型的经验。

在第二次世界大战之后很长时间，战胜国美国与战败国日本之间长期存在不对称贸易关系，当时的美国联邦政府出于建立多边国际贸易秩序、对社会主义国家开展冷战等原因，同意日本、中国台湾地区、韩国等往美国市场大量出口商品，与此同时又准许上述地区严格限制进口美国商品（高柏，2004）。不可思议的是，美国政府为了帮助日本扩大出口贸易，分散日本商品出口的巨大压力，还与 14 个欧洲、亚洲国家签订了关于日本商品出口的三边协议，协议规定任何第三国如果获得美国的关税特许，就必须把同样的关税特许给予日本。在与美国的不对称合作中，日本企业不仅进入了美国的广大市场，而且在美国的帮助下还进入了亚洲、欧洲等其他很多国家的市场。美国与日本之间的不对称合作使日本获得了两项重要收益：一是很多日本企业能很容易地出口商品到美国市场；二是众多日本企业在朝鲜战争期间获得了总额高达35亿美元的美国政府订单，使日本出口贸易从1949年的5.1亿美元迅速提高到了1951年的13亿美元。美国政府创造的良好国际出口环境为战后日本企业的快速扩张创造了非常有利的国际贸易市场环境。

20世纪70年代初期，美国政府逐渐质疑并结束了美日间的非对称合作，并强烈要求日本政府对美国企业提供与美国政府对日本企业同等的互惠待遇。时任约翰逊政权代表美国政府在战后首次要求日本限制对美钢铁出口。在1969—1971年尼克松执政期间，美日在人造纤维贸易问题上产生了激烈矛盾。在1971—1989年，美日之间又发生了一系列严重贸易冲突。从1975年到1978年，日本对美国的贸易顺差从17亿美元剧增到116亿美元，由此美国国会威胁要制定对日本电视机进口征收附加税、限制日本汽车进口等报复性法案。受此压力影响，日本政府在1977年同意主动限制出口美国市场的日本电视机数量，还在1978年同意为美国商品出口日本市场提供优惠以增加美国商品进口量，甚至在一直严格限制的农产品进口方面也增加了进口配额。在1981年，日本政府还宣布将在此后2年内主动限制出口美国市场的日本汽车数量。美国政府对日贸易政策的改变严重恶化了日本的国际贸易环境，限制了日本企业的对外扩张、顺利成长与经济发展，也导致20世纪末期日本经济长期陷入停滞。

6.4.4 其他因素及其影响作用

企业人事制度、企业之间的地理距离等因素会影响企业之间的人员流动和学习交流，从而影响企业基因遗传。例如，员工在不同企业之间的正常流动是企业之间进行学习的重要方式，因此，如果企业人事制度不利于员工跨企业正常流动，就会阻碍企业正常学习，影响优良企业基因的复制传播。例如，由于国有企业人事管理制度和户籍管理制度等原因，非国有制企业特别是民营企业员工进入国有企业就需要克服非常大的困难，与此同时，国有企业员工也很难流向民营等其他所有制企业。另外，企业员工进行跨地区、跨城乡流动也存在很多困难。上述因素都从整体上严重压制了我国企业的学习能力。

6.5 企业发展的传染病风险

6.5.1 企业传染病风险内涵

对于生物种群来说，传染病和某些有害寄生物的传播速度、致病能力及其对生物种群的危害程度是随着种群密度（density of population）的增加而增加的，因此种群在某个地区的繁荣和发展恰恰增加了群内生物个体感染有关传染病的危险程度。而企业“传染病”并不是生物学意义上的病，而是指企业的非法竞争行为，如在产品方面以次充好、欺骗客户，在社会责任和义务方面欺骗政府、员工，在商业信誉方面骗取银行贷款和其他渠道的投资资金以及拖欠债务，等等。如果一些采用非法经营策略的企业未能受到应有的政府监管治理，就有可能比守法的企业获得更多盈利，则其他企业就会学习模仿这些企业而采取同样的违法经营策略，最终导致市场内多数企业都进行违法经营，消费者权益就会受到普遍严重侵害，多数企业也会由于“染病”而难以持续健康发展。这与传染病在生物种群中的迅速传播非常类似，本书称之为企业发展的传染病风险。

6.5.2 企业传染病风险的危害

常见的企业传染病是“柠檬问题”，即产品的以次充好与市场逆向选择。柠檬在美国俚语中表示“次品”或“不中用的东西”，柠檬市场（the lemon market）是乔治·阿克洛夫（George Akerlof）引入信息经济学研究中的重要概念，是指由于卖方比买方对产品的质量有更多的信息，低质量的产品将驱逐高质量的产品，从而使市场上产品的质量持续下降的情形。一般来说，市场中不同企业生产的商品质量并不会完全相同，它们之间往往存在十分激烈的市场竞争关系。在信息不对称的情况下，市场中的买方不可能有效地对看似相同实际上有着本质区别的商品质量加以区分，这样就会使得生产低劣商品的企业可以获得更多的收益。如此一来，这些企业不仅挤占了一般企业的市场份额，还会起到负面导向作用，使更多企业加入生产劣质产品的行列，最终导致“柠檬市场”出现。这个过程与传染病在生物种群中的传播十分类似。这样很快就会促使市场逆向选择行为的发生。低劣产品对优良产品的驱逐过程是十分迅速的，即便是应变能力较强、反应速度较快的中小企业也很难及时转产或从该产业中成功退出，从而会遭到巨大损失，同时也会给所在地的政府、银行、居民等许多有关方面造成难以挽回的危害。企业集群是企业发展的特殊形式，很多企业在地理位置上的集中使得集群中企业之间的交往频率、信息传递速度都大大提高。这不仅会加速有效技术创新等正面内容在集群内企业之间的传播，同时也会大大提高企业传染病等负面内容的传播速度和影响范围，使得传染病对集群企业产生十分严重的危害。现实中很多企业普遍暴发传染病风险的案例可以说是屡见不鲜，2008 年发生的全国奶粉质量问题，以及经过媒体曝光的大坑酸菜（2022 年）等产品问题，都对相关企业造成了十分沉重的打击，有关企业及商品在市场声誉和销量方面都可以说是一落千丈。其他类型的企业传染病如拖欠甚至故意骗取银行贷款、强迫员工超强度工作、拖欠员工工资甚至故意欺骗员工牟取不正当利益、进行不正当竞争的行为在现实中也很常见，其危害也非常大。

6.5.3 企业传染病风险的产生原因

企业传染病风险产生的主要原因，就在于那些采用违法经营策略的企业难以为消费者所识别，而且没有受到政府及时严厉惩处，从而获得大量不当盈利，导致大部分企业都通过学习模仿而普遍采取同样的违法策略，最终被市场发现并导致极其严重的灾难性后果，有关行业绝大多数企业都被市场抛弃，严重情况下甚至会导致整个行业覆灭。

6.6 小结

本章分析了企业基因的遗传方式与途径：优势企业对其企业基因的主动复制、企业衍生裂变与其他企业对优势企业的学习模仿。利用进化博弈论有关知识，建立了企业基因通过学习模仿进行遗传的进化博弈模型，对优秀企业基因在企业之间扩散的过程和结果进行了深入分析。进一步对影响企业基因遗传的主要外部环境因素及影响作用进行了分析论述，主要包括政府对企业的反垄断管制、地方保护主义、国际贸易环境等。最后采用生物学类比研究方法，论述了企业发展中的传染病风险。

7

企业发展的案例研究（上）：中国汽车制造企业发展的绩效与不足

中国国家标准《汽车和挂车类型的术语和定义》（GB/T 3730.1—2001）中对汽车有如下定义：由动力驱动，具有4个或4个以上车轮的非轨道承载的车辆，主要用于载运人员和（或）货物、牵引载运人员和（或）货物的车辆以及特殊用途。汽车制造业是国民经济重要的支柱产业，产业链长、关联度高、就业面广、消费拉动大，在国民经济和社会发展中发挥着重要作用。进入21世纪以后，我国汽车制造企业的发展非常迅猛，为促进国内经济社会发展发挥了重要作用，同时也因存在“重复建设”“过度竞争”“市场换技术效果欠佳”等问题而引起了理论界、实业界以及政府有关部门等多方面的关注和争议。我国政府一直非常重视汽车产业，改革开放以来我国经济发展迅猛，汽车市场供销两旺，大型跨国汽车公司纷纷进入国内，我国汽车制造企业迅速发展，生产规模、生产效率、技术创新等方面得到了较大改善提高，但是也产生了自主汽车品牌市场占有率低、本土企业严重依附跨国汽车公司等一系列新的问题，汽车制造企业生产规模小、创新能力弱、市场竞争力提升缓慢等一系列问题长期存在。为什么我国汽车制造企业至今没有能够像同时期的日韩汽车企业一样通过学习吸收欧美技术顺利走向自主发展道路呢？在政府对汽车制造企业实施管制与放松管制的过程中，到底有哪些经验值得总结、哪些教训值得吸取，对今后我国进一步优化企业发展环境、促进企业发展有什么借鉴和指导作用？可以说，我国汽车制造企业的发展实践为科学研究、认识和总结企业发展机制与发展规律，优化企业发展环境以推动企业健康可持续发展提供了极为典型的研究案例。

7.1 汽车制造企业的行业划分与产品种类

7.1.1 汽车制造企业的行业划分

根据国家统计局2017年修订的《国民经济行业分类》（GB/T 4754—2017），汽车制造企业所属的汽车制造业属于制造业（C）门类下的大类行业，包括汽车整车制造、汽车用发动机制造、改装汽车制造、低速汽车制造、电车制造、汽车车身与挂车制造、汽车零部件及配件制造7个中类行业，详细情况见表7-1。

表7-1 汽车制造业的行业分类与含义

代码			类别	说明
大类	中类	小类		
36			汽车制造业	
	361		汽车整车制造	指由传统燃料动力装置驱动，具有四个以上车轮的非轨道、无架线的车辆，并主要用于载送人员和（或）货物、牵引输送人员和（或）货物的车辆制造
		3611	汽柴油车整车制造	
		3612	新能源车整车制造	指采用新型动力系统，完全或主要依靠新型能源驱动的汽车，包括插电式混合动力（含增程式）汽车、纯电动汽车和燃料电池电动汽车等
	362	3620	汽车用发动机制造	
	363	3630	改装汽车制造	指利用外购汽车底盘改装各类汽车的制造
	364	3640	低速汽车制造	指最高时速限制在规定范围内的农用三轮或四轮等载货汽车的制造
	365	3650	电车制造	指以电作为动力，以屏板或可控硅方式控制的城市内交通工具和专用交通工具的制造
	366	3660	汽车车身、挂车制造	指其设计和技术特性需由汽车牵引，才能正常行驶的一种无动力的道路车辆的制造
	367	3670	汽车零部件及配件制造	指机动车辆及其车身的各种零配件的制造

资料来源：《国民经济行业分类》（GB/T 4754—2017）。

7.1.2 汽车制造企业的汽车产品种类

汽车（整车）是汽车制造企业的终端产品。中国汽车工业协会参照国际标准，推出了中国汽车车型分类的新标准，将汽车主要划分为乘用车和商用车，详细情况见表7-2。而根据汽车分类标准（GB 9417—89），中国汽车产品一般分为载货汽车、越野汽车、自卸汽车、牵引车、专用汽车、客车、轿车、半挂车8个大类、34个车型，详细情况见表7-3。

表7-2 中国汽车分类标准（GB/T 3730.1—2001）

类别	车型分类
乘用车	基本型乘用车（轿车）（分不同排量）
	多功能乘用车（MPV）（分不同排量）
	运动型多用途乘用车（SUV）（分4×4、4×2和不同排量）
	交叉型乘用车（主要是微型客车，还包括不属于轿车、MPV、SUV和微型客车的9座及以下的其他客车）
商用车	客车（分大、中、轻型客车，含客厢式专用车，不含底盘）
	载货车（分重、中、轻、微型，半挂牵引车除外，含专用载货类车，不含底盘）
	半挂牵引汽车（分重、中、轻型，不含底盘）
	客车非完整车辆（载客类底盘，分大、中、轻型）
	货车非完整车辆（载货类底盘，分重、中、轻及微型）

资料来源：中国汽车技术研究中心，中国汽车工业协会，《中国汽车工业年鉴》（2013）。

表7-3 中国汽车分类标准

类别	车型分类	技术参数
载货汽车	微型货车	Ga≤1.8t
	轻型货车	1.8t<Ga≤6t
	中型货车	6t<Ga≤14t
	重型货车	Ga>14t
越野汽车	轻型越野汽车	Ga≤5t
	中型越野汽车	5t<Ga≤13t
	重型越野汽车	13t<Ga≤24t
	超重型越野汽车	Ga>24t

续表

类别	车型分类	技术参数
自卸汽车	轻型自卸汽车	Ga≤6t
	中型自卸汽车	6t<Ga≤14t
	重型自卸汽车	Ga>14t
	矿用自卸汽车	
牵引车	半挂牵引汽车	
	全挂牵引汽车	
专用汽车	厢式汽车	
	罐式汽车	
	超重举升汽车	
	仓栅式汽车	
	特种结构汽车	
	专用自卸汽车	
客车	微型客车	L≤3. 5m
	轻型客车	3. 5m<L≤7m
	中型客车	7m<L≤10m
	大型客车	L>10m
	特大型客车	
轿车	微型轿车	V≤1L
	普通级轿车	1L<V≤1. 6L
	中级轿车	1. 6L<V≤2. 5L
	中高级轿车	2. 5L<V≤4L
	高级轿车	V>4L
半挂车	轻型半挂车	Ga≤7. 1t
	中型半挂车	7. 1t<Ga≤19. 5t
	重型半挂车	19. 5t<Ga≤34t
	超重型半挂车	Ga>34t

注：①Ga——厂定最大总质量（单位：t——吨）；L——车长（单位：m——米）；V——发动机排量（单位：L——升）。②载货汽车、自卸汽车、半挂车 Ga 为公路运行时厂定最大总质量；越野汽车 Ga 为越野车运行时厂定最大总质量。③中型、大型客车包括城市客车、长途客车、旅游客车及团体客车；特大型客车指铰接客车和双层客车。

资料来源：中国汽车分类标准（GB 9417—89）。

7.2 汽车制造企业的主要作用与贡献

从国际情况来看，在美国、日本等发达工业化国家，汽车制造业是重要支柱产业。支柱产业具有以下几个主要特征：增加值在 GDP 中占有较大的比重；与很多产业相关，对相关产业的拉动作用明显；为社会提供较多的就业岗位；对科技发展具有较大的促进作用等。

7.2.1 促进经济发展

汽车制造企业的产业关联度很高，对上下游产业的拉动作用很强，所带动的上游产业主要是黑色及有色金属采选业、纺织业、皮革毛皮羽绒及其制品业、石油加工及炼焦业、化学原料及制品制造业、橡胶制品业、塑料制品业、黑色及有色金属冶炼加工业、普通机械制造业、电气机械和器材制造业、电子及通信设备制造业、仪器仪表文化办公用机械、电力蒸汽热水生产供应业等。汽车制造产业对钢铁、化工、能源、有色金属及油品业等上游产业的拉动为 1∶1.7。工业发达国家如美、日、德、法等国的汽车制造业增加值率在 30%左右，远远低于其他制造业 40%~50%的增加值率，这意味着汽车制造产业中有 70%左右的产值是从其他部门转移过来的中间投入。目前全世界钢产量的 15%、铝产量的 25%、橡胶产品的 50%、塑料产量的 10%都用于汽车制造业，反映出汽车制造业对其上游产业较强的带动作用。中国汽车制造业对主要上游产业所产生的完全需求占汽车制造业总产值的 92%~94%，而完全需求所带来的增加值与汽车制造业增加值之比高达 2.26。

汽车制造业对下游产业如汽车销售、汽车维修、汽车保险、驾驶培训、二手车交易、停车服务、加油站、汽车交通运输系统等相关行业的拉动作用达 1∶7 左右。在欧美发达国家，购买一辆汽车所支付的费用中，有 40%左右要支付给金融、保险、法律咨询、产业服务、科研设计、广告公司等各种服务业。从汽车的使用过程看，汽车对公路建设、能源工业、交通运输业和服务业都产生巨大需求，从而推动这些产业的发展，目前全世界石油产量的1/3以上供汽车使用。汽车销售带动了相关贸易、金融服务、保险、维修等产业的迅速发展。有关资料显示，汽车工业的一定投入，可以带动批发和零售贸易、储运、实业和商业服务、社会和个人服务等相关服务业增加30%～80%的投入。在中国，汽车制造产业发展对公路建设、运输业、加油站、汽车保险业、金融信贷等服务业起很大的促进作用。欧洲汽车制造商协会、日本汽车制造商协会、美国汽车制造商联合会共同提供的一份报告中称：在经济合作与发展组织（OECD）国家，汽车制造业本身对GDP的贡献率为4%～8%，吸收劳动力占总数的2%～4%。2010—2020年，中国汽车制造业的工业增加值占当年GDP的比例一直在1.55%左右（《中国汽车工业年鉴》2021）。

7.2.2 创造就业机会

汽车制造企业为整个社会提供了大量就业机会，更重要的是还为众多的上游产业、中间关联产业以及下游的汽车服务业创造了大量就业机会，这个数量远远大于汽车制造企业直接提供的就业机会。汽车制造业提供的间接就业与直接就业机会之比，1994年美国达到1.01，日本为0.71，德国为0.66，法国较低，也有0.43。如果考虑到诸如道路建设、管理服务机构及其他与汽车使用有关部门的就业，间接就业的比重还要高得多。据德国汽车工业协会按“宽”口径计算，1997年德国汽车产业的直接和间接就业人数达到500万人，其中汽车业的直接就业为67万人，配套行业的间接就业为98万人，与汽车销售和使用有关的间接就业为335万人，汽车产业间接就业为直接就业的6.5倍。

中国存在着大量剩余劳动力，就业矛盾突出，汽车制造业对于多方面扩大就业途径、带动间接就业特别是服务业就业的增长，具有比其他国家更大的作用。中国汽车制造业2002年直接就业人数为145.15万人，2012年达到425万人，2019年末从业人员为551万人，而汽车制造业间接就业人数与直接就业人数之比约为10∶1。因此可以说，汽车制造企业在中国创造了大量的就业机会，极大地促进了社会就业，为社会和谐稳定与经济发展做出了重要贡献。

7.2.3 推动城市化进程与城乡发展

世界各国工业化发展的历史证明，持续的结构转换能力是推动经济持续增长的强大动力。由于住房、汽车、旅游、信息产业等成为新的消费热点，拥有了较大的市场需求作为支撑，同时汽车上游产业如钢铁、石化、机械、橡胶、电气、电子、仪器仪表等已有了长足发展，这为汽车制造业的快速健康发展提供了有力的保证。以汽车为代表的重化工业为主的产业结构升级也已经展开。从欧美发达国家的历史看，汽车制造业对城市化起了相当大的推动作用。美国是最早进行汽车产业化的国家，20 世纪 20 年代，以福特 T 型车大量进入家庭开始，美国逐渐发展成“汽车轮子上的国家”，使得美国在 20 世纪三四十年代率先实现了城市化，农业人口仅占全国总人口的 4%。德国和法国在 20 世纪 50 年代、日本在 20 世纪 70 年代也相继进入了汽车社会，完成了城市化进程。

中国汽车制造业虽然经历了近 70 年的发展，但目前汽车进入家庭还处于初期阶段。随着人口向城市聚集，更多的家庭出于便于出行和提高生活质量的考虑，逐渐开始以汽车作为基本的代步工具，这将导致大城市人口逐渐向近郊和卫星城扩散，同时由于汽车扩大了人们传统意义上的出行半径，使得人口集聚的区域易于形成城市群。因此，汽车制造业的快速发展对于推动中国的城市化进程具有积极的促进作用。当前中国工业正处于工业化的中期并向后期发展的阶段，这一阶段具有明显的重化工业特点，又面临着新中国成立以来以住房、汽车等改善住行条件为主要特征的第三次消费结构升级，这两个因素都给汽车制造业以持续强劲增长的动力。

7.3 中国汽车制造企业取得的发展成效与存在的不足

从 1953 年开始建立第一家汽车生产企业——第一汽车制造厂开始，我国汽车制造企业已经发展了 70 年，在汽车总产量、劳动生产率、企业制度、创新能力、市场竞争力以及新能源汽车等方面都取得了长足进步，汽车总产量已经连续 10 多年稳居世界第一，占全世界汽车总产量的比例也不断提高，新能源汽车发展突飞猛进，成效显著。但是与欧、美、日等汽车产业发达国家或地区相比，我国汽车制造企业仍然存在生产规模不大、生产效率不高、国内国际市场竞争力较弱、缺乏自主汽车品牌、高度依赖跨国汽车公司等一系列突出问题。

7.3.1 汽车总产量与世界占比持续提高

新中国成立以后，我国在 1955 年首次实现汽车产量零的突破，生产汽车 61 辆，1971 年达到 11 万辆，1992 年突破 100 万辆，2000 年突破 200 万辆，2004 年达到 507 万辆，2009 年达到 1379 万辆，超越美国成为世界第一汽车生产大国；2013 年汽车产量达到了 2211.68 万辆，首次突破 2000 万辆；2021 年产量达到 2608.2 万辆，连续 13 年成为世界第一汽车生产大国（见表 7-4 和图 7-1）。从汽车产量增长的时间阶段来看，1953—2000 年，我国汽车生产量长期增长缓慢，年产量从 0 增长到 100 万辆足足用了将近 40 年的时间，达到 200 万辆用了 47 年时间，突破 1000 万辆则用了 56 年的时间，比同时期起步的日本晚了近 30 年。

中国汽车企业总体发展速度很快，汽车总产量呈现出加速增长态势，年产量从 2000 年的 206.8186 万辆迅速增长到 2017 年的 2901.54 万辆，占世界汽车总产量的比重也由 2000 年的 3.6%大幅度提高到 2021 年的 32.5%，成为名副其实的汽车生产大国。但是受经济下行压力、新冠肺炎疫情等因素影响，近些年我国汽车产销量增速明显放缓，在 2017 年汽车产量达到最高的 2901.54 万辆之后一直到 2021 年就一直呈现不断下降的态势。目前我国如何进一步促进汽车制造企业发展，由汽车大国向汽车强国转变，已经成为包括有关政府部门在内的社会各界普遍关心的重要战略问题。

表 7-4　1955—2021 年中国汽车总产量及其占比　单位：万辆，%

年份	中国汽车总产量	其中新能源车	世界汽车总产量	占世界汽车总产量比重
1955	0.0061	—	—	—
1956	0.1654	—	—	—
1957	0.7904	—	—	—
1958	1.6000	—	—	—
1959	1.9601	—	—	—
1960	2.2574	—	—	—
1961	0.3589	—	—	—
1962	0.9740	—	—	—
1963	2.0579	—	—	—
1964	2.8062	—	—	—
1965	4.0542	—	—	—
1966	5.5861	—	—	—
1967	2.0381	—	—	—
1968	2.5100	—	—	—
1969	5.3100	—	—	—
1970	8.7166	—	—	—
1971	11.1022	—	—	—
1972	10.8277	—	—	—
1973	11.6193	—	—	—
1974	10.4771	—	—	—
1975	13.9800	—	—	—
1976	13.5200	—	—	—
1977	12.5400	—	—	—
1978	14.9062	—	4230	0.4
1979	18.5700	—		—
1980	22.2288	—	3581	0.6
1981	17.5645	—	—	—
1982	19.6304	—	—	—

续表

年份	中国汽车总产量	其中新能源车	世界汽车总产量	占世界汽车总产量比重
1983	23.9886	—	—	—
1984	31.6367	—	—	—
1985	44.3377	—	4407	1.0
1986	37.2753	—	—	—
1987	47.2538	—	—	—
1988	64.6951	—	—	—
1989	58.6936	—	—	—
1990	50.9242	—	4865	1.0
1991	70.8820	—	—	—
1992	106.1721	—	—	—
1993	129.6778	—	—	—
1994	135.3368	—	—	—
1995	145.2737	—	5015	2.9
1996	147.4905	—	—	—
1997	158.2628	—	—	—
1998	162.7829	—	—	—
1999	183.1596	—	—	—
2000	206.8186	—	5759	3.6
2001	234.1528	—	5577	4.2
2002	325.3655	—	5878	5.5
2003	444.3491	—	6058	7.3
2004	507.0452	—	6450	7.9
2005	570.7688	—	6655	8.6
2006	727.9726	—	6922	10.5
2007	888.2456	—	7327	12.1
2008	934.5101	—	7053	13.3
2009	1379.0994	—	6170	22.4
2010	1826.4667	—	7761	23.5

续表

年份	中国汽车总产量	其中新能源车	世界汽车总产量	占世界汽车总产量比重
2011	1841.8876	0.84	7999	23.0
2012	1927.1808	1.26	8414	22.9
2013	2211.6800	1.75	8751	25.3
2014	2272.2900	7.85	8975	26.4
2015	2450.3300	34.04	9078	27.0
2016	2811.8800	51.70	9498	29.6
2017	2901.5400	79.40	9730	29.8
2018	2780.0200	125.41	9563	29.1
2019	2575.0650	123.93	9179	28.0
2020	2522.5242	136.60	7762	32.5
2021	2608.2000	367.70	8014.6	32.5

注：中国汽车总产量含 CKD 产品产量，不含改装车产量。

资料来源：李洪（1993），《中国汽车工业年鉴》（1994，2007，2013，2021），《中国汽车产业发展报告》（2009，2021），2021 年数据来源于中国汽车工业协会。

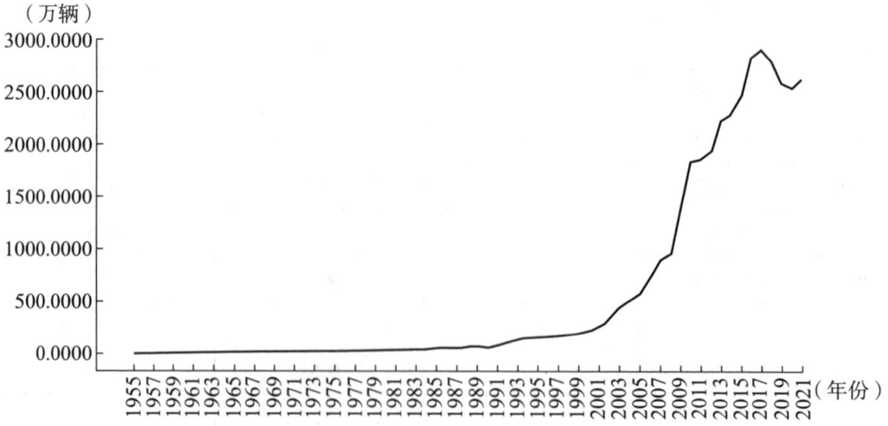

图 7-1　1955—2021 年中国汽车总产量增长趋势

资料来源：笔者根据有关数据整理。

相比之下，与中国汽车工业基本同时起步的日本与韩国汽车产量却从第二次世界大战以后就迅速增长，且发展迅猛。日本汽车总产量在 1952 年达到 10. 1 万辆，1961 年突破 100 万辆，在 1966 年、1967 年、1968 年分别连续突破 200 万辆、300 万辆和 400 万辆，1970 年达到了 530. 3 万辆，1980 年达到了 1104. 3 万辆，并一跃成为当年世界第一汽车生产大国，之后在直到 2020 年的 40 年时间里日本汽车年产量基本上稳定在 1000 万辆左右（见表 7-5 和图 7-2）。汽车产业的后起之秀韩国，其汽车工业尽管起步晚于中国，但是发展速度很快，1967 年韩国汽车产量才达到 1 万辆，仅相当于中国 1958 年的汽车产量，而到 1977 年就突破了 10 万辆，1988 年则突破了 100 万辆。

表 7-5　1951—2020 年日本汽车总产量、出口量、进口量与保有量

单位：万辆

年份	汽车总产量	汽车出口量	汽车进口量	保有量
1951	8. 2	0. 7	—	—
1952	10. 1	0. 1	—	35. 8
1953	14. 7	0. 1	0. 6	43. 4
1954	16. 8	0. 1	0. 04	55. 4
1955	15. 7	0. 1	0. 1	70. 7
1956	21. 6	0. 4	0. 1	81. 3
1957	29. 7	0. 7	0. 1	92. 2
1958	28. 7	1. 1	0. 1	108. 7
1959	42. 1	2. 1	0. 1	143. 0
1960	76. 0	5. 0	0. 2	175. 1
1961	103. 8	5. 9	0. 6	217. 6
1962	113. 5	7. 1	1. 2	286. 8
1963	140. 1	10. 0	1. 2	363. 3
1964	178. 3	15. 2	1. 3	464. 2
1965	191. 9	19. 6	1. 3	578. 2
1966	232. 0	25. 8	1. 6	698. 3
1967	317. 3	36. 4	1. 5	849. 5
1968	410. 8	62. 2	1. 6	1050. 1
1969	469. 2	86. 5	1. 6	1287. 1
1970	530. 3	109. 4	2. 0	1544. 4
1971	582. 2	178. 6	1. 9	1782. 6

续表

年份	汽车总产量	汽车出口量	汽车进口量	保有量
1972	629.8	196.7	2.5	2006.1
1973	708.6	207.1	3.8	2257.6
1974	655.3	261.9	4.4	2513.6
1975	694.2	256.7	4.6	2690.1
1976	784.1	371.0	4.1	2813.9
1977	851.5	435.3	4.2	3011.1
1978	926.9	460.1	5.5	3204.4
1979	963.6	456.3	6.6	3415.2
1980	1104.3	596.7	4.8	3625.5
1981	1118.0	604.8	3.3	3787.4
1982	1073.2	559.1	3.6	3963.2
1983	1111.2	567.0	3.8	4134.6
1984	1146.5	610.9	4.5	4293.9
1985	1227.1	673.0	5.3	4453.0
1986	1226.0	660.5		
1987	1224.9	630.5		
1988	1270.0	610.4		
1989	1302.6	588.4		
1990	1348.7	583.1		
1991	1324.5	575.3		
1992	1249.9	566.8		
1993	1122.8	501.8		
1994	1055.4	446.0		
1995	1019.6	379.1		
1996	1034.7	377.2		
1997	1097.5	455.3		
1998	1005.0	452.9		
1999	989.5	440.9		
2000	1014	445.5		
2001	978	41.6		
2002	1026	469.9		
2003	1029	475.6		

续表

年份	汽车总产量	汽车出口量	汽车进口量	保有量
2004	1051	495.8		
2005	1080	505.3		
2006	1148	596.7		
2007	1160	654.9		
2008	1156	672.7		
2009	793	361.6		
2010	963	484.1		
2011	839	446.4		
2012	994	480.4		
2013	963	467.4		
2014	977	446.6		
2015	928	457.8		
2016	920	463.4		
2017	969	470.6		
2018	973	481.7		
2019	968	481.8		
2020	807	374.0		

注：1974 年及以前年份汽车产量含三轮车产量。

资料来源：1985 年及以前年份数据来自：Konosuke Odaka. The Automobile Industry in Japan [M]. Oxford：Oxford University Press，1988；1986—1999 年数据来自史自力（2005）；2000 年及以后年份数据来自《中国汽车产业发展报告》（2009，2021）。

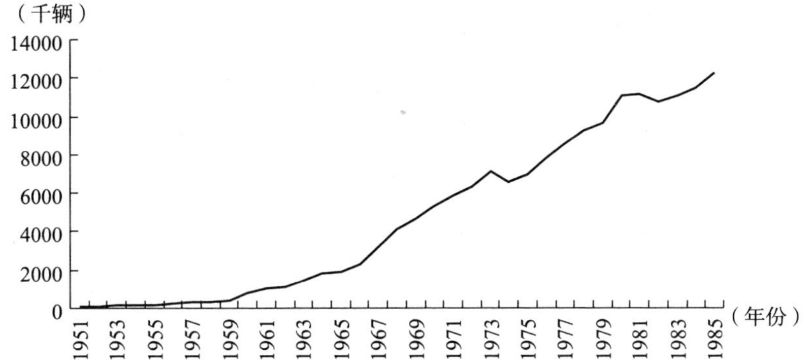

图 7-2　1951 年以来日本汽车总产量增长趋势

资料来源：笔者根据有关数据整理所得（1986 年以后数据略）。

7.3.2 新能源汽车发展成效显著

伴随着汽车总产量的迅猛增长，近年来我国新能源汽车发展成效显著，从2011年开始起步，经过10年发展，到2020年新能源汽车产量已经由最初的0.84万辆提高到2020年的136.6万辆，2021年达到了367.70万辆（见表7-4）。可以说，我国新能源汽车迎来了突破性进展，已经占据世界领先地位。第一，在国家政府层面，对新能源汽车开展了一系列顶层发展规划，加速了汽车产业电动化转型进程，尤其是“双碳”目标的提出为新能源汽车的发展指明了战略方向，大力推动现有汽车制造企业纷纷加大新能源汽车技术研发投入和产品创新，插电混合动力技术、燃料电池、配套基础设施建设等方面不断发展完善，关键核心技术已经达到全球领先水平。第二，我国经过多年培育的新能源汽车产业链已经逐渐发展成熟，有关技术水平不断提高，新能源汽车产品不断丰富，购车税收减免、财政补贴等相关市场环境持续优化，新能源汽车在近几年新冠肺炎疫情影响下的低迷市场中实现逆势上扬，逐渐成为推动汽车制造企业高质量发展的新动能，具有很大市场空间和广阔发展前景。

7.3.3 汽车工业总产值与增加值不断提高

（1）汽车工业总产值及其占全国工业总产值比重

与汽车总产量增长情况类似，我国汽车制造企业的工业总产值长期缓慢增长，在1993年仅有1792亿元，2000年增加到3612.6亿元，之后迅速增长，在2005年超过了10000亿元，2009年突破了20000亿元，2010年又迅速突破30000亿元，2014年达到了42324.2亿元，2020年达到了81557.7亿元。另外，从1998年全国工业总产值的统计口径调整以后，汽车工业总产值占全国工业总产值的比重从1998年的4.1%不断提高，到2003年占比达到了5.9%，之后又不断降低，在2011年为3.9%，在2020年又提高到了7.68%（见表7-6）。

表 7-6　1990 年以来中国汽车工业总产值及其占全国工业总产值比重

单位：亿元，%

年份	汽车工业总产值 A	全国工业总产值 B	A/B
1990	468. 1	23924. 0	2. 0
1991	704. 5	26625. 0	2. 7
1992	1191. 1	34599. 0	3. 4
1993	1792. 0	52692. 0	3. 4
1994	2183. 1	76909. 0	2. 8
1995	2216. 5	98520. 0	2. 3
1996	2399. 1	99595. 4	2. 4
1997	2668. 7	113733. 7	2. 4
1998	2787. 3	67737. 1	4. 1
1999	3122. 7	72707. 0	4. 3
2000	3612. 6	85673. 7	4. 2
2001	4433. 2	95449. 0	4. 6
2002	6224. 6	110776. 5	5. 6
2003	8357. 2	142271. 2	5. 9
2004	9463. 2	201722. 2	4. 7
2005	10223. 3	251619. 5	4. 1
2006	13937. 5	316589. 0	4. 4
2007	17242. 0	386747. 0	4. 5
2008	18780. 5	507448. 0	3. 7
2009	23437. 8	548311. 0	4. 3
2010	30248. 6	698591. 0	4. 3
2011	33155. 2	844269. 0	3. 9
2012	35774. 4	869597. 1	3. 59
2013	39225. 4	1019405. 3	3. 85
2014	42324. 2	1092198. 0	3. 88
2015	45014. 6	1104026. 7	4. 08
2016	83345. 25	1158998. 52	7. 19
2017	88207. 32	1133160. 76	7. 78
2018	83372. 6	1049490. 5	7. 94

续表

年份	汽车工业总产值 A	全国工业总产值 B	A/B
2019	80846.7	1057824.9	7.64
2020	81557.7	1061433.6	7.68

注：①产值数据均为当年价。②1998—2006 年全国工业总产值数据为全部国有、国有控股及规模以上非国有工业企业总产值（与以前年份不可比），2007 年以后数据为“全国规模以上企业”工业总产值，2013—2015 年全国工业总产值数据为工业销售产值，2016—2020 年全国工业总产值数据为规模以上工业企业营业收入。③2016—2020 年汽车工业总产值数据为规模以上工业企业营业收入。

资料来源：《中国汽车工业年鉴》（2013，2021）、《中国汽车产业发展报告》（2014，2021）。

（2）汽车工业增加值及其占全国 GDP 比重

我国汽车制造业的工业增加值也是长期增长缓慢，但是近年来，增长比较迅速，1990 年仅为 120.5 亿元，2001 年突破 1000 亿元，达到 1055.6 亿元，2003 年增加到 2153.4 亿元，2015 年突破 10000 亿元，达到 10578.0 亿元，2020 年约为 15537.3 亿元（见表 7-7、图 7-3）。我国汽车制造产业的工业增加值占同期全国 GDP 的比重也一直比较低，在 2001 年以前除个别年份，该比例一直低于 1%，2002 年才上升到 1.25%，2003 年达到了历史最高峰值 1.57%，此后又不断回落，到 2010 年又升到 1.64%，之后一直变化不大，到 2020 年该比例约为 1.53%。这一比例远低于美国、日本等汽车产业发达国家。

由此可见，尽管近些年汽车工业总产值与增加值的总量在不断提高，但是近十多年来中国汽车制造产业在全国 GDP 与工业经济中的比重却并不高。这说明尽管近几年汽车制造产业发展比较迅猛，但是在国民经济中的地位却呈现出不断下降和弱化的趋势。与汽车产业发达国家相比，我国汽车制造产业在国民经济中的经济地位还远未达到战略性“支柱产业”应有的地位。

表 7-7　1990—2020 年中国汽车工业增加值及全员劳动生产率情况

单位：亿元，%

年份	汽车工业增加值 A	全国 GDP 总计 B	A/B	汽车工业年末从业人数 D（万人）	全员劳动生产率 A/D（元/人·年）
1990	120.5	18547.9	0.65	153.7	7840
1991	170.1	21617.8	0.77	166.5	10214

续表

年份	汽车工业增加值 A	全国 GDP 总计 B	A/B	汽车工业年末从业人数 D（万人）	全员劳动生产率 A/D（元/人·年）
1992	296.7	26638.1	1.11	181.0	16396
1993	402.9	34634.4	1.16	191.3	21058
1994	515.5	46759.4	1.10	195.9	26312
1995	540.7	58478.1	0.92	197.1	27419
1996	576.2	67884.6	0.85	194.3	29654
1997	594.1	74462.4	0.80	199.1	29831
1998	661.3	78345.2	0.84	196.7	33614
1999	748.9	82067.5	0.91	164.1	45623
2000	864.0	89468.1	0.97	161.1	53635
2001	1055.6	110863.1	0.95	150.6	69269
2002	1518.8	121717.4	1.25	157.0	96342
2003	2153.4	137422.0	1.57	160.5	134301
2004	2187.8	161840.2	1.35	169.3	130451
2005	2209.9	187318.9	1.18	166.9	133549
2006	3362.7	219438.5	1.53	185.5	185255
2007	4141.4	270092.3	1.53	204.1	210166
2008	4104.1	319244.6	1.29	209.4	209256
2009	5378.7	348517.7	1.54	216.5	255947
2010	6759.7	412119.3	1.64	220.3	316725
2011	7451.7	487940.2	1.53	241.7	319684
2012	7940.4	538580.0	1.47	250.8	353077
2013	8606.2	592963.2	1.45	339.9	224532
2014	9174.3	641280.6	1.43	350.5	261731
2015	10578.0	685992.9	1.54	360.0	293808
2016	12164.7	740060.8	1.64	615.1	197768
2017	同比增长 12.2%，约为 13648.8	820754.3	约 1.66	630	216648

续表

年份	汽车工业增加值 A	全国 GDP 总计 B	A/B	汽车工业年末从业人数 D（万人）	全员劳动生产率 A/D（元/人·年）
2018	同比增长 4.9%，约为 14317.6	919281.0	约 1.56	551	259848
2019	同比增长 1.8%，约为 14575.3	986515.0	约 1.48	551	263980
2020	同比增长 6.6%，约为 15537.3	1015986.0	约 1.53		—

资料来源：《中国汽车工业年鉴》（2007，2013，2021）、《中国汽车产业发展报告》（2014，2021）。

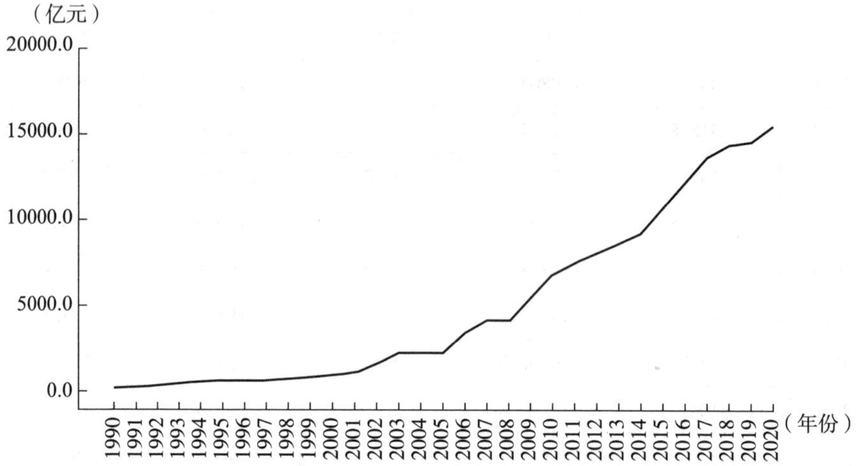

图 7-3　1990—2020 年中国汽车工业增加值增长趋势

资料来源：笔者根据有关数据整理所得。

7.3.4　主营业务收入与利润不断增加

中国汽车制造企业的主营业务收入以及利税总额也在不断增加，如表 7-8 所示，1994 年全国汽车制造产业主营业务收入与利税总额分别为 1853.5 亿元与 135.7 亿元，到 2012 年分别达到了 36373.1 亿元、5063.6 亿元，在 18 年时间里主营业务收入增长了近 19 倍，而利税总额更是增长了近 37 倍。2018 年主营业务收入与利润总额分别达到了近些年的最高值

87316.5 亿元、7299.3 亿元，但是在 2019 年、2020 年则显著降低，其中利润总额降幅较大，在 2020 年仅为 5093.6 亿元。

表 7-8 1994—2020 年中国汽车制造企业主营业务收入与利润

单位：亿元

年份	主营业务收入	利润总额	利税总额
1994	1853.5	—	135.7
1995	2175.1	—	226.8
1996	2330.4	—	211.0
1997	2635.0	—	232.7
1998	2742.5	—	226.0
1999	3114.7	—	318.5
2000	3560.4	—	402.4
2001	4253.7	204.7	502.1
2002	5947.7	373.8	752.0
2003	8144.1	556.8	1032.8
2004	9134.3	575.5	1063.6
2005	10108.4	430.4	981.9
2006	13818.9	738.2	1482.3
2007	17201.4	1027.0	1916.9
2008	18767.0	923.6	1821.6
2009	23817.5	1687.7	3033.9
2010	30762.9	2598.6	4205.5
2011	33617.3	2842.1	4600.2
2012	36373.1	3166.6	5063.6
2013	37155.3	2717.1	4862.2
2014	39942.0	2844.8	5135.6
2015	44617.5	3117.5	5871.5
2016	86553.2	7248.5	10228.2
2017	84826.4	7274.3	10858.5

续表

年份	主营业务收入	利润总额	利税总额
2018	87316.5	7299.3	9126.7
2019	80846.7	5345.2	7766.0
2020	81557.7	5093.6	—

注：①2004年以前主营业务收入数据为销售收入，2019年、2020年主营业务收入数据为当年营业收入；②利税总额为全年产品销售税金及附加（营业税金及附加）、利润总额和应交增值税三项之和。

资料来源：《中国汽车工业年鉴》（2013，2021）、《中国汽车产业发展报告》（2014，2021）。

7.3.5 全员劳动生产率不断增长，但相对较低

我国汽车制造业从业人数与全员劳动生产率虽然不断增加，但是劳动生产率长期水平较低，近些年提高较快。从表7-7与图7-4中可以看出，国内汽车产业的全员劳动生产率在1990年仅为7840元/人·年，到2000年增加到53635元/人·年，10年增长了近6倍；到2010年增加到316725元/人·年，2012年增加到了353077元/人·年，达到了历史最高值，相比2000年增长了约5.6倍；之后略有下降并趋于平稳，2019年为263980元/人·年。这说明近些年汽车制造企业的劳动生产率在经过前些年的迅速提高阶段之后，已经逐渐趋于平稳。

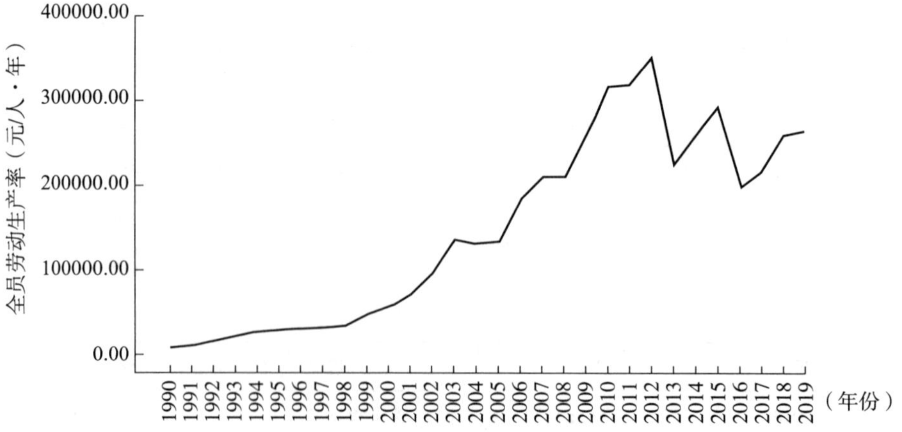

图7-4 1990—2019年中国汽车工业全员劳动生产率

资料来源：笔者根据有关数据整理制图。

而按照从业人员人均年汽车产量来看，2019 年国内汽车制造企业人均汽车产量为 4.67 辆，而世界主要汽车公司在 2000 年的人均产量为：福特 21.59 辆、通用 22.64 辆、丰田 23.18 辆、本田 20.95 辆、雷诺 14.69 辆。由此可见，尽管前些年我国汽车制造企业的全员劳动生产率在不断提高，但是与跨国汽车公司以及发达国家相比仍然存在较大差距，较低的劳动生产率实际上在很大程度上抵消了国内汽车制造企业劳动力成本较低的优势。

7.3.6 自主品牌汽车高端产品较少

从技术含量最高、最具代表性的基本型乘用车（轿车）、运动型多用途车（SUV）及多功能乘用车（MPV）情况来看，2020 年中国轿车、SUV 及 MPV 分品牌产销量排名情况如表 7-9 所示，年产量超过 100 万辆的企业有一汽大众汽车有限公司、上汽大众汽车有限公司、上汽通用汽车有限公司、浙江吉利、东风日产及重庆长安 6 家企业，其中合资品牌汽车制造企业 4 家，本土企业 2 家。产销量前 10 名的企业中，除浙江吉利、重庆长安、长城汽车 3 家本土企业外，也均为合资品牌企业。产量达到 50 万辆以上的 16 家企业中，只有浙江吉利、重庆长安、长城汽车、奇瑞汽车及上海汽车集团股份有限公司乘用车分公司 5 家本土企业。产销量达到 10 万辆以上的 29 家企业中，本土企业占 11 家。还有 30 家本土汽车制造企业在 2020 年产量不足 10000 辆，甚至产出为 0。

本土品牌轿车、SUV 与 MPV 不仅产销量较低，而且价格普遍相对较低，多属于中低档车型，而国外品牌及合资品牌车如奔驰、宝马、大众、别克、丰田、本田等均为中高档车型，两者在单车价格与利润等方面都不可同日而语。在产品质量、技术含量以及售后服务等方面，国外汽车品牌普遍拥有良好的口碑优势，对国内消费者具有很大的诱惑和吸引力。因此可以说，我国自主品牌汽车的生产销售，要面临来自国外进口汽车以及国内合资企业品牌汽车的强势竞争，很难进入高端市场，而传统的中低端汽车市场又被逐渐蚕食。这从根本上反映出我国自主品牌汽车的国内市场竞争力依然偏弱，市场份额较小，抵抗市场风险的能力较差，发展前景不容乐观。

表 7-9　2020 年中国主要乘用车（轿车、SUV、MPV）分品牌产销量排名

单位：辆

序号	生产企业	品牌	技术来源	生产量	销售量
1	一汽大众汽车有限公司	奥迪、高尔夫、捷达	德国大众汽车公司	2077916	2071488
2	上汽大众汽车有限公司	桑塔纳、朗逸、图观、图安	德国大众汽车公司	1495669	1505505
3	上汽通用汽车有限公司	君威、君越、凯迪拉克、雪弗兰、别克 GL8	美国通用汽车公司	1409945	1467470
4	浙江吉利控股集团有限公司	帝豪、领克等	自主研发	1316244	1320217
5	东风日产乘用车公司	天籁、轩逸、奇骏、楼兰	日本日产汽车公司	1102057	1119008
6	重庆长安汽车股份有限公司	悦翔、尼欧、逸动、CX、长安、欧尚	自主研发	1011434	976832
7	长城汽车股份有限公司	长城、哈弗系列	自主研发	875566	886596
8	东风本田汽车有限公司	本田、思域、CR－V、艾力绅、杰德	日本本田汽车公司	840484	850307
9	广汽本田汽车有限公司	雅阁、飞度、讴歌、奥德赛	日本本田汽车公司	804237	804100
10	上海通用五菱汽车股份有限公司	宝骏、五菱宏光	美国通用汽车公司	790339	837277
11	一汽丰田汽车有限公司	卡罗拉、威驰、普拉多、RAV4	日本丰田汽车公司	778693	779116
12	广汽丰田汽车有限公司	凯美瑞、汉兰达	日本丰田汽车公司	764999	765008
13	奇瑞汽车股份有限公司	奇瑞、开瑞	自主研发	631320	632693
14	北京奔驰汽车有限公司	奔驰	德国戴姆勒	605678	610816
15	华晨宝马汽车有限公司	宝马、X1、X2、X3	德国宝马汽车公司	602461	606831
16	上海汽车集团股份有限公司乘用车分公司	名爵、荣威、MG	自主研发	539479	657867

续表

序号	生产企业	品牌	技术来源	生产量	销售量
17	北京现代汽车有限公司	现代、途胜	韩国现代汽车公司	450700	446082
18	比亚迪股份有限公司	比亚迪、唐、宋	自主研发	421319	420512
19	广州汽车集团乘用车有限公司	传祺	自主研发	345912	354007
20	东风悦达起亚汽车有限公司	赛拉图、智跑	韩国起亚汽车公司	241925	252501
21	长安福特汽车有限公司	福克斯、金牛座、锐界、探险者	美国福特汽车公司	231928	253293
22	中国第一汽车集团有限公司	红旗	自主研发	209197	200454
23	大庆沃尔沃汽车制造有限公司	S60L、S90、XC60	瑞典沃尔沃轿车	187635	187635
24	安徽江淮汽车股份有限公司	江淮、瑞风	自主研发	156936	155874
25	特斯拉（上海）有限公司	Model 3、Model Y	美国特斯拉	153623	137459
26	一汽轿车股份有限公司	奔腾、马自达	日本马自达汽车公司、自主研发	143096	160749
27	长安马自达汽车有限公司	昂克塞拉、CX	日本马自达	138042	137300
28	东风小康汽车有限公司	风光	自主研发	112590	110958
29	南京汽车集团有限公司	荣威等	自主研发	101332	0
30	东风柳州汽车有限公司	景逸、风行、菱智	自主研发	92211	96340
31	东风启辰汽车公司	启辰	在日本日产技术基础上自主研发	79514	80207
32	广汽三菱汽车有限公司	欧蓝德	日本三菱	76096	75001
33	华晨汽车集团控股有限公司	骏捷、中华、金杯、阁瑞斯	自主研发	71520	74178

续表

序号	生产企业	品牌	技术来源	生产量	销售量
34	东风汽车集团股份有限公司乘用车公司	风神、奕炫、AX 系列	自主研发	67274	70112
35	奇瑞捷豹路虎汽车有限公司	捷豹、发现神行	英国捷豹路虎	57000	57795
36	江铃汽车股份有限公司	驭胜、撼路者、途睿欧	在日本五十铃技术基础上自主研发	48092	45921
37	上汽大通汽车有限公司	上汽 MAXUS	自主研发	46969	48157
38	神龙汽车有限公司	雪铁龙、标志	法国雪铁龙、标志汽车公司	45467	50267
39	北京汽车股份有限公司	北京、绅宝、威望 M50	自主研发	44133	47072
40	广汽菲亚特克莱斯勒汽车有限公司	自由光、指南者	意大利菲亚特、美国克莱斯勒公司	38636	40513
41	重庆理想汽车有限公司	理想	自主研发	35888	32624
42	福建奔驰汽车有限公司	奔驰	德国戴姆勒	29935	29920
43	北汽（广州）汽车有限公司	EU 系列（BEV）、EX 系列、绅宝、智道	自主研发	28976	27106
44	北京汽车集团有限公司越野车分公司	B40、B80	自主研发	28035	27562
45	东风英菲尼迪汽车有限公司	英菲尼迪、QX50	日本日产	26266	25695
46	威马汽车技术有限公司	威马	自主研发	26129	22495
47	肇庆小鹏汽车有限公司	小鹏 P7	自主研发	18417	15315
48	潍柴（重庆）汽车有限公司	潍柴、英致	自主研发	18076	18388
49	重庆长安铃木汽车有限公司	雨燕、启悦、骁途	日本铃木汽车公司	15294	15465

续表

序号	生产企业	品牌	技术来源	生产量	销售量
50	合众新能源汽车有限公司	哪吒	自主研发	15157	15091
51	海马汽车有限公司	海马	自主研发	14598	14843
52	郑州日产汽车有限公司	风度、途达、帅客	日本日产、自主研发	14273	14294
53	北京新能源汽车股份有限公司	EC、EU、EX、ARC-FOX	自主研发	11541	11728
54	观致汽车有限公司	观致	自主研发	11241	13590
55	浙江零跑科技有限公司	零跑	自主研发	11199	11391
56	江西昌河汽车有限公司	昌河、北斗星、Q25、威望	日本铃木汽车公司、自主研发	10407	12346
57	东南（福建）汽车工业有限公司	DX 系列、菱悦等	日本三菱汽车公司	9718	14670
58	四川野马汽车股份有限公司	野马、博骏、斯派卡	自主研发	7497	6668
59	北京宝沃汽车有限公司	BX	自主研发	6696	8703
60	北汽福田汽车股份有限公司	萨瓦纳、蒙派克	自主研发	5130	5875
61	云度新能源汽车股份有限公司	云度	自主研发	4662	4470
62	重庆金康动力新能源有限公司	东风、赛力斯	自主研发	4283	3751
63	易捷特新能源汽车有限公司	启辰、雷诺、东风风光	自主研发	4652	6673
64	国机智俊汽车有限公司	国机智俊	自主研发	3506	4560
65	江铃控股有限公司	陆风	自主研发	3368	3442
66	众泰汽车股份有限公司	众泰、T	自主研发	3000	3573
67	枫盛汽车科技集团有限公司	枫叶	自主研发	2724	2620

续表

序号	生产企业	品牌	技术来源	生产量	销售量
68	贵航青年莲花汽车有限公司	云雀	自主研发	2712	3204
69	成都大运汽车集团有限公司	大运、S171、M171	自主研发	1980	2006
70	福建新龙马汽车股份有限公司	EX80	自主研发	1748	1181
71	北汽蓝谷麦格纳汽车有限公司	BJ20 等	自主研发	1605	0
72	北汽银翔汽车有限公司	幻速	自主研发	1472	1524
73	北京汽车制造厂有限公司	勇士	自主研发	1397	1191
74	江西五十铃汽车有限公司	五十铃	在日本五十铃技术基础上自主研发	1377	1719
75	本田汽车（中国）有限公司	锋范	日本本田汽车	1326	1686
76	江苏吉麦新能源车业有限公司	凌宝	自主研发	1274	1229
77	一汽海马汽车有限公司	海马、福美来	日本马自达、自主研发	1270	1156
78	江铃集团新能源汽车有限公司	江铃	自主研发	1044	1418
79	海马新能源汽车有限公司	8S	自主研发	1010	1672
80	重庆比速汽车有限公司	比速 T、比速 M3	自主研发	514	5130
81	重庆力帆乘用车有限公司	力帆、轩朗、乐途	自主研发	505	588
82	深圳宝能汽车有限公司	DS	自主研发	420	424
83	东风雷诺汽车有限公司	科雷嘉、科雷傲	法国雷诺、自主研发	316	1283
84	东风汽车股份有限公司	俊风、启辰	自主研发	232	1387

续表

序号	生产企业	品牌	技术来源	生产量	销售量
85	知豆电动汽车有限公司	知豆	自主研发	197	341
86	北汽新能源汽车常州有限公司	EC	自主研发	78	0
87	广东福迪汽车有限公司	揽福	自主研发	41	68
88	庆铃汽车股份有限公司	竞技者	日本五十铃	11	7
89	东风裕隆汽车有限公司	纳智杰	台湾裕隆技术	4	14
90	湖南猎豹汽车股份有限公司	CS9	自主研发	0	0
91	华泰汽车集团公司	华泰、圣达菲	自主研发	0	0
92	天津一汽夏利汽车股份有限公司	威志、骏派	自主研发	0	0
合计				19598869	20057263

资料来源：根据《中国汽车工业年鉴》（2021）有关数据计算整理得出。

7.3.7 自主品牌汽车国内市场占有率较低

与汽车总产量的增长趋势一样，近些年汽车自主品牌的产量也在不断增长，但是在国内市场的占有率则一直不高。以技术含量最高的轿车为例，由表7-10可知，中国汽车制造企业的自主品牌轿车国内市场占有率先是由2004年的20.9%逐渐提高到2010年的30.9%，之后则呈现出不断下滑的趋势，到2020年降低到了21.0%。其外部原因主要是在欧洲债务危机的影响下，众多跨国汽车公司大力推进对中国的汽车出口，使得国内中高端、豪华进口汽车的销售优惠幅度不断增大，这样就对国产自主品牌汽车造成了较强冲击。而根本内在原因，还在于我国自主品牌汽车在产品质量、售后服务等方面的竞争力不强、市场认可度不高。

表 7-10　2004—2020 年中国自主品牌轿车国内市场占有率　单位：万辆，%

年份	全国轿车总销量	其中自主品牌销量	市场占有率
2004	231.26	48.37	20.9
2005	276.77	72.66	26.3
2006	386.95	98.35	25.4
2007	479.77	124.53	26.0
2008	504.69	130.82	25.9
2009	747.10	221.73	29.7
2010	949.43	293.30	30.9
2011	1012.27	294.64	29.1
2012	1074.47	304.96	28.4
2013	1200.97	330.61	27.5
2014	1237.67	277.49	22.4
2015	1172.02	243.03	20.7
2016	1214.99	234.00	19.3
2017	1184.80	235.45	19.9
2018	1152.80	239.90	20.8
2019	1030.80	204.60	19.8
2020	927.50	195.20	21.0

资料来源：《中国汽车产业发展报告》(2021)。

7.3.8　汽车出口量与国际市场竞争力相对较低

从表 7-11 所示的汽车出口量等方面的情况来看，从新中国成立后到 1992 年我国只有少量汽车出口，1993 年出口汽车首次突破 10000 辆，达到了 1.1116 万辆，之后一直缓慢增长，到 2004 年汽车出口量突破 10 万辆，达到了 13.62 万辆。在 2012 年我国汽车出口量首次突破 100 万辆，达到了 101.57 万辆，之后近 10 年之间汽车出口量一直在 100 万辆上下浮动，基本上没有增长，2018 年、2019 年与 2020 年的汽车出口量分别为 100.89 万辆、101.56 万辆、108.18 万辆，其中还包括相当比例的合资汽车产品。

从世界汽车强国情况来看，2018 年世界主要汽车生产国汽车出口量分别为：法国 655.7 万辆，日本 481.7 万辆，德国 399.3 万辆，韩国 245.0

万辆，西班牙230.4万辆，英国123.8万辆。在2019年、2020年我国汽车出口量（101.56万辆、108.18万辆）分别仅占同期国内汽车总产量（2575.07万辆、2522.52万辆）的3.95%、4.29%。在2020年世界前10位汽车生产大国中，只有我国汽车的国内销量高达95.71%。

从汽车出口金额来看，2020年我国共出口整车108.18万辆，整车出口金额157.36亿美元，整车平均出口单价只有约14546美元。这充分说明我国出口的汽车基本上以低端经济型车为主。目前汽车产品出口仍以零部件为主，而零部件之所以能出口到美国、日本、德国等发达国家，也是通过合资零部件公司的返销来实现的。

因此可以说，尽管从汽车总产量来看中国自2009年以来就成为世界第一汽车生产大国，但是近年来我国汽车产量的大幅度提高与汽车制造企业的迅速发展主要以庞大的国内市场需求增长为基础，而非对竞争激烈的国际市场的开拓与占领。从汽车出口量的国际排名、汽车出口量占汽车总产量的比重、出口汽车的档次等来看，我国汽车制造企业与汽车产业发达国家还相去甚远，汽车产品的国际市场竞争力仍然很弱，还需要做出更多努力。

表7-11 1978—2020年中国及2000年以来世界主要汽车生产国整车出口量

单位：万辆，亿美元

年份	中国		美国	德国	法国	西班牙	日本	韩国	英国
	出口量	出口金额							
1978	0.1004	0.10							
1979	0.0160	0.01							
1980	0.0099	0.01							
1981	0.0726	0.14							
1982	0.0238	0.02							
1983	0.1892	0.22							
1984	0.2919	0.32							
1985	0.1659	0.22							
1986	0.4179	0.40							
1987	0.6129	0.51							

续表

年份	中国		美国	德国	法国	西班牙	日本	韩国	英国
	出口量	出口金额							
1988	0.9159	1.06							
1989	0.2676	1.57							
1990	0.4413	1.78							
1991	0.4108	2.50							
1992	0.6375	3.91							
1993	1.1116	4.24							
1994	1.8648	5.15							
1995	1.7747	7.21							
1996	1.5112	8.17							
1997	1.4868	9.88							
1998	1.3627	8.83							
1999	1.0095	11.87							
2000	2.7136	24.49	—	374.5	361.9	—	445.5	167.6	—
2001	2.61	2.14	1142.6	391.6	373.5	—	41.6	150.1	98.6
2002	2.87	2.48	165.9	387.5	391.7	232.7	469.9	150.6	119.7
2003	4.54	3.72	161.4	393.6	404.6	249.5	475.6	181.5	123.6
2004	13.62	6.55	179.4	392.4	426.9	247.9	495.8	237.9	130.8
2005	16.43	15.11	206.4	408.1	431.9	224.7	505.3	258.6	131.6
2006	34.34	31.34	205.5	418.3	312.6	227.3	596.7	264.8	124.2
2007	61.44	73.06	239.6	466.4	469.7	238.9	654.9	284.7	131.7
2008	68.10	96.30	196.6	450.0	432.2	218.1	672.7	268.4	125.4
2009	37.00	51.90	110.7	358.4	388.3	188.3	361.6	214.9	82.9
2010	56.67	69.84	150.2	448.1	478.6	208.0	484.1	277.2	104.7
2011	84.98	109.46	172.8	482.7	489.3	212.1	446.4	315.2	119.4
2012	101.57	137.27	194.1	—	440.4	172.9	480.4	317.0	127.5
2013	94.85	128.98	209.1	440.5	437.3	187.9	467.4	308.9	124.9
2014	94.79	137.95	222.8	466.6	—	206.0	446.6	306.3	123.0
2015	75.53	124.31	211.7	465.0	—	227.4	457.8	297.4	127.5
2016	70.41	113.06	207.1	498.7	—	243.2	463.4	262.1	140.9

续表

年份	中国		美国	德国	法国	西班牙	日本	韩国	英国
	出口量	出口金额							
2017	106.34	140.97	211.1	—	—	231.8	470.6	253.0	—
2018	100.89	150.96	—	399.3	655.7	230.4	481.7	245.0	123.8
2019	101.56	160.17	—	348.7	—	231.0	481.8	241.2	105.6
2020	108.18	157.36	—	263.3	—	195.1	374.0	188.7	75.0

注：①中国整车产品出口金额 2000 年及以前年份数据包含汽车配件和车用发动机出口金额。②其他各国数据为 2001 年以来整车出口量。

资料来源：2000 年及以前年份数据来自《中国汽车产业发展报告》（2009），2001 年及以后年份数据来自《中国汽车产业发展报告》（2021）。

7.3.9 企业研发创新仍然有待加强

我国汽车制造企业的研发创新能力长期不高、创新成果不多。众所周知，改革开放之前的几十年里我国汽车制造企业创新能力薄弱，创新成果较少。改革开放以后，国内企业纷纷通过购买国外技术或与跨国企业合资、合作等途径来加强创新，取得了大量创新专利，创新能力得到显著提高。如表 7-12 所示，中国汽车行业专利公开总数由 2006 年的 17200 件上升到 2010 年的 40762 件，年平均增速为 24.1%；2012 年，中国汽车行业专利公开总数为 59680 件，同比增长 19.2%；2020 年，中国汽车行业专利公开总数为 29.5 万件，同比增长 8.1%。由此可见，近些年我国汽车专利申请量快速增长，表明国内汽车企业的自主创新能力和知识产权保护意识在逐步提高。

表 7-12 2006—2020 年部分年份中国汽车产业专利公开数量

单位：万件，%

年份	发明专利	实用新型专利	外观设计专利	专利公开总数	同比增长
2006	0.8253	0.7133	0.1814	1.7200	27.1
2007	0.8978	1.0020	0.2488	2.1486	24.9
2008	1.1037	1.2248	0.2591	2.5876	20.4
2009	1.3555	1.3688	0.3872	3.1115	20.2

续表

年份	发明专利	实用新型专利	外观设计专利	专利公开总数	同比增长
2010	1.4303	2.0957	0.5502	4.0762	31.0
2011	1.8758	2.6053	0.5251	5.0062	22.8
2012	2.3875	3.0464	0.5341	5.9680	19.2
2020	15.2000	11.1000	3.1000	29.5000	8.1

资料来源：《中国汽车工业年鉴》（2013，2021）。

但是与汽车工业先进国家及大型跨国汽车企业相比，我国汽车制造企业的技术创新能力仍然相对薄弱，发动机、电子电气等方面的核心和关键技术仍然需要依赖跨国汽车公司，在研发创新力度、创新能力等方面均有待进一步加强。如表 7-13 所示，2019—2020 财年全球汽车整车和零部件企业研发投入百强企业中，共有 21 家中国企业上榜，其中只有上海汽车一家中国汽车制造企业进入研发投入前 30 名企业（名列第 19 名），有 5 家中国企业进入前 40 名。

表 7-13　2019—2020 财年全球汽车整车和零部件企业研发投入百强

单位：百万欧元，%

排名	企业名称	国家	研发投入	研发投入年度增长	销售额	销售额年度增长	研发投入强度
1	VOLKSWAGEN 大众	德国	14306.0	4.9	252632.0	7.1	5.7
2	DAIMLER 戴姆勒	德国	9630.0	6.5	172745.0	3.2	5.6
3	TOYOTA MOTOR 丰田汽车	日本	9057.9	5.9	244156.3	-1.0	3.7
4	HONDA MOTOR 本田汽车	日本	6834.8	0.3	121800.9	-6.0	5.6
5	FORD MOTOR 福特汽车	美国	6587.1	-9.8	138775.2	-2.8	4.7
6	BMW 宝马	德国	6419.0	-6.8	104210.0	6.9	6.2
7	ROBERT BOSCH 博世	德国	6229.0	0.6	77721.0	-0.9	8.0
8	GENERAL MOTORS 通用汽车	美国	6053.1	-12.8	122162.2	-6.7	5.0
9	NISSAN MOTOR 日产汽车	日本	4444.0	4.1	80587.6	-14.6	5.5
10	FIAT CHRYSLER AUTOMOBILES 菲亚特克莱斯勒	荷兰	4194.0	13.9	109844.0	-0.5	3.8
11	DENSO 电装	日本	4142.6	2.1	42039.9	-3.9	9.9

续表

排名	企业名称	国家	研发投入	研发投入年度增长	销售额	销售额年度增长	研发投入强度
12	PEUGEOT（PSA）标志－雪铁龙	法国	4061.0	11.3	74731.0	1.0	5.4
13	RENAULT 雷诺	法国	3697.0	5.1	55537.0	-3.3	6.7
14	CONTINENTAL 大陆	德国	3596.6	6.8	44478.4	0.2	8.1
15	HYUNDAI MOTOR 现代汽车	韩国	2323.2	10.2	81301.4	9.2	2.9
16	ZF 采埃孚	德国	2130.0	3.6	36518.0	-1.1	5.8
17	TATA MOTORS 塔塔汽车	印度	2119.0	8.5	32296.4	-13.6	6.6
18	VALEO 法雷奥	法国	1907.0	-3.0	19477.0	1.8	9.8
19	SAIC MOTOR 上海汽车	中国	1881.5	-7.2	101667.3	-7.2	1.9
20	AISIN SEIKI 爱信精机	日本	1679.0	1.8	30873.1	-6.4	5.4
21	KIA MOTORS 起亚汽车	韩国	1213.4	6.2	44704.5	7.3	2.7
22	SUZUKI MOTOR 铃木汽车	日本	1208.0	-6.3	28457.2	-9.9	4.2
23	TESLA 特斯拉	美国	1195.5	-8.0	21878.2	14.5	5.5
24	MAZDA MOTOR 马自达汽车	日本	1101.3	0.3	27982.8	-3.8	3.9
25	APTIV 安波福	英国	1037.0	0.9	12780.0	-0.5	8.1
26	FERRARI 法拉利	荷兰	889.5	5.2	3766.6	10.1	23.6
27	BRIDGESTONE 普利司通	日本	858.9	1.7	28760.4	-3.4	3.0
28	YAMAHA MOTOR 雅马哈	日本	832.3	-0.7	13580.4	-0.5	6.1
29	SCHAEFFLER 舍弗勒	德国	821.0	4.6	14427.0	1.3	5.7
30	SUBARU 斯巴鲁	日本	754.2	-10.0	27279.8	5.8	2.8
31	MAHLE 马勒	德国	750.8	0.0	12049.2	-4.2	6.2
32	HYUNDAI MOBIS 现代摩比斯	韩国	742.2	15.3	29253.2	8.2	2.5
33	GEELY AUTOMOBILE 吉利汽车	中国	695.2	-2.2	12409.1	-8.6	5.6
34	MICHELIN 米其林	法国	687.0	6.0	24135.0	9.6	2.8
35	HELLA 海拉	德国	677.1	-3.7	5829.4	-16.6	11.6

续表

排名	企业名称	国家	研发投入	研发投入年度增长	销售额	销售额年度增长	研发投入强度
36	GUANGZHOU AUTOMOBILE 广州汽车	中国	672.2	7.9	7606.4	−17.5	8.8
37	DONGFENG MOTOR 东风汽车	中国	648.9	7.1	12878.6	−3.3	5.0
38	WEICHAI POWER 潍柴动力	中国	643.9	20.8	21701.2	10.0	3.0
39	MITSUBISHI MOTORS 三菱汽车	日本	600.6	11.9	18520.0	−9.7	3.2
40	MAGNA 麦格纳	加拿大	569.7	8.8	35099.7	−3.4	1.6

注：第 41~100 名企业名单略。

资料来源：《中国汽车产业发展报告》（2021）。

7.3.10 本土企业高度依赖跨国汽车公司

新中国成立以来我国汽车制造企业长期发展缓慢，最近几十年才走上快速发展之路，这主要得益于外资汽车企业到国内大量直接投资。为保护国内汽车产业，20 世纪 80 年代以前我国政府一直不允许国外汽车企业以直接投资方式进入国内，之后政府实施“市场换技术”的发展战略，允许国外资本以合资或合作的方式进入国内汽车产业，自此外商开始大举进入。但是与此同时也使得国内汽车制造企业普遍依赖跨国汽车公司，我国汽车制造企业在发展模式上也由改革开放前的封闭自主发展型转向依附发展的道路。

在我国加入 WTO、跨国汽车公司纷纷进入国内汽车市场的激烈市场变化面前，国内汽车制造企业有两个截然对立的发展战略选择：①既有的汽车集团均试图尽可能长时间、深层次地与跨国公司合资，形成了当地主要汽车集团与多个跨国公司合资的“多角恋爱”现象。②新进入企业则多选择委托开发或联合开发、技术引进等形式进行自立发展。事实说明，前一种战略是多数企业的选择。上一轮合资的期限还没有到，国内企业就已经千方百计地寻求与跨国公司的继续合资。包括一汽、上汽、东风等国内主流汽车企业与相关跨国汽车公司的新一轮合资项目的年限基本上都是25~30年，这就表现出它们希望永远依附下去。对此，中国最大汽车生产公司、第二大轿车生产企业一汽集团公司CEO的看法很具有代表性：①采取合资战略的主要考虑是：资金缺乏、技术落后，没有能力进行独立的扩张。②不进行联合技术开发的原因在于：一汽轿车的年产量规模太小，如果仅仅依靠十几万辆车形成的资本积累，投入下一代产品开发，去和跨国公司几百万辆车形成的资本积累竞争，相差太远。③在卡车生产上，一汽的规模已经达到了世界前列，但还是没有独立的产品开发和技术创新能力，原因在于体制和技术水平都不行。目前从事自主开发的汽车企业主要是最近几年通过各种方式"挤进"汽车行业的新企业，这些企业的规模一般较小。它们从事自主技术和产品开发的原因主要在于：①国内起初不允许进入汽车行业，更不允许建立合资企业，而又被汽车行业的高额利润所吸引，因此被迫走上了自主研发之路；如果能够合资，它们过去、现在和将来都愿意和准备进行合资。②它们现在基本上还处于学习和成长阶段，其中奇瑞、吉利公司表现得更为突出一些。

对于合资、合作企业的控制权来说，虽然我国汽车产业有关合资合作政策要求，在整车和发动机合资企业中外方所占股份不得高于50%，外国企业同一类整车产品不得在国内建立两家以上的合资企业，但是由于合资双方的实力过于悬殊，实际上我国合资企业的控制权普遍为跨国汽车公司所掌握，外国汽车企业在合资企业中的实际权利已经明显远远超出合资企业中50∶50的股权比例。实际上，以下几种情况已经决定了外方在中外合资汽车企业中的权利分配上占据着绝对优势：①跨国公司控制技术，并收取技术特许费，技术投入需要由合资企业中的中方来再支付使用费。②跨国公司控制品牌，合资企业要交纳使用特许费或购买费。③跨国公司控制产品定价权，由外方确定产品的价格以及销售渠道。④跨国公司控制零部件采购网，并认定供货企业的资格，合资企业则没有这种权利。在合资企业中，中方的高层管理人员通常被业内人士称为"YES-MEN"，即除了对对方的任何提议表示同意外，很难享有其他权利。考虑到在合资企业50%的股权，中方高层管理人员在法律意义上并没有被剥夺说话的权利，之所以只能对外方的提议表示同意，关键在于不具有反对的能力。

以上情况说明，在跨国汽车公司纷纷进入国内的大环境下，寻求合资、引进车型、依附跨国公司发展成为大部分国内企业的基本战略选择；即使现在进行独立开发，拥有自主品牌的企业也时刻准备与跨国公司合资；而且在合资合作汽车企业中，跨国汽车公司普遍掌握实际控制权。这说明，我国汽车制造业自主开发能力还处在低水平徘徊状态，仍然没有走出“引进—落后—再引进—再落后，开发能力不足—依赖—更不足—更依赖”的双重怪圈，实际上已经走上了依附型发展的道路。关于中国汽车工业是走“巴西道路（完全对外开放模式）”还是“日本、韩国道路（自主发展模式）”的争论已有多年。政策制定者和有关学者认为中国要走第三条路，即在开放与合作中提高产业竞争力，延长产业的增值链。但是我国加入 WTO 多年以来，中国汽车工业走所谓的“第三条路”的希望已经越来越小了。经济学家张维迎也曾经发出警告：中国的市场开放和引进外资不能演化为这样的场景：开放形成一个舞台，让外国人演戏，成为“一出没有中国演员的中国剧。”他认为，未来“外资主导的中国经济”的危险不是不存在，关心中国汽车产业的人士需要三思。

7.4 小结

本章在前文理论分析的基础上，以中国汽车制造企业为案例，结合美国、日本、韩国等汽车工业发达国家的经验，对中国汽车制造企业的行业划分、产品种类、社会贡献等进行了分析，并进一步从汽车总产量、工业增加值、销售额与总利润、劳动生产率、企业制度、国内与国际市场竞争力以及国内汽车制造企业与跨国汽车公司的合作情况等方面分析了我国汽车制造企业的发展成绩与不足。

8

企业发展的案例研究（下）：中国汽车制造企业发展机制与发展环境的影响

按照演化理论的观点，企业发展是变异、选择和遗传机制既各司其职，又全面协调、共同推动的结果，如果受到企业发展环境有关因素的影响，任何一种发展机制都难以正常发挥应有作用，则企业发展就会受到阻碍。我国汽车制造企业在新中国成立后经过 70 多年的发展，在汽车总产量、工业总产值、营业总收入、劳动生产率以及促进就业等方面已经取得了很大进步，但是与美、日、欧等汽车工业发达国家和地区相比仍然存在企业规模小、生产效率低、创新能力弱、自主品牌少以及过于依赖跨国汽车公司等一系列问题，且长期得不到较好解决，这与汽车制造企业发展的遗传、变异与选择机制受到发展环境有关因素影响难以正常发挥作用有很大关系。

8.1 中国汽车制造企业发展的变异机制问题与发展环境的影响

企业发展的变异机制的主要实现路径和方式是企业市场进入，其重要作用就是促进市场与产业中企业个体的多样化，为市场提供备选对象。如果变异机制受到企业发展环境的影响限制，就会导致企业组织的多样化程度不足，甚至严重同质化等问题。中国汽车制造企业发展的变异机制方面的问题主要表现为企业进入数量不足、企业制度严重同质化、外资企业进入过早过快过多等。

8.1.1 汽车产业进入管制政策及其演变历程

在1956年7月13日第一辆国产解放牌载货汽车从长春汽车制造厂（后来的第一汽车制造厂）驶下总装配线，结束了中国不能自己制造汽车的历史。此后几年内南京、上海、北京和济南相继建立了地方性的汽车制造厂。到20世纪60年代初期，针对当时一些行业布局分散、发展封闭、社会化程度低的情况，政府在包括汽车产业在内的一些行业试办“工业托拉斯”，并于1964年成立中国汽车工业公司，行使汽车行业的计划管理职能。“文化大革命”开始后，“工业托拉斯”改革随同“工业七十条”遭到批判，在“大办”名义下全国实行企业下放，各省份纷纷利用汽车配件厂和修理厂仿制和拼装汽车，一大批中小汽车厂就这样建立起来，很快遍及全国26个省份和10多个部门，有的省份有多达8~9个汽车总装厂。这一时期最重要的投资项目是1969年第二汽车制造厂进入大规模施工建设，并于1975年开始生产。各级政府“大办”投资行为使这一阶段成为中国汽车制造企业产生最快最多的第一个历史时期，全国汽车制造企业从1960年的16个迅速增加到1975年的52个，到1982年又缓慢增加到58个。

1980年实行改革开放以来，中央政府开始在城市实施市场导向的经济体制改革，向省级政府下放了许多决策权以激励地方政府的积极性，例如投资审批权部分转移至省级政府，财政包干体制使得省级政府在向中央政府上缴完必需的财政收入定额之后，可以按累进比率将财政收入的超额部分留存下来自由支配。中央与地方政府实行“分灶吃饭、财政包干”的体制之后，地区经济利益逐渐形成，地方政府参与经济活动的热情进一步提高，于是就出现了经济活动地区化的问题，这在中国汽车制造企业的发展上表现得尤为突出。在财政分灶吃饭体制下，地方政府都拥有一定的经济决策权和投资能力，本地区的经济利益也自然成为影响地方政府经济行为特别是投资行为的首要因素。当时中国汽车市场长期处于供不应求的状态，汽车价格还受到政府严格管制，汽车行业期望利润率很高，加上地方经济建设也需要大量汽车，因此各地方政府都纷纷投资建设汽车生产项目和企业。和地方政府类似，中央所属各部委也从部门经济利益出发纷纷上马汽车项目，航空航天、兵工、船舶、电子等众多部门都在投资建设和从事汽车投资生产，产品主要包括轻、重、微型载货汽车及客车、专用汽车和汽车零部件。这一时期汽车制造企业的发展呈现出典型的“地区化”和“部门化”投资驱动特征，这是我国政府行政力量驱动汽车制造企业发展的突出表现。政府投资体制导致国内整车生产企业由 1982 年的 58 家迅速增加到了 1985 年的 114 家，企业数量在 3 年内基本上翻了一番，这是我国汽车制造企业产生最快最多的第二个历史时期。同时也导致 20 世纪 80 年代末、90 年代初我国汽车工业布局散乱、规模小、产品落后、开发能力弱等突出问题，汽车产量、品种等均难以满足国民经济发展需要。

出于提高汽车制造企业生产规模经济水平、防止重复建设以及克服原有政策的单一性、不连续性、多变性等不足的考虑，在 1994 年国务院批准了当时的原国家计委会同国家经贸委、机械部等有关部门制定的《汽车工业产业政策》，这是当时我国政府唯一正式发布实施的专门针对一个行业的产业管制政策。该政策通过立项审批、目录管理等手段对潜在投资者特别是非国有投资者进入汽车工业进行了严格限制：①政府要重点扶植 2~3 家汽车生产企业集团迅速成长为具有相当实力的大型企业，6~7 家汽车生产企业集团成为国内骨干企业，并给予重点企业政策性贷款、减免税收和优先安排股票或债券上市等优惠政策。②在汽车制造企业市场准入方面，中外合资、合作及技术引进的轿车、轻型车整车及发动机项目一律由国务院审批立项，其余整车、发动机项目根据国家有关审批权限的规定按程序审批——总投资 1 亿美元以上的项目由国务院审批，3000 万美元到 1 亿美元的基建和技改项目由国家发改委审批，3000 万美元以下的项目由地方政府审批。③对新设汽车制造企业生产规模方面进行强制规定，新批准的整车、发动机项目必须在经济规模以上，发动机排量在 1600cc 以下的轿车项目年产量不低于 15 万辆，轻型货车项目不低于 10 万辆，轻型客车项目不低于 5 万辆，重型货车项目年产不低于 1 万辆，排量在 2500cc 以下的车用汽油发动机项目年产量不低于 15 万台。由于当时我国的国有汽车制造企业生产规模普遍较小，而民营资本的投资能力普遍较弱，1994 年的汽车产业政策实际上严重限制了国内本土汽车企业的市场进入和发展，反而却十分有利于资本技术实力比较雄厚的众多跨国汽车公司进入中国投资设立合资公司，因此该政策一直遭到包括很多学者在内的多方面批评。

2004 年 6 月 1 日，为了取代原来的《汽车工业产业政策》，国家发改委颁布实施了《汽车产业发展政策》，按照有利于国内企业自主发展和政府实施宏观调控的原则，改革政府对汽车制造企业投资项目的审批管理制度，对于企业进入实行备案和核准两种管理方式：①对投资生产汽车、农用运输车零部件的企业实行备案管理，并由企业直接报送省级政府投资管理部门备案。②对新建汽车、农用运输车、车用发动机生产企业，包括现有汽车生产企业异地建设新的独立法人生产企业，则实行核准管理，由省级政府投资管理部门或计划单列企业集团报国家发改委审查，其中投资生产专用汽车的项目由省级政府投资管理部门核准后报国家发改委备案，而且 2006 年 1 月 1 日前暂停核准新建农用运输车生产企业。对汽车制造企业的生产规模方面，该政策规定新建投资项目应具备以下条件：①专用汽车生产企业注册资本不得低于 2000 万元人民币，要具备产品开发的能力和条件。②新建汽车生产企业的投资项目，项目投资总额不得低于 20 亿元人民币，其中自有资金不得低于 8 亿元人民币，要建立产品研究开发机构，且投资不得低于 5 亿元人民币。③新建乘用车、重型载货车生产企业投资项目，应包括为整车配套的发动机生产。④新建车用发动机生产企业的投资项目，项目投资总额不得低于 15 亿元人民币，其中自有资金不得低于 5 亿元人民币，要建立研究开发机构，产品水平要满足不断提高的国家技术规范的强制性要求。⑤新建下列投资项目的生产规模不得低于：重型载货车 10000 辆，乘用车装载 4 缸发动机 50000 辆、装载 6 缸发动机 30000 辆。该政策还规定，实行核准的项目未获得核准通知的，土地管理部门不得办理土地征用，国有银行不得发放贷款，海关不得办理免税，证监会不得核准发行股票与上市，工商行政管理部门不得办理新建企业登记注册手续，国家有关部门不得受理生产企业和产品准入申请。因此可以说，我国 2004 年的汽车产业政策对汽车制造企业的市场进入管制仍然非常严格，由此造成的政策性进入壁垒也很难突破，在国内汽车制造企业的市场进入速度、数量、民营资本进入等方面均形成了严重阻碍。

8.1.2 进入管制严重影响了汽车制造企业进入市场的速度与数量

企业发展的变异机制要求进入市场的企业要充分、企业数量要足够多，这样才能够充分促进市场中的企业多样化。由于我国政府长期实施严格的汽车产业进入管制政策，导致我国汽车制造企业市场进入严重受阻，本土汽车制造企业进入的速度慢、数量少，企业多样化严重不足，其中整车制造企业尤为如此。从 1953 年我国开始组建第一汽车制造厂开始，整车生产企业到 1965 年才达到 21 家，1975 年达到 52 家，1985 年达到了 114 家，到 1993 年才达到最多时的 124 家，之后多年一直稳定在 110 多家（见表 8-1 和图 8-1）。

表 8-1 1950—2020 年按汽车产品划分的生产企业数 单位：家

年份	全国企业数	其中					
		汽车	改装汽车	摩托车	车用发动机	汽车、摩托车配件	汽车配套相关行业
1950	22	0	7	0	0	15	
1955	69	0	14	0	0	55	
1956	104	1	16	0	1	86	
1957	115	1	17	0	2	95	
1958	217	8	20	2	6	181	
1959	238	14	25	2	6	191	
1960	269	16	28	2	7	216	
1961	290	16	30	2	7	235	
1962	327	17	34	2	7	267	
1963	366	18	45	2	7	294	
1964	417	19	54	3	7	334	
1965	522	21	61	3	10	427	
1966	622	22	67	3	10	520	
1967	678	22	68	3	10	575	
1968	764	25	69	3	10	658	

续表

年份	全国企业数	其中					
		汽车	改装汽车	摩托车	车用发动机	汽车、摩托车配件	汽车配套相关行业
1969	905	33	75	3	12	785	
1970	1228	45	103	9	21	1083	
1971	1361	47	115	10	23	1168	
1972	1489	49	124	11	23	1285	
1973	1594	49	128	12	24	1385	
1974	1687	49	136	15	25	1465	
1975	1852	52	158	19	26	1599	
1976	1950	53	166	20	27	1684	
1977	2033	54	169	22	28	1769	
1978	2146	55	173	23	30	1870	
1979	2301	55	185	24	32	2008	
1980	2379	56	192	24	33	2076	
1981	2427	57	198	26	34	2114	
1982	2456	58	202	26	34	2136	
1983	2727	65	207	34	50	2371	
1984	2811	82	248	38	58	2385	
1985	2904	114	314	47	63	2366	
1986	2422	99	338	50	58	1877	437
1987	2358	116	347	55	63	1777	515
1988	2509	115	386	81	63	1864	512
1989	2596	119	464	65	63	1885	510
1990	2596	117	459	62	64	1894	523
1991	2643	120	486	59	65	1914	500
1992	2555	124	479	72	63	1817	473
1993	2462	124	552	75	61	1650	363
1994	2442	122	536	91	55	1638	403
1995	2479	122	516	109	61	1671	376
1996	2423	122	520	130	62	1589	289

续表

年份	全国企业数	其中					
		汽车	改装汽车	摩托车	车用发动机	汽车、摩托车配件	汽车配套相关行业
1997	2474	119	540	143	54	1618	331
1998	2426	119	521	102	56	1628	258
1999	2362	118	546	107	51	1540	256
2000	2326	118	542	138	48	1480	202
2001	2401	116	525	148	54	1558	215
2002	2436	117	558	156	65	1540	186
2003	2443	115	551	154	56	1567	168
2004	2536	117	554	147	48	1670	146
2005	2637	117	470	147	54	1849	173
2006	2751	117	470	141	52	1971	181
2007	2646	117	509	142	50	1828	142
2008	2629	117	467	145	49	1851	127
2009	3413	115	575	160	49	2514	169
2010	3353	115	532	147	40	2519	55
2011	3367	115	538	138	40	2456	80
2012	3327	115	542	132	41	2497	78
2013		116					
2014		116					
2015		116					
2016		116					
2017		116					
2018		116					
2019		116					
2020		116					

注：①自1986年起，全国汽车工业企业数中不含配套相关企业数。②1999—2012年整车生产企业数按《全国汽车、民用改装车和摩托车生产企业及产品名录》和工信部《车辆生产企业和产品公告》公布的企业进行统计，并对1997年、1998年数据进行了调整。

资料来源：《中国汽车工业年鉴》（1988）、《中国汽车工业年鉴》（2007）、《中国汽车工业年鉴》（2013，2021）。

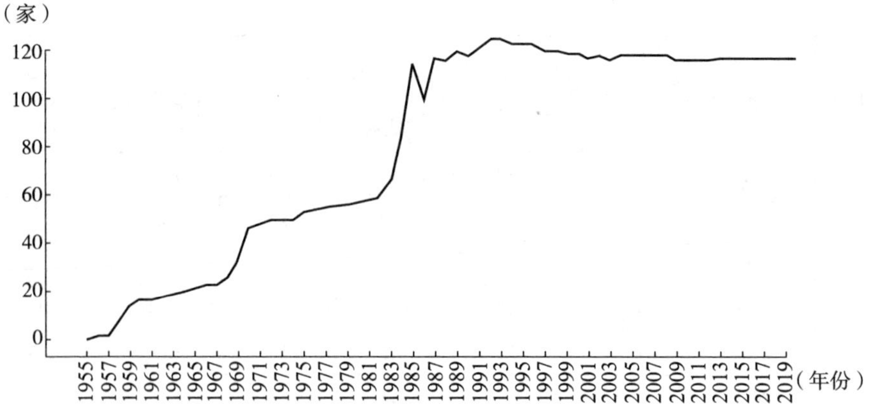

图 8-1　1955—2019 年中国汽车生产企业数量

资料来源：笔者根据有关数据整理所得。

相对而言，美国在 1880 年开始出现第一家整车生产企业，1900 年左右美国汽车制造企业就达到了 300 多家，1910 年达到了最多时的 350 多家，其中绝大部分企业是在 1895—1910 年进入的，具体情况见图 8-2。美国汽车制造企业的充分进入，满足了汽车制造企业发展的变异机制要求，充分促进了美国汽车制造企业的多样化，奠定了后期美国汽车产业长期强势发展、持续领先世界的重要基础。

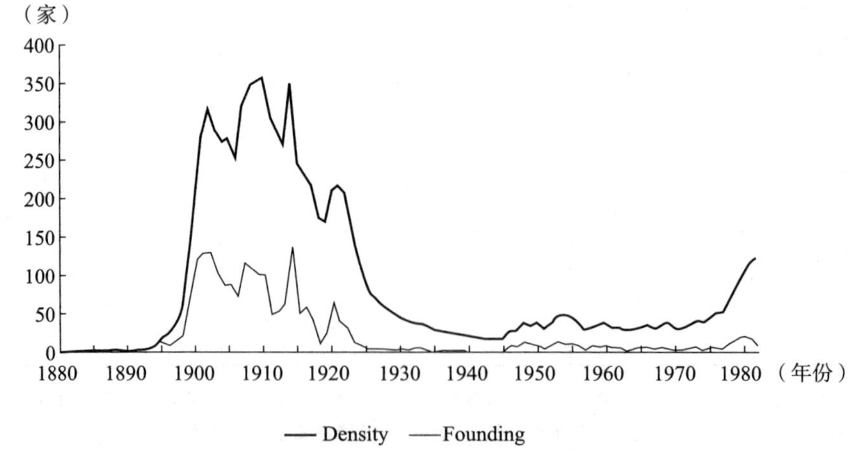

图 8-2　1880—1980 年美国汽车整车生产企业数量

注：图中粗线表示当年企业数量，细线表示当年新建企业数量。

资料来源：Lyda S. 等（1997）。

相比美国汽车制造企业的进入速度、数量等情况，中国汽车制造企业发展的变异机制方面的主要问题是市场进入速度慢、数量少，其主要原因就在于长期存在的汽车产业进入管制政策限制了汽车制造企业的市场进入，导致汽车制造企业多样化程度不足。

8.1.3 进入管制导致汽车制造企业制度同质化

尽管从数量上来看改革开放前我国整车生产企业已经达到 100 多家，但是政府对汽车产业的进入管制政策造成了国有汽车制造企业长期一统天下的局面，这些国有汽车制造企业在经营管理制度、技术设备采购、产品种类定型等方面均严重雷同，单一化、同质化严重，基本上等同于政府的生产部门，在人事、生产、经营政策等方面都受到政府严格管制，难以进行自主决策。因此可以说，长期以来的进入管制导致中国汽车制造企业多样化程度严重不足。

改革开放以后，随着政府对国有汽车制造企业的公司制改造，以公司制为主要特征的现代企业制度逐渐成为国内汽车制造企业的主要企业制度，一部分企业如一汽、上海大众、东风汽车、郑州宇通等还成了上市股份有限公司。但是国有汽车制造企业的公司化改造并不彻底，许多汽车制造企业仍然是国有资产“一股独大”，企业高层领导的任命权仍然为政府部门掌握，企业的生产经营管理仍然受到政府行政干涉，难以按照市场规律和要求实现自主经营。从企业数量、资产比重和从业人员比重等多方面来看，国有企业在中国汽车制造产业中仍然占有绝对优势。从整车制造企业数量来看，在 2003 年，国有企业及国有控股的有限责任公司、股份有限公司为 83 家，占当年企业总数（115 家）的 72. 17%；直到 2012 年，国有企业及国有控股的有限责任公司、股份有限公司仍然多达 58 家，占当年企业总数（115 家）的 50. 43%。从资产比重来看，国有企业及国有控股的有限责任公司、股份有限公司资产在整车制造业中的比重在 2003 年、2012 年分别高达 77. 34%、57. 19%，处于绝对优势地位。从从业人员比重来看，国有企业及国有控股的有限责任公司、股份有限公司的比重在 2003 年、2012 年分别高达 89. 23%、63. 89%（见表 8-2）。

表 8-2　2003 年与 2012 年按经济类型分类的中国汽车制造企业有关情况

企业类型	企业数量（家）		企业数量比重（%）		资产比重（%）		营业收入比重（%）		从业人员比重（%）	
	2003年	2012年	2003年	2012年	2003年	2012年	2003年	2012年	2003年	2012年
国有企业	35	12	30.43	10.43	47.76	27.98	44.45	30.98	54.31	43.17
集体、股份合作与联营企业	2	3	1.74	2.61	0.05	1.93	0.09	1.69	0.17	4.01
有限责任公司	38	28	33.04	24.35	23.28	11.43	19.48	17.33	29.64	10.79
股份有限公司	10	18	8.70	15.65	6.30	17.78	5.38	9.73	5.28	9.93
私营企业	0	8	0	6.96	0	2.04	0	3.09	0	0.71
外商及港澳台商合资企业	30	46	26.09	40.00	22.61	38.85	30.59	37.19	10.61	31.39
合计	115	115	100	100	100	100	100	100	100	100

资料来源：《中国汽车工业年鉴》（2004，2013）。

由于国有企业存在许多众所周知的制度弊端，长期以来国有汽车制造企业依靠政策性进入壁垒取得行政性垄断地位，能够获得大量外汇、贷款、公开融资以及生产资格等绝大部分宝贵经济资源，轻易取得了大量垄断利润，完全依靠政策激励而非市场激励机制来配置资源，经济效率很低。因此，即使在国内汽车市场处于供不应求的较长历史时期，国有汽车制造企业也未能抓住机遇获得实质性发展，从而错失了极其宝贵的市场时机。而且在汽车产业对外开放以后的 40 多年里，这些国有汽车制造企业还理所当然地充当了与外方合资的主角，但是至今也没有完成通过合资学习外方先进技术、走向自主发展之路的预期任务。

8.1.4　进入管制严重限制民营汽车制造企业进入市场

进入管制政策长期严重限制了最具经济活力的国内民营资本进入汽车产业。从企业制度来看，美国、德国、英国、法国、日本、韩国等汽车强国的汽车制造企业都是市场活力很强的私营企业，不同企业在管理方法、发展战略、生产技术与产品种类等方面均存在很大差别，因此企业之间的差异化与多样化的程度都很高。我国则是国有企业在中国汽车产业长期一统天下，而经营管理多样、极具发展活力的民营企业则长期因严格的产业进入管制政策而很难进入汽车制造产业。

改革开放以来，很多跨国汽车公司纷纷以合资方式进入国内汽车行业，但是国内民营资本仍然受到严格进入管制。一直到2001年，政府放松汽车生产进入管制，改目录制为公告制，1997年已经涉足汽车行业的国内第一家民营轿车生产企业吉利公司才取得了合法的轿车生产资格。这比1953年新中国成立以来建设第一家汽车制造企业（一汽）已经晚了近50年，比1983年第一家跨国汽车公司进入中国也晚了将近20年，此时距离中国正式加入WTO、大幅度降低汽车进口关税只剩1年时间。如表8-2所示，从整车制造企业数量来看，2003年私营企业数量为0，直到2012年私营企业数量才达到8家，占当年企业总数（115家）的6.96%。2012年，私营企业资产、营业收入和从业人员在整车制造企业中的比重分别仅为2.04%、3.09%和0.71%，与国有及国有控股企业、外商及港澳台商合资企业相比显然存在极大差距（中国汽车工业年鉴，2013）。

汪伟、史晋川（2005）指出，吉利集团的成立者李书福当年为了获得轿车生产资格，进行了长达数年的奔波，他曾经发出感叹："为什么不给我一次失败的机会!"虽然起步很晚，面临的市场竞争也很激烈，但是吉利集团发展很快，在2021年世界500强排名第239名，2021年实现营业收入1016亿元人民币，同比增长10.3%，总现金流水平达到280亿元人民币，创历史最高水平，净利润达43.5亿元人民币，连续多年成为中国汽车行业七大集团公司之一，充分显示了我国民营汽车制造企业的生命活力。在吉利的示范下，我国民营资本投资汽车企业的热情空前高涨，一部分民营资本获准进入汽车工业，但是总的来看，民营汽车企业的发展仍然未受到政府足够重视。由于进入时间晚、数量少，目前我国整车生产企业中的民营企业不仅数量少，而且规模小，市场占有率低，在中国汽车制造产业中仍然处于绝对劣势。在2020年我国汽车产销量排名前10的企业（集团）中，只有排名第7的浙江吉利控股集团有限公司、第8的长城汽车股份有限公司为民营企业，而这两家企业的汽车产量（2415365辆）仅占当年汽车总产量（25225242辆）的9.58%（中国汽车工业年鉴，2021）。

在中国已经加入WTO、大型跨国汽车公司已经基本占据国内市场、汽车进口关税大幅度下调的情况下，我国民营汽车制造企业实际上已经错过了受保护发展的良好时机，成长的空间十分狭小，后期发展还需要克服更多来自政府管制、跨国公司、合资企业等多方面的重重困难。

8.1.5 外资进入管制放松造成跨国汽车公司大举进入国内

一般来说，外资适当进入可以促进落后产业的发展，但是如果进入得过早、过快、过多，则有可能夺取本国幼稚产业发展的市场空间、大量掠夺本国市场利润，严重情况下可能会使本土企业全面败退从而丧失产业发展的自主权。正因如此，日本、韩国等后起汽车产业发达国家在其汽车产业发展的早期阶段都曾经严格限制欧、美跨国汽车公司的进入。在改革开放以前的很长时期，由于政治经济体制等多方面的历史原因，我国政府也一直严禁跨国汽车公司以直接投资方式进入国内。到 20 世纪 80 年代初期我国实行改革开放后，有关外资管制政策不断放松，由于国内现有的国有汽车制造企业普遍长期发展缓慢而难以满足社会经济发展需要，我国政府对汽车制造产业开始实施“以市场换技术”的合资发展战略与政策，对跨国汽车公司的投资限制由完全禁止逐渐转变为允许以合资或合作方式进入国内市场。

1994 年的中国汽车产业政策规定：①外国企业同一类整车产品不得在国内建立两家以上的合资企业。②合资企业必须建立技术开发机构，自行解决外汇平衡，优先采用国产零部件。③整车和发动机合资企业中，中方所占股份不得低于 50%。④禁止外商以独资或合资的方式进入汽车服务贸易领域。⑤符合国家产业政策和规划要求的汽车零部件项目，凡能够自行落实销售市场和建设投资等条件的，可由地方和部门自行审批，并报原国家计委、原国家经贸委、原国家机械工业局备案。而且，中外合资、合作的汽车生产企业也必须同时满足下列条件方可建立：①企业内部建立技术研究开发机构，具备换代产品的主要开发能力。②生产具有国际（20 世纪）90 年代技术水平的产品。③合资企业应以本企业产品的出口为主要途径，自行解决外汇平衡。④合资企业在选用零部件时，国产零部件应同等优先。另外，我国现有汽车制造企业在直接利用外资时，要按以下 4 个条件规定选择跨国汽车公司进行合作：①拥有独自的产品专利权和商标权。

②具有产品开发技术和制造技术，其生产的产品技术指标符合所在国（或地区）的现行法规。③拥有独立的国际销售渠道（或网络）。④具有足够的融资能力。

加入 WTO 以后，我国新的《中外合资经营企业法》进一步放松跨国汽车公司投资要求，不再对汽车产品的当地含量和外汇平衡进行要求；WTO 条款承诺不再规定技术转让的要求；在合资企业股权安排上，除整车项目必须坚持合资外，发动机项目外商可以独资。2004 年的中国《汽车产业发展政策》规定：①汽车整车、专用汽车、农用运输车和摩托车中外合资生产企业的中方股份比例不得低于 50%，股票上市的汽车整车、专用汽车、农用运输车和摩托车股份公司对外出售法人股份时，中方法人之一必须相对控股且大于外资法人股之和。②同一家外商可在国内建立两家（含两家）以下生产同类（乘用车类、商用车类、摩托车类）整车产品的合资企业，如果与中方合资伙伴联合兼并国内其他汽车生产企业可不受两家的限制，境外具有法人资格的企业相对控股另一家企业，则视为同一家外商。③国内外汽车生产企业在出口加工区内投资生产出口汽车和车用发动机的项目，可不受本政策有关条款的约束，需报国务院专项审批。④中外合资汽车生产企业合营各方延长合营期限、改变合资股比或外方股东的，需按有关规定报原审批部门办理。

在 1983 年我国成立了第一家合资汽车生产企业，从此跨国汽车公司开始以直接投资方式大量进入中国汽车产业。而此时国内汽车制造企业仍然是国有企业一统天下，严禁民营资本进入，国内汽车制造企业在制度、管理、技术等方面严重落后，生产规模实力普遍低下，中国汽车总产量还不到 24 万辆，轿车产量仅为 6000 辆。在这种情况下，与跨国企业进行合资合作、依赖跨国汽车公司生存就必然成为尚未得到充分发展、体制上还保持国有企业制度的绝大多数国内汽车制造企业的最佳发展路径。在改革开放初期跨国汽车公司进入的数量还比较少，只有美国汽车公司与北京汽车制造厂合资经营的北京吉普汽车有限公司、德国大众与上汽集团共同投资上汽大众汽车有限公司等少数几个项目。自 2002 年中国加入 WTO 以后，外资进入国内汽车产业的速度大大加快，国内主要汽车生产企业纷纷与跨国汽车公司进行合资。2012 年，外商及港澳台商投资的整车生产企业已经有 46 家，占整车企业总数（115 家）的 40%；资产比重、营业收入比重以及从业人员比重则分别为 38.85%、37.19%、31.39%。在 2020 年我国汽车产销量排名前 10 的企业（集团）中，位居前 6 名的上海汽车集团股份有限公司、中国第一汽车集团有限公司、东风汽车集团有限公司、广州汽车工业集团有限公司、中国长安汽车集团股份有限公司、北京汽车集团有限公司以及排名第 9 的奇瑞汽车股份有限公司、排名第 10 的华晨宝马汽车有限公司均有大量合资合作项目，这 8 家企业集团公司的汽车总产量达 20338772 辆，占 2020 年我国汽车总产量（25225242 辆）的 80.63%（中国汽车工业年鉴，2021）。

从跨国汽车公司进入国内的结果来看，现在国内汽车特别是轿车市场已经基本上成为外国品牌的天下，合资企业已成为外国品牌轿车的组装线，成为跨国公司实施“全球同步上市”战略和形形色色“洋品牌”轿车角逐中国市场的工具。从促进国内本土汽车企业发展的角度，跨国汽车企业的进入很难说起到了预计的作用，有关部门提出的“以市场换技术”的合资发展战略的实施效果并不理想。从 1984 年第一个整车合资企业成立算起，失去的国内“市场”并没有为本土汽车企业换回应有的先进“技术”，技术开发仍然以国外企业为主，内资企业至今也没有开发出一款走向世界的自主品牌汽车。尽管合资双方在合资合作汽车企业中有股权限制，但是由于双方在管理制度、技术研发、销售渠道、品牌打造等方面均实力悬殊，跨国汽车公司普遍掌握合资合作企业的实际控制权。而日本、韩国坚持自主开发道路，由本土资本掌握企业发展主权，早在 20 世纪 80 年代初期就把自主品牌汽车推向了世界。

随着近些年国内汽车市场的迅猛增长和国际汽车市场的萧条，跨国汽车公司对我国汽车产业的发展战略从过去的相对谨慎不断向积极扩张转变，从过去的“抢滩式”布局向长远利益的全面布局转变，从过去单纯的“生产型”向“生产服务型”转变，从过去的少品种单一型策略向多品种系列化策略转变，引进产品、技术的速度大大加快，市场覆盖率迅速提高，甚至出现了“全球同步上市”的现象。可以看出，近些年国外汽车公司进入国内的投资项目有以下几个共同特点：一是投资规模庞大，许多项目资金多达十亿元，甚至百亿元人民币；二是外商投资项目多数达到甚至还突破了50%的规定持股比例上限；三是在占领轿车市场的情况下，不断向商用车（客车、货车）领域和汽车销售服务领域渗透；四是国内为数不多的民营汽车企业也纷纷加入合资阵营。这充分说明，众多跨国汽车公司不但要投资中国汽车业，而且要纷纷争相掌握控制权。

而且，跨国公司一方面在合资企业通过对产品核心技术转让费用以及产品配套体系认证的严格控制对中方设置技术壁垒，另一方面还对我国自主轿车品牌采取打压策略。前些年发生的日本丰田对吉利公司的商标诉讼、日产公司对长城公司的侵权指控、美国通用对奇瑞公司的产品侵权调查等事件已经不仅是商标纠纷、车型相似的问题，它还反映了自主品牌企业与跨国公司之间的剧烈利益冲突。这说明，我国汽车制造企业的自主开发能力还处在低水平徘徊状态，仍然没有走出“引进—落后—再引进—再落后”“开发能力不足—依赖—更不足—更依赖”的双重怪圈，实际上已经走上了依附型发展的道路。应该说，过早实施允许外资进入的合资政策是导致汽车制造产业外商进入过多过快并走向依附型发展道路的重要原因。

8.1.6 汽车目录管制长期影响企业产品创新

美、日、欧等汽车强国或地区的大型跨国汽车公司都能够同时生产多种汽车产品，产品种类齐全，这样就可以尽可能促进企业多样化。与此不同，我国政府有关部门以抑制汽车行业盲目扩张、低水平重复建设和防止恶性竞争为由，对汽车制造企业的汽车产品长期实行目录管制，严格限制汽车产品种类，大多数汽车制造企业长期以来只被允许生产一两个类型的汽车产品，难以自主开发新型汽车产品，产品种类非常单一，而且生产同一类型汽车产品的企业也很少，生产不同类型汽车的企业之间“分业经营”、画地为牢，难以获得多品种、大批量生产的范围经济效应和规模经济效应，同时也极大地降低了企业之间的竞争强度。

2001年，国家对汽车、民用改装车和摩托车、农用运输车生产企业及产品目录管理方式进行了重大改革，由目录制度改为公告制度，企业及产品公告每月发布一次。原国家经贸委指出，公告既是国家准许车辆生产企业组织生产和销售的依据，也是消费者向国家法定车辆管理机关申请注册登记的依据；把目录管理改成公告管理，是建立符合国际通行规则的法治化管理制度、推动汽车工业结构调整和发展的重大举措，也是落实国务院提出的政府转变职能和工作方式、减少行政审批、实现依法行政要求的改革措施之一。公告内容主要包括新产品批准、产品扩展、勘误更改和撤销。公告由文本和光盘两部分组成：文本中列入企业名称、商标、产品型号和产品名称；光盘中则列入产品型号、整车彩色照片、主要参数表等，光盘内容调整时以发布的公告为准，不再另行通知。原国家机械工业局发布的2000年总目录、补充第一期目录、补充第二期目录继续有效，终止执行日期另行通知；终止执行前，有关内容的勘误更改或撤销，由原国家经贸委通知有关部门。原国家经贸委通知要求，已列入第一批公告的车辆产品生产企业，要严格按照公告中批准的车型组织生产和销售，严禁盗用、套用、转让公告中的产品及合格证，违者将从公告中撤销其生产企业或产品。未列入公告的企业擅自生产的汽车、摩托车和农用运输车属非法拼（组）装行为，按有关规定进行查处。在目录的有效期内，目录内企业也要严格执行上述规定。另外，在新的车辆管理制度正式实施前，为不影响车辆生产企业正常生产经营和新产品及时推向市场，原国家经贸委继续受理目录内车辆生产企业的新产品申报，经核准后发布车辆生产企业及产品公告，并以公告作为新车辆产品注册登记的依据。

2004年颁布实施的《汽车产业发展政策》，按照有利于企业自主发展和政府实施宏观调控的原则，改革政府对汽车生产企业投资项目的审批管理制度，实行备案和核准两种管理方式。实行核准的投资项目包括：现有汽车生产企业跨产品类别生产其他类别汽车整车产品，由省级政府投资管理部门或计划单列企业集团报国家发改委审查。新投资项目要求具备以下条件：跨产品类别生产其他类汽车整车产品的投资项目，项目投资总额（含利用原有固定资产和无形资产等）不得低于15亿元人民币，企业资产负债率在50%之内，银行信用等级AAA；跨产品类别生产轿车类、其他乘用车类产品的汽车生产企业应具备批量生产汽车产品的业绩，近3年税后利润累计在10亿元以上（具有税务证明）；企业资产负债率在50%之内，银行信用等级AAA。该政策还规定，经核准的大型汽车企业集团发展规划，其所包含的项目由企业自行实施。加入世界贸易组织以后，在产品管理上，世界贸易组织条款承诺加入世界贸易组织两年以后取消对车型的限制，但是继续对卡车、客车、轻型客车和轿车进行区分。从上述规定可以看出，2004年的管制政策对汽车制造企业跨产品类别生产其他类型汽车整车产品特别是轿车的要求仍然比较苛刻，事实上只有少数几个合资企业能够满足这样的条件。从某种意义上说，这实际上等于设置了新的政策性壁垒，保护了现有合资企业，而限制了其他国内企业。而且公告管理制度仍然与国际上通行的型式认证制度存在很大差距。而所谓型式认证，就是汽车制造商只需向一个政府部门进行申报，对产品进行一种认证，粘贴一种认证标志，产品就可以在全国销售、上牌照。

政府对汽车企业基于目录或公告的审批管理体制，对汽车制造企业的产品种类、投资规模甚至生产地点都进行严格的限制性规定，把一些应由企业自主决策、自主经营的创新行为当作政府行政审批的主要内容，而且对产品管理过细，发布不及时，不利于企业及时推出新产品，积极调整产品结构，参与市场竞争，更难以推动行业组织结构的优化，解决汽车行业“小而散”的问题。同时在对目录的审核过程中人为因素影响多，缺乏规范、有效的监督措施。据反映，套用目录、变相买卖产品合格证的现象也时有发生，不法者趁机从中渔利。管制政策实施大大提高了汽车制造企业的产品创新难度和成本，导致汽车产品种类单一，难以获得多品种生产的范围经济效应，仅有的几个型号汽车竟然连续生产30多年都没有进行任何改进，这种现象被业内戏称为“三十年一贯制”，汽车产品总体结构长期处于“缺重（重型汽车）少轻（轻型汽车）、轿车等于空白”的畸形局面。大部分中国汽车制造企业只能生产一两个类型的产品，很多企业产品种类单一，难以获得多品种生产的范围经济效应，产品的差别较多地体现于企业的差别。如在2003年国内虽然有100多家整车生产企业，但是只能生产1个、2个或3个车型的企业多达109家，占企业总数的92.37%；能够生产8个和7个车型的企业也分别只有1家，全部9个车型均能生产的企业一家也没有（见表8-3）。而且，同一种汽车产品的生产企业数量有限，市场竞争程度不高，产品质量不高，更新换代速度缓慢、变更生产地点困难，企业对迅速变化的市场需求的适应能力难以得到提高，如表8-4所示。

表8-3　按生产车型数分类的企业数量

生产车型数（个）	1	2	3	4	5	6	7	8	9	合计
企业数（家）	52	38	19	6	1	0	1	1	0	118
占企业总数比例（%）	44.07	32.20	16.10	5.08	0.85	0	0.85	0.85	0	100
累计比例（%）	44.07	76.27	92.37	97.45	98.31	98.31	99.15	100	100	100

资料来源：《CEI中国行业发展报告》（2004），根据相关资料整理得出。

表8-4　各个车型的生产企业数量　　单位：家

汽车类别与车型		生产企业数量
载货汽车	微型货车	9
	轻型货车	40
	中型货车	14
	重型货车	22
客车	微型客车	9
	轻型客车	51
	中型客车	28
	大型客车	24
轿车	轿车	32

资料来源：《GEI中国行业发展报告——汽车制造业》（2004）。

8.1.7　日本、韩国对汽车制造企业的进入管制经验

为了振兴本国汽车工业、取得规模经济和避免过度竞争，日本、韩国也曾经对本国汽车产业实行进入管制，但是日本、韩国汽车制造企业均是极具活力的私有企业，而且日本的进入管制并不严格，一些起点较低的企业也因此得以产生，著名的本田公司就是突破政府进入管制而进入汽车产业的，日本国内整车生产企业的数量最多时有20多家。由于私营企业所具有的制度优势，在日本、韩国还没有对外开放国内汽车市场投资的情况下，其国内汽车制造企业之间就已经展开了激烈竞争，这是导致日本、韩

国汽车企业能够自主发展，而我国汽车制造企业则走向依附型发展道路的重要原因。日本经济学家小宫隆太郎等（1988）指出："日本的汽车工业（的发展），是由于受惠于世界需求的激增和第一次石油危机前汽油价格相对较低等外部条件，再加上国内企业的相互激烈竞争及企业的积极进取等好的条件。"

表 8-5 显示了部分日本汽车公司及其进入汽车产业的时间。由此可知，各公司集中进入汽车产业的时期是在 20 世纪 60 年代日本经济高速增长期，而且均以小型车为跳板进入。特别需要指出的是，1963 年本田以赛车进入日本汽车产业，是日本最后一家进入汽车产业的企业。最能体现日本汽车公司在竞争中促进发展的结果是市场份额的波动。日本乘用车品牌市场占有率的动向如表 8-6 所示，丰田和日产的市场占有率一直居前位，但是比重变化很大，从 20 世纪 50 年代到 60 年代初市场占有率有所下降，主要有两方面原因（史自力，2005）：一方面，新进入者从中夺走市场份额，实际上也就是减少了现有企业在"利润饼"中的份额；另一方面，新企业进入往往会加剧竞争，因为新进入者会引入新产品，并运用其他战略来稳固其市场地位。

表 8-5　日本主要汽车企业进入时间与进入方式

企业名称	小型车进入时间	轻型车进入时间	前身	进入方式
丰田	1947 年	无	乘用车、卡车	内部发展
日产	1947 年	无	乘用车、卡车	内部发展
马自达	1962 年	1960 年	三轮	多样化
三菱	1962 年	1960 年	机械、飞机	多样化
本田	1964 年	1963 年	摩托车	创新型
五十铃	1953 年	无	卡车	模仿
大发	1963 年	1957 年	三轮	模仿
富士重工	1966 年	1958 年	飞机、小型摩托车	模仿
铃木自工	1965 年	1955 年	二轮车	模仿

资料来源：史自力．日本汽车产业发展战略研究［M］．北京：经济科学出版社，2005.

表 8-6　1958—1999 年日本主要汽车生产企业市场占有率的变化　单位：%

年份	总产量（万辆）	丰田	日产	本田	马自达	三菱	五十铃
1958	5.1	41.9	33.3	0	0	0	5.9
1959	7.9	38.5	34.0	0	0	0	5.0
1960	16.5	25.5	33.3	0	14.2	3.2	4.8
1961	25.0	29.6	30.7	0	12.7	3.0	4.4
1962	26.9	27.7	33.1	0	15.6	3.1	5.7
1963	40.8	31.6	29.1	0	13.2	3.9	5.5
1964	58.0	31.4	29.1	0.9	10.4	5.1	5.9
1965	69.6	33.9	24.4	1.3	11.7	6.6	4.4
1966	87.8	36.0	26.4	0.4	10.5	8.6	3.7
1967	137	34.7	25.6	6.3	9.4	7.7	2.8
1968	205	32.1	27.3	9.1	8.7	6.3	1.9
1969	261	36.9	26.7	8.9	7.7	4.9	1.4
1970	317	33.6	28.3	8.7	7.1	7.8	0.6
1971	371	37.7	29.6	5.8	8.1	7.0	0.4
1972	402	37.0	33.6	5.8	9.4	5.5	0.3
1973	447	36.5	33.3	5.7	10.4	6.3	0.3
1974	393	37.8	31.9	8.0	9.6	5.9	0.7
1975	457	37.5	33.6	7.2	8.5	6.3	1.4
1976	503	34.4	32.0	9.4	8.9	8.0	1.8
1977	543	34.7	29.8	10.6	9.2	9.0	1.4
1978	598	34.1	29.0	10.9	8.3	10.5	1.7
1979	618	34.2	28.2	11.4	10.5	8.6	1.4
1980	704	32.7	27.6	12.0	10.5	9.4	1.5
1981	697	32.2	26.7	12.2	12.1	8.7	1.9
1982	688	32.8	26.4	12.4	12.0	8.3	1.6
1983	715	33.3	26.0	12.0	12.0	7.3	1.6
1984	707	34.1	26.1	11.9	10.8	7.7	1.3
1985	765	33.6	23.7	12.5	10.7	7.5	2.8

续表

年份	总产量（万辆）	丰田	日产	本田	马自达	三菱	五十铃
1986	781	34.3	22.7	13.2	10.4	7.4	2.7
1987	789	34.4	22.8	12.9	10.8	7.5	2.5
1988	820	36.3	21.1	13.1	10.7	7.8	2.0
1989	905	33.8	21.8	12.8	10.7	7.9	2.1
1991	975	32.6	20.0	12.5	11.2	9.3	1.3
1992	938	33.8	18.7	11.4	11.1	10.0	1.3
1993	849	33.9	17.9	12.0	10.1	11.1	8.7
1994	780	35.5	17.1	10.9	10.5	11.4	6.1
1995	761	33.6	19.8	10.6	8.0	12.0	6.8
1996	787	35.6	18.0	12.1	7.6	9.9	5.5
1997	849	34.3	17.8	14.0	8.1	9.7	3.1
1998	806	33.1	16.8	14.3	8.8	9.3	5.7
1999	810	33.3	14.9	14.1	8.8	9.3	4.7

资料来源：史自力．日本汽车产业发展战略研究［M］．北京：经济科学出版社，2005.

与我国在汽车制造产业实施的合资进入政策不同的是，日本、韩国为了保护国内企业，都曾经在本国汽车产业发展初期严格限制国外汽车公司的直接投资，直到本国企业进行了长期内部竞争、获得了长足发展、具备了较强国际竞争力的情况下才逐渐放松直至取消。长时期内，韩国一直不允许外国汽车厂家直接投资在韩国建厂，并通过股权比例限制、外汇平衡和当地化要求等方式，对国外直接投资进行限制。战后日本政府对外资进入国内市场一直采取管制措施，对本国汽车工业的外商投资限制是日本对外资投资管制的一部分。第二次世界大战后，为了防止国外汽车公司进入日本市场分享日本汽车市场迅速增长的利益，并且为了保护国内汽车企业，日本政府采取了严格措施，一方面限制外国资本参与日本汽车工业生产，另一方面还限制国外汽车产品的进口。在限制外资进入方面日本政府规定，外国资本参与日本汽车工业，在单个企业的资本股份中不能超过7%，在总量上不能超过20%。这样一来虽然战前美国通用和福特就在日本有汽车装配厂，而且20世纪50年代数家日本汽车生产企业与欧洲的汽车公司有许可证方面的协议，如日产与奥斯汀，五十铃与罗茨（Rootes），日野和雷诺，三菱重工与韦利斯（Willys），但日本汽车工业的发展仍然掌握在日本企业手中，没有出现南美一些国家（如巴西）及中国汽车工业由跨国汽车公司控制的现象。

日本对外资投资的普遍自由化始于20世纪60年代中期（高柏，2004）。当年日本正式加入OECD时有多达18项的保留条款（reservations），仅次于葡萄牙的28项与西班牙的19项。到了60年代后期，日本被迫实现了资本交易自由化（在当时主要指外国直接投资的自由化）。OECD每18个月就对成员国的保留条款进行一次审查。在1965年10月进行第一次审查时，OECD便敦促日本加速对外国投资的自由化，在1967年1月进行第二次审查时更对日本提出了强烈的批评。1966年，工商咨询委员会（BIAC，OECD成员国主要经济组织的一个咨询机构）要求日本履行对OECD与国际货币基金组织（IMF）做出的承诺和与美国、英国签订的双边通商条约，并就完全取消对外国直接投资的限制提出一个日程。从1965年起，日本最大的贸易伙伴美国在政府与民间两个层面发起了几次谈判，推动日本取消对外国直接投资的限制。在强大的国际压力下，日本的外国直接投资自由化于1966—1973年经历了几个阶段，其中每一个后续阶段都是为了回应进一步的外国政治压力。在第一个阶段，日本政府允许外国资本在日本企业已经建立了很强的国际竞争力的产业建立独资企业。对于日本企业在国际市场上有一定的竞争力，但在以技术、资本、设备及原材料供应来衡量的综合竞争力还存在差距的产业，日本政府规定外国投资者拥有的股份不能超过公司全部股份的50%。而对关系到国家安全与能源的产业、幼稚产业以及正在进行结构性调整的产业，日本政府则继续限制外国直接投资。到1970年，日本政府已经允许外商在大多数产业拥有50%的股份，而到1973年则允许外资在大多数产业建立独资企业。这时日本国内汽车企业已经得到了长足发展，完全可以与欧美汽车公司相竞争。

十分明显，我国对汽车制造企业实施的外商合资管制政策没有能够充分借鉴日本、韩国的有关经验，在对外资开放之前，没有能够对国内民营资本充分放松进入管制并使之充分发展，从而导致既有的国有汽车制造企业纷纷走向依附型发展道路。

8.2 中国汽车制造企业发展的选择机制问题与发展环境的影响

并非进入市场的所有企业都很优秀，而企业发展的选择机制的重要作用就在于对市场中的众多企业进行优胜劣汰。市场选择是一个发现优秀企业，同时淘汰劣势企业以实现对稀缺经济资源优化配置的必要过程。那些退出企业的人力、物力资源又可以获得重新配置的机会，从而得到更高效率的利用，而不至于被束缚在低效率使用的状态。因此选择机制的作用发挥得越完善，企业就会越健康地发展。如果由于种种因素的影响使选择机制出现问题，那些相对优秀的企业就不会被发现，企业之间也就优不胜而劣不汰，则企业之间就有可能进行恶性竞争，而优秀企业的发展也会受到严重制约。中国汽车制造企业的发展同样需要激烈的企业竞争与顺利的市场选择，而这方面的突出问题正是汽车制造企业长期缺乏正常的优胜劣汰，许多劣势企业不能从市场退出，同时那些优势企业也难以迅速扩张壮大。由表 8-1 和图 8-1 可知，从 1985 年我国整车生产企业的数量上升到 114 家，2020 年仍有 116 家（中国汽车工业年鉴，2021），可以说 30 多年以来整车生产企业数量基本保持不变，企业数量在世界各国同类产业中位居第一位，没有像美国汽车产业一样顺利实现优胜劣汰。从图 8-2 中可以看出，美国整车企业数量最多时（1910 年左右）达到了 350 多家，但是经过激烈的企业竞争与市场选择优胜劣汰，在 1930 年就迅速降低到了 50 家以下，到 1945 年左右就只有通用、福特与克莱斯勒三大汽车公司，而其他绝大多数汽车企业都在竞争中被迫退出了市场。这就充分说明，因为汽车制造企业发展环境有关因素的影响，企业竞争与市场选择机制在中国汽车制造企业发展过程中没有发挥应有作用。我国汽车制造企业虽然长期数量较多，但是企业之间难以开展基于产品价格与质量品种的市场竞争，再加上地方保护主义等因素，汽车制造企业之间的市场竞争并不充分，难以顺利实现市场选择与优胜劣汰。

8.2.1 汽车价格管制严重影响企业价格竞争

价格是企业竞争的必要手段，商品价格可以起到低成本传递商品重要信息的作用，同等质量情况下商品价格越低其市场需求量也就越大，这是市场供求的基本规律。而那些优秀企业往往能够在保证产品质量的前提下把生产成本与销售价格降低到竞争对手难以承受的程度。因此灵活、透明的商品价格十分有利于市场发现并选择那些效率更高的企业，而放弃产品质次价高的企业，从而实现对现有企业优胜劣汰。与此同时，广大消费者也以更合适的价格买到了更为适用、效用更高的商品，供求双方的效用均得到了提高。但是同其他工业产品一样，我国政府长期对汽车实行严格价格管制；即使在改革开放以后的长时期内，有关部门对国内汽车价格的管制仍然广泛存在，直到2001年5月国内汽车价格才基本完全放开。而此时距离我国加入WTO、逐步放开国内汽车市场仅有一年的时间，国内汽车制造企业已经不可能在如此短的时间内依靠价格竞争实现优胜劣汰。

(1) 政府对汽车价格管制政策的历史沿革

在1981年11月24日发布的《第一机械工业部关于严格控制汽车产品价格，加强价格管理的通知》规定：汽车价格是按照物价管理分工权限，由国家统一定价的一项重要产品，各汽车生产厂、公司必须严格执行国家统一的定价，不搞浮动价，不搞议价，也不允许搞回扣或免收运费等变相议价，有关主管部门要严加监督。1989年1月5日《国务院办公厅转发国家计委关于加强小轿车销售管理的请示的通知》规定：以国家物价局为主，会同物资部、中汽联逐一制定小轿车每种车型的出厂价格和全国统一的销售价格。1989年以后轿车可以由私人购买，开始由生产资料向生活资料、消费资料的转变，然而当时仍停留在“制约个人消费”的阶段，轿车价格实行“双轨制”，计划内轿车由国家统一调配实行平价销售，计划外轿车则实行议价销售。平价、议价悬殊的弊端由此产生，许多倒卖汽车的不法分子得到了可乘之机。1994年9月2日《国家计划委员会关于对国产小轿车实行国家指导价格的通知》规定：近年来国产小轿车受汇率变动以及产量增加、国产化率提高等因素影响成本变动较大，为使轿车企业逐步适应市场经济环境、迎接“入世”后汽车工业发展形势，经国务院批准，对国产小轿车实行国家指导价，即在国家规定的标准出厂价格和浮动幅度（10%）内，由企业制定具体价格。2001 年 4 月 21 日，《国家计委关于放开国产轿车价格问题的通知》规定：为促进国产轿车行业的竞争与发展，改善轿车消费环境，扩大国产轿车消费市场，更好地迎接加入世贸组织的挑战，自 2001 年 5 月 10 日起，国产轿车价格实行市场调节价，国产轿车生产经营企业可根据市场供求情况自主确定价格。

（2）汽车价格管制对企业价格竞争的影响

由于在起步时间等方面存在很大不同，我国汽车制造企业发展很不均衡，企业之间汽车生产成本差别很大，因此有的企业产品降价空间大，有的企业产品降价空间小，有的企业产品干脆就在亏盈线上摇摆。而从政府角度来看，由于大多数汽车制造企业都是国有企业，都是政府的“亲孩子”“自家人”，因此相互之间绝对不能“自相残杀”。出于保护国有企业的目的，政府对汽车价格进行了基于互相平衡的严格管制，政府制定的汽车价格以保证最低效率的企业仍然能够有利可图、能够生存下去为标准。显然，这样的价格管制政策实际上严格限制了国内汽车制造企业之间开展基于汽车价格的市场竞争，而且是在扶持低劣企业、压制优秀企业。由于政府长期实施基于保护弱势企业目的的严格价格管制，汽车制造企业不能自主定价，优秀企业不能自主降低价格扩大销量，而劣势企业也基本上能够生存，因此自然也难以实现优胜劣汰。因此可以说，长期严格的汽车价格管制严重影响了汽车制造企业之间的价格竞争、市场选择和优胜劣汰。

8.2.2　大量汽车进口严重侵占国内市场

汽车进口既有积极的一面也有消极的一面：当国内存在对汽车的大量需求，而国内汽车制造企业的生产能力又不能充分满足的时候，进口汽车可以满足市场需求从而带来一定社会效益；但与此同时，进口汽车也会严重侵占国内汽车产品的市场空间，给国内汽车制造企业带来很大外来竞争压力。因此日本、韩国等在本国汽车产业发展初期都曾经严格限制汽车进口以保护本国汽车制造企业。中国也曾经采取关税和非关税措施限制汽车进口，但是由于公务购车等原因，我国汽车进口数量却长期居高不下，国内汽车市场被严重侵占，本土汽车制造企业的发展空间受到严重压制。

(1) 我国汽车进口的关税与非关税政策

中国加入 WTO 之前一直实行高关税和非关税壁垒政策对汽车进口进行限制，其中汽车进口关税情况如表 8-7 所示。主要的非关税措施有：①国家指定大连、天津、上海、黄埔 4 个沿海港口和满洲里、深圳 2 个陆地口岸为整车进口口岸，其他口岸不得进口整车。②进口汽车数量与品种必须与国家汽车生产计划相衔接，报经国务院批准后进行采购，国家禁止以贸易方式和接受捐赠方式进口旧汽车和旧摩托车。③不得以半散（SKD）全散件（CKD）方式进口散件组装生产。④实行汽车产品进口配额许可证管理，配额目录的汽车产品共 85 个税目，约占国家机电产品配额产品目录总税目的 60%。⑤实行鼓励国产化的税率政策：1994 年的《汽车工业产业政策》第四十四条规定，凡达到下列国产化标准的，可享受不同的优惠税率：M 类整车技术 40%、60%、80%；N 类、L 类整车技术 50%、70%、90%；引进汽车、摩托车总成及关键零部件 50%、70%、90%。

中国在加入世界贸易组织以后，根据有关承诺以 2000 年关税为基准逐年下调汽车产品关税。其中，轿车整车关税将从 2000 年的 80%（发动机排量<3L）和 100%（发动机排量>3L）逐渐降至 25%，汽车零部件关税逐渐降至 10%，关税下调在 6 年内完成，其中 2001 年、2002 年关税下调幅度较大，之后呈递减趋势。由于“入世”前中国各汽车品种中轿车关税最高，因此关税下调对轿车进口的影响最大。在轿车细分品种上，在 2000 年 3L 以下和 3L 以上关税相差 20%，但是在 2005 年至 2006 年 7 月 1 日关税标准统一，这种关税下调安排使得 3L 以上轿车的进口意愿强于 3L 以下轿车，特别是 2005 年以后这一趋势更加明显。另外，中国根据加入 WTO 的承诺从 2000 年开始逐步取消汽车进口配额限制，以 2000 年的 60 亿美元为基数每年递增 15%，到 2005 年全部取消配额。

表 8-7 中国加入世界贸易组织以前的汽车进口关税

<table>
<tr><th colspan="2" rowspan="2">税号：主要用于载人机动车辆（税号 87.02 的货品除外），包括旅行小客车及赛车</th><th colspan="5">为加入 GATT 或 WTO 所自发进行的关税减让（%）</th></tr>
<tr><th>1994 年之前</th><th>1994 年 1 月 1 日</th><th>1996 年 4 月 1 日</th><th>1997 年 10 月 1 日</th><th>2001 年 1 月 1 日</th></tr>
<tr><td colspan="2">87032130：1～1.5L（点燃式发动机或汽油车）</td><td>220</td><td>110</td><td>100</td><td>80</td><td>70</td></tr>
<tr><td>87032230</td><td>1.2～2.5L</td><td>220</td><td>110</td><td>100</td><td>80</td><td>70</td></tr>
</table>

资料来源：宋泓等（2004）。

（2）我国汽车进口的实际情况

在 1979 年以前绝大部分年份我国进口汽车数量都不超过 3 万辆，在 1979 年以后随着改革开放与国内经济的迅猛发展，国内汽车需求（主要是公务部门）迅猛增长，但是国内汽车制造企业的生产能力不高而且提升缓慢，有关部门的宏观控制措施也没有及时跟上，导致大量进口汽车涌入国内，造成了中国汽车进口的几个阶段性高潮。1985 年是第一个汽车进口高峰年，当年共进口汽车 35.4 万辆（相当于当年国内汽车总产量 44.3 万辆的 80%），其中进口轿车 10.6 万辆，为国产量的 20.4 倍（当年国产轿车总量仅为 5207 辆），而且该年轿车进口量比 1985 年以前所有年份轿车进口的总和还要多 4.1 万辆。在第二个高峰时期的 1992—1995 年，中国年平均进口数量为 24 万辆（件），平均进口金额 27.4 亿美元，其中在 1993 年中国进口整车数量达到了 31 万辆，接近 1985 年的进口量。此后汽车进口开始下降，到 2001 年后又开始迅速上升，进入第三个汽车进口高峰时期，汽车进口量从 2001 年的 71389 辆迅速攀升到 2011 年的 1038622 辆，2014 年进口汽车达到近些年最高的 1425846 辆，此后直到 2019 年进口量基本保持在 100 万辆左右（见表 8-8、图 8-3）。1950—2013 年，我国累计进口汽车近 774 万辆，平均每年进口 12 万辆；进口汽车及配件共花费外汇 5162 亿美元，平均每年 80.7 亿美元。按照国际上建设一个年产 30 万辆的轿车生产厂一般需要投资 20 亿美元的标准，我国近 800 万辆的汽车进口量和 5000 多亿美元的巨额外汇资金，完全可以建成几个相当大规模的汽车制造企业了。

表 8-8　1950—2020 年中国汽车进口数量及金额　单位：辆，万美元

年份	汽车			汽车配件金额	进口金额
	总量	其中：轿车	其中：载货汽车		
1950	2979		2014		924
1951	6066		4347		1862
1952	2072		1801		642
1953	10884		9904	438	2923
1954	16918	1059	14976	474	5026
1955	15199	1412	10617	767	4123
1956	11240	1556	4744	779	3268
1957	2225	40	1093	736	1936
1958	30158	237	24628	22	6402
1959	15613	1250	11596	1007	4255
1960	17744	1401	14823	693	3918
1961	1453	102	1021	549	967
1962	3178	49	2407	538	1345
1963	2484	252	1539	571	1132
1964	3914	1382	1138	710	1476
1965	12151	2632	3521	768	4387
1966	12925	876	2391	1203	7849
1967	8314	72	1897	703	4570
1968	5946	1	2028	1508	4788
1969	3039	—	2384	1236	3779
1970	10976	—	9901	2632	7963
1971	11637	10	10157	3291	12990
1972	14206	10	8889	2464	10985
1973	18863	1141	11986	3416	14929
1974	27871	1156	19147	4133	24349
1975	25286	—	18636	5229	26516
1976	18248	—	12923	5401	19468
1977	15993	52	10640	4562	19584

续表

年份	汽车			汽车配件金额	进口金额
	总量	其中：轿车	其中：载货汽车		
1978	25307	3	15232	6591	40546
1979	32226	667	16228	9423	51789
1980	51083	19570	26101	6299	61512
1981	41575	1401	20770	3594. 1	30536. 4
1982	16077	1101	7730	6080. 2	22511. 8
1983	25156	5806	8445	13576. 2	43259. 2
1984	88743	21651	28047	16651. 7	104821. 2
1985	353992	105775	111492	28843. 4	293689. 9
1986	150052	48276	64570	27708. 5	195459. 5
1987	67182	30536	17554	41885. 0	121431. 0
1988	71749	33140	12333	33971. 2	140610. 5
1989	54511	24440	10989	64925. 0	132732. 0
1990	65430	34063	18395	34740	120293. 0
1991	98454	54009	18578	58263	165992. 0
1992	210087	115641	42005	87071	353523. 0
1993	310099	180717	72935	97065	535143. 0
1994	283060	169995	68269	68794	471482. 0
1995	158115	129176	12037	85469	257549. 0
1996	75863	57942	6256	107757	250018. 0
1997	49039	32019	7424	92800	207821. 0
1998	40216	18016	4373	80492	205789. 0
1999	35192	19953	2685	100425	258018. 0
2000	42703	21620	3085	211281	404750. 0
2001	71389	46632	3138	261767	470326. 0
2002	127513	70329	6692	231236	659985. 0
2003	171710	103017	9862	738430	1483964. 0
2004	175480	116085	8078	867960	1686001. 0
2005	161324	76542	3032	768494	1543392. 0

续表

年份	汽车			汽车配件金额	进口金额
	总量	其中：轿车	其中：载货汽车		
2006	227773	111777	5582	1052519	2127410.0
2007	314130	139867	7980	1200938	2676775.0
2008	409769	154521	10171	1268125	3222993.0
2009	420696	164837	8201	1457311	3419834.0
2010	813345	343653	14977	2116655	5817052.0
2011	1038622	410270	19453	2509345	7598518.0
2012	1132031	446992	19452	2572334	7992432.0
2013	1195439	423439	11197	4273000	8252000.0
2014	1425846	469639	11501	3710000	—
2015	1101766	352460	7062	3172200	—
2016	1076904	377373	11542	3413300	—
2017	1246515	447740	15459	3882100	—
2018	1154211	485724	14315	3510500	—
2019	1047401	487747	16126	3240000	—
2020	933105	—	14912	3244000	—
合计	15723032				—

注：进口汽车数量含散件数，不含挂车与半挂车；汽车配件金额不含摩托车及发动机配件；载货汽车含底盘数；轿车不含9座以下小客车及越野车。

资料来源：李洪（1993）、《中国汽车工业年鉴》（2013）、《中国汽车产业发展报告》（2014，2021）。

（3）日本、韩国、德国等的汽车进口管制经验

与中国相比，日本、韩国政府对汽车进口的关税与非关税管制则非常成功，严格限制了汽车进口数量，为其国内汽车制造企业的快速发展创造了良好的国内市场环境。

第一，关税保护情况。日本早在1955年就加入了关贸总协定（GATT），但是日本对国内汽车生产企业特别是小型车生产企业的关税保护一直到1978年才完全取消（汪志平，1999）。由于日本生产的轿车、货车主要是小型车，为了保护日本的汽车工业，20世纪60年代日本对轴距

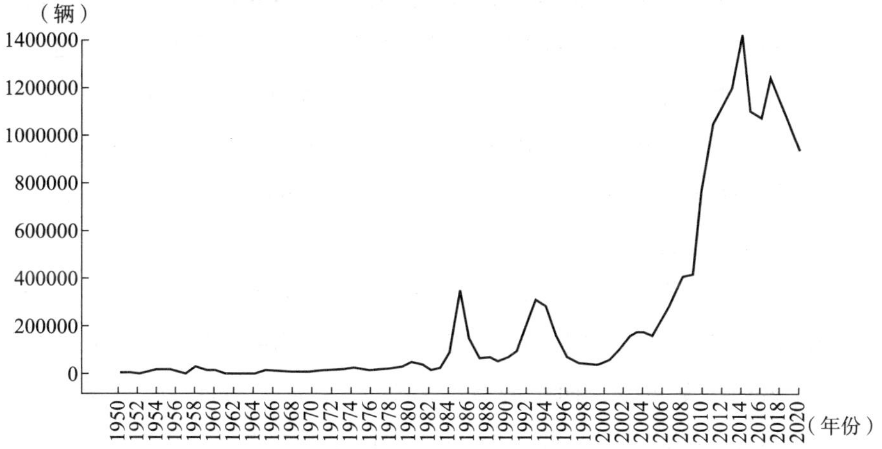

图 8-3　1950—2020 年中国进口汽车数量

资料来源：笔者根据有关数据整理所得。

小的小型车关税税率最高达 40%，如轴距≤270cm 的小型轿车关税税率为 40%，轴距>270cm 的轿车关税税率为 35%。在日本汽车具备了出口能力之后，加之迫于其他国家的压力，直到 1968 年日本政府才不得不逐渐地放开国内汽车市场。韩国为了扶持民族汽车产业，在 1962 年 5 月就颁布了《汽车工业保护法》，大幅度提高汽车进口关税，虽然在 1967 年就正式加入了关贸总协定（GATT），但韩国政府对汽车产业仍然保留高关税保护政策，之后一直用了 20 多年时间才把进口汽车关税降到了较低水平，到 1987 年政府对进口轿车仍然要加征 60% 的关税。后来韩国本土汽车产业基本成熟，并迫于他国的要求和压力，韩国政府才逐渐降低汽车进口关税，但是直到 1994 年也才降低为 10%。

第二，非关税保护情况。由于实行关税保护越来越受到双边贸易和多边贸易的限制，日本、韩国以及德国还非常重视用非关税手段对国内汽车企业进行保护（汪志平，1999）。20 世纪 50 年代初期，由于本国汽车生产企业技术落后、生产成本高，国外汽车进口的压力很大，这时日本政府又实施了外汇管制，这种附加的保护措施直到 1957 年才中止。日本还同时对轿车实行配额限制，直到 1965 年为止；而对其他汽车及其零部件的配额限制直到 1970 年才中止。日本政府从 1954 年开始对进口汽车还采取了严格限制的措施，如限制购买者范围、只准用作出租车或新闻用车、3 年内禁止倒卖，并对进口车征收 40%的增值税，1964 年以后外汇配额转为进口物品的数量。这些管制措施使日本进口车的比例从 1951 年的 44.6%下降到 1954 年的 23.1%、1955 年的 18.9%，直到 1969 年的 1%。同时，战后日本政府一直进行外汇限制，严格禁止外国汽车公司在日本直接投资，直到 1971 年才解除这条禁令。

在设置对外贸易壁垒的同时，日本国内市场的进入壁垒也对促进小型车的使用发挥了重要的作用，其中 1954—1962 年物品税的税率为：高级轿车 50%，普通轿车 40%，而小型轿车 20%。在 1972 年日本借口反公害制定了严格的汽车排放标准，并于 1976 年进行了再次修订，日本因此成了世界上排放标准最严的国家（实质上是一种变相的非关税壁垒）。韩国也同时采取了一系列非关税保护措施，主要包括：第一，政府推行反奢侈和“买韩国货”运动，鼓励使用国产车。第二，限制建立进口汽车销售网络。第三，禁止外国汽车公司在电视和报刊上做广告。第四，对购买外国高级汽车的顾客进行特别税务检查，对每辆汽车进行单项技术验收。第五，贷款限制，限制进口商一次性大量进口国外汽车等。德国政府至今仍然对汽车产品制定非常严格且先进的本国产品标准和法规，以此构筑高难度技术壁垒，严格限制其他国家和地区汽车产品的进口乃至本土化生产，使得目前包括日本汽车在内的众多外国品牌汽车进入德国本土市场的难度仍然非常大（中国汽车产业发展报告，2014）。

第三，汽车进口数量。日本、韩国在本国汽车产业发展初期对汽车进口的控制非常成功，汽车进口量一直很低，从而有效地保护了本国汽车市场，为本国汽车制造企业的发展提供了市场空间。从表 7-5 中可以看出，多年来日本汽车进口数量一直很低，1951—1985 年共进口汽车 78 万辆，国内生产汽车 16527.3 万辆，进口汽车仅占总产量的 0.47%；年均进口 2.2 万辆，其中，只有 1978 年、1979 年和 1985 年稍微超过了 5 万辆，1979 年的汽车进口量最多，但也只有 6.6 万辆。韩国在 1994 年之前每年只从国外进口 3800 辆汽车，进口车销量占国内汽车总销量的比重非常小。

8.2.3 汽车市场地方保护主义严重扰乱汽车市场秩序

因为汽车产业事关当地经济社会发展乃至领导政绩，我国1/3以上的省份把汽车工业列为当地支柱产业，中央部门与地方政府对汽车产业的投资行为导致我国汽车制造企业的地域分布极度分散，同时也使得我国汽车市场的地方保护主义长期泛滥。一些地方政府为了保护本地汽车制造企业，出台了限制异地购车等形式多样的地方保护政策，千方百计地给予本地企业优惠待遇，同时或明或暗地在汽车消费和流通领域为外地产品制造障碍，制定地方性法规将外地产品封杀于地区之外，阻碍了全国统一大市场的形成。诸如此类的保护主义行为屡见不鲜，导致国内省份间汽车产业贸易壁垒森严、汽车市场严重分割。在这种情况，中国汽车制造企业之间竞争就不再是纯粹的市场竞争了，企业竞争背后实际上是地方政府或部门之间的利益之争。这种混乱的企业隶属关系和非经济因素的加入，严重影响了国内汽车制造企业之间的正常市场竞争，搞乱了市场选择和企业之间的优胜劣汰，使得中国汽车工业组织结构长期分散。

地方保护的形式既有赤裸裸的地方政府红头文件，也有隐蔽的“领导内部批示”，甚至只通过行政会议和行政力量层层下达，美其名曰“加强对车辆购置的管理”，对违“规”者则警告“不可自作主张，自行其是”。企业之间的竞争经常演化为地方政府之间的“争端”。2001年4月21日国务院发布实施《关于禁止在市场经济活动中实行地区封锁的规定》，指出各地方政府及所属部门不得“以任何方式限定、变相限定单位或者个人只能经营、购买、使用本地生产的产品”“对外地产品或者服务设定歧视性收费项目，规定歧视性价格，或者实行歧视性收费标准”“采取专门针对外地产品或者服务的专营、专卖、审批、许可等手段，实行歧视性待遇，限制外地产品或者服务进入本地市场”。三个“不得”都涉及轿车行业。由于中央政府的治理，一些地方保护行为已经由明转暗。例如，湖北省曾经禁止微型车驶入武汉长江大桥，原因在于微型车在湖北没有生产厂家，但却是湖北省内销售量最大的汽车品种。上海也曾经于2001年9月下旬将原实施的排放量在1升以下的机动车禁止在高峰时段驶入高架道路的规定，调整为全天禁止排放量 1.2 升以下的机动车驶入高架道，把经济实惠的微型车挡在了高架道之下，其直接的结果便是长安、昌河、五菱、哈飞等品牌的经济型小汽车在上海的销量急剧减少。

更为严重的是，汽车行业地方保护主义行为已经对新兴的新能源汽车推广发展普及形成了巨大障碍（张厚明等，2015；刘宗巍等，2018）。新能源汽车是享受着多项政策红利的，上下游产业链吸引了各路资本的高度关注，但是推广应用的潜在阻力如续航里程短、充电困难等也在逐渐凸显。对于汽车企业而言，不少地方政策尚未细化，新能源汽车推广过程中的如下地方保护或许才是最大的阻碍：一是为保护当地企业，财政补贴名额绝大部分都留给当地企业；二是地方标准比国家标准要高，每一个地方的要求都不一样；三是因为地方财政收入比较低，因此设置门槛逃避或减少补贴，少卖或者不卖受补贴的汽车。如深圳市就一直没有明确对新能源汽车的具体补贴细则，因此外地厂商如北汽、晨风、奇瑞、上汽等国内其他新能源汽车品牌和经销商由于担心领不了财政补贴都不敢在深圳开展销售，然而深圳本地的比亚迪新能源汽车却可以顺利领到有关补贴。面对地方保护现状，新能源汽车制造企业也采取了多种应对策略：有的车企选择以“投资换市场”的形式进驻地方城市，与地方政府企业合作、在当地投资建厂等；有的车企则对没有补贴、对外地品牌设置门槛的城市放弃推广开拓。

2014 年 7 月 21 日，国务院办公厅印发《关于加快新能源汽车推广应用的指导意见》，提出要坚决破除地方保护，各地区要执行国家统一的新能源汽车推广目录，不得采取制定地方推广目录、对新能源汽车进行重复检测检验；不得阻碍外地生产的新能源汽车进入本地市场，以及限制或变相限制消费者购买外地及某一类新能源汽车。国家还对拉动新能源汽车私人消费打出政策组合拳，多重补贴、免征购置税等优惠集中突破购车环节，新能源汽车很快迎来新一轮抢购热潮。鉴于新能源汽车发展前景可期，不少地方城市已经在“破冰”，京沪穗三地不少外来新能源汽车已经入选目录拿到补贴，未来随着推广步伐加快，打破“保护”走向全国市场将是厂家共同的需求。

8.2.4 汽车企业垄断经营等不正当竞争行为长期存在

中国汽车制造企业的垄断行为长期存在，主要表现为“主机厂垄断零配件销售渠道”，导致汽车市场竞争秩序混乱，消费者权益长期受到侵害。这一垄断行为的产生主要是因为汽车销售渠道的垄断，渠道供应、零配件定价全部由汽车制造企业决定，上游供应商、下游经销商以及消费者都缺乏合理的选择。纵向垄断的主要特征是汽车制造商全面控制了由4S店承担高额成本建立的经销网络，比较常见的表现形式是汽车供应商向经销商发出的商务政策、通函、资讯、通知等形式上的单方行为。具体而言，汽车供应商直接固定或限定经销商的转售价、固定经销商的销售利润、限制经销商给客户的最高折扣、限定转售价格波动幅度；汽车供应商要求4S店仅向经销区域内的最终用户销售汽车；汽车供应商向4S店供应紧俏车型时搭售滞销车型，向4S店供应新车时搭售原厂配件等。跨国汽车公司利用现行有关规定的漏洞，完全控制了国内的汽车销售渠道，并且以或明或暗的各种方式控制高额销售限价，赚取了比世界上任何其他国家或地区的汽车市场都高得多的超额利润，这种行为实际上涉嫌严重的垄断问题。中国政府已经越来越清楚地意识到，外资汽车公司对中国消费者和企业客户开出的汽车价格通常显著高于国外市场的水平。在我国汽车售后市场上原厂配件专供、原厂配件搭售维修服务、维修技术信息的可获得性低以及4S店之间横向限定工时费等行为较为显著，由此导致的严重后果就是国内汽车售后市场的零整比达到了畸高的12∶1。在目前新兴的新能源汽车领域，也已经开始产生大量地方垄断问题。

汽车市场上的垄断行为与现行有关政策有很大关系。2005年实施的《汽车品牌销售管理实施办法》规定了单一汽车品牌独家授权，这使得经销商和售后服务形成封闭体系，从而造成汽车制造企业的强势地位和配套服务的价格垄断。为了维护国内汽车市场的竞争秩序、保护消费者的合法权益，国家发展改革委于2011年底开始对汽车及配件领域的垄断行为进行调查，反垄断主要集中在三个方面：整车价格、配件和保养价格以及捆绑营销等。2015年8月按照国务院反垄断委员会的工作部署，国家发改委负责牵头《汽车领域反垄断指南》的制定工作，或将关注电商、平行进口汽车等新兴领域的问题。这就意味着汽车反垄断将从“无序化”进入“规范化”和“常态化”。国家工商总局日前发文取消汽车经销商和整车厂商间的强制捆绑关系，意味着多年来汽车经销商听命于整车厂商的局面得以改变，这将对汽车反垄断推进起到重大作用。还要引进自由贸易商，打破跨国车企独家垄断进口车源的局面和品牌专卖界限。而破除配件渠道垄断，就要使“同质配件”和原厂件一样在市场自由流通，并建立统一的汽车维修记录。

8.2.5 汽车制造企业市场退出障碍较大

由表 8-1 和图 8-1 可知，从 1985 年我国整车生产企业的数量上升到 114 家，在 2020 年仍有 116 家（中国汽车工业年鉴，2021），企业数量在世界各国同类产业中居第一位，许多劣势企业虽然长期产量很低（其中有 13 家企业产量不足百台甚至为零）或者严重亏损，早已资不抵债，有的国有企业资产负债率甚至高达 300%，但由于中国缺乏健全的退出机制和顺畅的退出通道，这些低产量和长期亏损的企业依然“顽强”地支撑着，不愿“关门停张”退出汽车产业。无利润企业为何死撑？零产量的企业、资不抵债的企业已毫无利润可言，但为何不愿退出汽车行业呢？主要原因如下：

一是不少拥有产品“目录”的企业在一定时间里还有汽车生产资格，而许多希望进入汽车产业的企业在资金、技术、人才、市场等方面都没有问题，唯独缺少汽车产品“目录”即汽车生产资格，于是“目录”自然“奇货可居”，那些没有汽车生产能力却拥有“目录”的企业自然想以此为条件吸引资金、技术等方面资源，自然不会顺利从汽车产业退出。从汽车产品种类来看，这种状况主要是进入限制和“目录”管理政策造成的，具有很强的稳定性，企业很难通过自身努力加以改变。

二是企业的国有资产与相应沉淀成本回收困难。在那些产量少、亏损大的汽车制造企业中，有的原来产品结构就不合理、产品不对路，还有一些原来效益可以，但随着市场竞争加剧，产品销量、效益不断下滑，产量逐步萎缩。这些企业在发展过程中往往要花费巨资购买设备、生产线以及技术工艺等必要资产，但是随着时间的推移、产业发展与技术更新进步，所购买的生产线与设备都已陈旧，技术工艺也已落后，因而这些资产也很难转产盘活，但又不能随意地处理使国有资产“打水漂”。这些企业既难以正常发展，又难以破产处置，其主管部门只好让它们长期“躺”在账面上。

三是很多国有汽车制造企业分别隶属不同地方或部门，企业产权占有方式呈条块分割状态，作为资产转让价格重要基础的资产评估标准不统一，全国同一规范的产权交易市场尚未形成，汽车制造企业之间的资产转让与兼并重组牵涉的利益主体往往点多面广，操作难度很大，劣势企业退出势必也要触动多方面的利益关系、引起多种社会问题，因此就导致劣势企业退出阻力很大，很难通过资产转让、破产兼并等途径顺利退出。

2010 年 8 月 28 日，国务院出台了《关于促进企业兼并重组的意见》（国发〔2010〕27 号），提出以下几个加快调整优化产业结构、促进企业兼并重组的意见，促进优势企业通过兼并重组快速扩张、劣势企业快速退出：①清理限制跨地区兼并重组的规定。为优化产业布局、进一步破除市场分割和地区封锁，要认真清理废止各种不利于企业兼并重组和妨碍公平竞争的规定，尤其要坚决取消各地区自行出台的限制外地企业对本地企业实施兼并重组的规定。②理顺地区间利益分配关系。在不违背国家有关政策规定的前提下，地区间可根据企业资产规模和盈利能力，签订企业兼并重组后的财税利益分成协议，妥善解决企业兼并重组后工业增加值等统计数据的归属问题，实现企业兼并重组成果共享。③放宽民营资本的市场准入。切实向民营资本开放法律法规未禁入的行业和领域，并放宽在股权比例等方面的限制。加快垄断行业改革，鼓励民营资本通过兼并重组等方式进入垄断行业的竞争性业务领域，支持民营资本进入基础设施、公共事业、金融服务和社会事业相关领域。

到 2012 年 7 月 24 日，工业和信息化部才出台了《关于建立汽车行业退出机制的通知》，对不具备汽车生产条件的企业进行硬性退出整改规定。对于没有按照政府相关部门的批准文件进行建设，或不能持续满足政府相关部门的批准文件、生产准入管理规定等方面要求的企业，应当限期整改；在整改期内，企业不得投资扩产，不得申报新产品。整改后仍不能满足要求的，暂停其产品《公告》，直到整改验收合格。在《公告》管理中，对于不能维持正常生产经营的汽车、摩托车生产企业，实行为期 2 年的特别公示管理（新建企业除外），要求其整改、尽快满足准入条件。被特别公示的企业经考核符合准入条件的，取消特别公示，恢复受理其新产品申报。特别公示期满后，未申请准入条件考核或考核不合格的企业，暂停其《公告》，且不得办理更名、迁址等基本情况变更手续。其中，不能维持正常生产经营的企业是指连续 2 年年销量为零或极少（乘用车少于 1000 辆、大中型客车少于 50 辆、轻型客车少于 100 辆、中重型载货车少于 50 辆、轻微型载货车少于 500 辆、运输类专用车少于 100 辆、摩托车少于 1000 辆）的生产企业。

8.3 中国汽车制造企业发展的遗传机制问题与发展环境的影响

企业发展的遗传机制的主要作用是对优良企业基因进行复制、扩散和保留。如果某些企业在市场中获得了满意盈利，它们就会通过扩大生产规模或兼并其他企业来不断复制自己的优良“企业基因”，这样企业规模就会不断扩张壮大。与此同时，优秀企业还会诱使其他企业学习模仿，从而促进企业普遍发展。这个过程就是优良企业基因在企业之间不断遗传、复制、扩散和保留的过程，也是企业进行趋同演化发展的过程。而这些优秀企业也就往往成为促使产业形成和发展的“关键企业”。由于受到发展环境的影响，中国汽车制造企业发展的遗传机制难以正常发挥作用，不仅那些优秀企业生产规模和产业集中度长期得不到显著提高，而且企业之间在相互学习、信息沟通等方面也存在诸多障碍，导致企业普遍发展缓慢。

8.3.1 企业规模成长缓慢、产业集中度长期偏低

虽然从汽车总产量来看我国已经成为世界第一大汽车生产国，但是国

内大多数汽车制造企业的生产规模仍然长期偏小、扩张缓慢，没有取得应有规模经济效应。在2020年116家整车制造企业中，年产量在100万辆及以上的仅有一汽大众销售有限公司、上海通用五菱汽车股份有限公司、上汽大众汽车有限公司、浙江吉利控股集团公司、重庆长安汽车股份有限公司、东风汽车股份有限公司（本部）与长城汽车股份有限公司7家企业，年产量在50万（含）~100万辆的有上汽通用汽车有限公司等11家企业，年产量在10万（含）~50万辆的企业有21家，年产量在1万（含）~10万辆的企业有36家，年产量在1万辆以下的企业有41家（见表8-9、表8-10）。

表8-9　2020年中国按汽车产量划分的汽车生产企业数量　单位：家

合计	1万辆以下	1万（含）~10万辆	10万（含）~50万辆	50万（含）~100万辆	100万辆（含）以上
116	41	36	21	11	7

资料来源：《中国汽车工业年鉴》（2021）。

表8-10　2020年中国汽车产销量50万辆及以上企业　单位：辆，万元

排名	企业名称	生产量	销售量	主营业务收入
1	一汽大众销售有限公司	2077916	2071488	38252516
2	上海通用五菱汽车股份有限公司	1554683	1600057	7268961
3	上汽大众汽车有限公司	1492257	1505505	17428880
4	浙江吉利控股集团有限公司	1316244	1320217	31589898
5	重庆长安汽车股份有限公司	1311581	1266507	7598620
6	东风汽车股份有限公司（本部）	1181571	1199220	32238077
7	长城汽车股份有限公司	1099121	1111598	8418513
8	一汽解放汽车有限公司	976023	926410	11368109
9	东风汽车集团有限公司（本部）	945611	941856	3526156
10	东风本田汽车有限公司	840484	850307	12397996
11	广汽本田汽车有限公司	804237	804100	10948249
12	一汽丰田汽车销售有限公司	781499	781929	10140366
13	广汽丰田汽车有限公司	764999	765008	10437560

续表

排名	企业名称	生产量	销售量	主营业务收入
14	北汽福田汽车股份有限公司	696223	680166	10424933
15	奇瑞汽车股份有限公司（本部）	656663	657744	约 2619727
16	北京奔驰汽车有限公司	605678	610816	17643368
17	华晨宝马汽车有限公司	602461	606831	18900556
18	上汽通用汽车有限公司	590648	1467470	14004832

资料来源：《中国汽车工业年鉴》(2021)。

从企业营业收入来看，在 2020 年世界 500 强企业名单中共有 23 家汽车制造企业，其中中国汽车制造企业共有 6 家：上海汽车集团股份有限公司、中国第一汽车集团公司、东风汽车公司、北京汽车集团、广州汽车工业集团与浙江吉利控股集团。而在世界汽车制造企业营业收入前 10 名的企业中，只有上海汽车集团股份有限公司一家中国企业（见表 8-11）。由此可见，中国少数几家主要汽车制造企业虽然已经初步呈现规模经济特征，但是与世界大型跨国汽车公司相比，规模仍然普遍不大。而且上述中国汽车制造企业均与跨国汽车公司进行了不同程度的合资或合作，很大一部分汽车产量与营业收入来自国外品牌，并非完全靠自有品牌达到当前规模和排名，合资企业实际上是跨国汽车公司的一部分。

表 8-11　2020 年世界 500 强企业中汽车制造企业营业收入与排名

单位：亿美元

500 强企业排名	世界汽车行业排名	公司名称	营业收入	利润	国家
7	1	大众公司	2827.60	155.42	德国
10	2	丰田汽车公司	2752.88	190.96	日本
20	3	戴姆勒股份公司	1933.46	26.60	德国
31	4	福特汽车公司	1550.00	0.50	美国
39	5	本田汽车	1373.31	41.91	日本
40	6	通用汽车公司	1372.37	67.32	美国
52	7	上海汽车集团股份有限公司	1220.71	37.06	中国

续表

500 强企业排名	世界汽车行业排名	公司名称	营业收入	利润	国家
56	8	宝马集团	1166. 38	55. 01	德国
83	9	日产汽车	908. 63	-61. 73	日本
84	10	现代汽车	907. 40	25. 57	韩国
89	11	中国第一汽车集团公司	894. 17	28. 47	中国
100	12	东风汽车公司	840. 48	13. 28	中国
101	13	标志	836. 43	35. 82	法国
134	14	北京汽车集团	725. 54	7. 46	中国
175	15	雷诺	621. 60	-1. 57	法国
206	16	广州汽车工业集团	536. 60	5. 64	中国
229	17	起亚汽车	498. 94	15. 67	韩国
243	18	浙江吉利控股集团	478. 86	12. 31	中国
259	19	沃尔沃集团	456. 90	37. 93	瑞典
337	20	印度塔塔汽车公司	372. 42	-17. 02	印度
390	21	铃木汽车	320. 86	12. 34	日本
400	22	马自达汽车株式会社	315. 51	1. 11	日本
405	23	斯巴鲁公司	307. 58	14. 03	日本

资料来源：《中国汽车工业年鉴》（2021）。

我国汽车制造企业整体规模长期偏小、扩张缓慢，在产业层次上则表现出产业集中度长期偏低、提升缓慢，产业结构松散等特点。2001年、2006年、2012年及2020年中国汽车产业生产集中度与销量集中度（集团口径）见表8-12。由此可知，我国汽车产业集中度近20年来提升缓慢、变化不大，其中CR1、CR2、CR3与CR4近10年来甚至还不升反降，与汽车产业发达国家相比依然很低。美国汽车市场的CR3市场集中度目前已经超过90%、日本为80%、意大利基本上为100%。这说明我国汽车产业组织结构还是不够合理，还没有达到应有的集中程度和规模经济标准。

表 8-12 2001 年、2006 年、2012 年及 2020 年中国汽车产业生产集中度与销量集中度（集团口径）

单位：%

指标	生产集中度				销量集中度			
	2001 年	2006 年	2012 年	2020 年	2001 年	2006 年	2012 年	2020 年
CR1	18.75	17.22	23.24	21.41	18.89	16.82	24.07	21.86
CR2	36.40	33.39	39.22	38.11	35.80	32.83	40.68	38.32
CR3	47.92	46.24	53.01	51.66	47.22	45.64	54.96	51.98
CR4	57.52	56.04	63.03	59.73	56.91	55.37	65.52	60.05
CR8	76.83	72.62	81.92	84.98	77.08	71.90	85.29	85.14

注：CR 为行业集中率；CRn 为行业中前 n 家最大企业有关数值的行业比重。

资料来源：《CEI 中国行业发展报告》（2004）、《汽车制造业、中国汽车工业年鉴》（2007）、《中国汽车工业年鉴》（2013）、《中国汽车工业年鉴》（2021），根据有关数据计算得出。

8.3.2 限制性汽车消费政策长期影响汽车产销量

（1）汽车价格长期居高不下

很长一段时间里，我国汽车一直被视为生产资料而没有被当成消费品，因此政府长期实行限制汽车特别是轿车消费的汽车价格管制以及高税费政策。我国汽车特别是轿车企业由于起步时间不同、发展不均衡，汽车生产成本差别很大，有的产品降价空间大、有的产品降价空间小甚至干脆就在亏盈线上摇摆。在 2001 年以前，政府出于保护国有汽车制造企业的目的而对汽车价格严格管制、互相平衡，制定的全国统一价格势必以保证最低效率企业仍然能够有利可图、能够生存为标准，因此国内汽车价格远远高于国外同类产品价格。在 2001 年政府放开轿车价格以后，尽管生产企业已经多次降低汽车价格，但是相对于国际汽车价格，目前国内汽车价格仍然很高。根据有关研究，一个国家或地区的机动化水平与车辆价格之间的弹性关系为-0.5，即汽车价格水平的下降将导致汽车保有量按照 0.5 倍的幅度增长。显然，国内汽车价格的长期虚高严重阻碍了汽车需求量的提高以及优势汽车生产企业规模的正常扩张。

（2）汽车购买使用税费过于繁重

我国长期对机动车辆征收养路费，一直到 2008 年底有关部门才出台

《关于公布取消公路养路费等涉及交通和车辆收费项目的通知》。而且直到2009年1月，有关部门为了促进汽车消费，才出台了《关于减征1.6L及以下排量乘用车车辆购置税通知》。还有许多地方政府也出台了名目繁多的针对汽车消费的种种乱收费的地方性政策，一些行业主管部门也利用行业职权和垄断性服务，实施垄断性收费，使我国汽车购买与使用税费长期居高不下。从收费项目上看，除经国务院及职能部门审批的收费项目如机动车辆牌照费、高速公路车辆通行费、驾驶证学习考试费、交通事故处理费等以外，各地方政府还规定了临时牌照费、临时养路费、城市增容费、新车检验费等额外费用，北京、上海、深圳等地还纷纷出台了汽车摇号限购、分号分日期分路段限行等限制购车的政策措施。而且在汽车税费征收管理上，征管缺乏统一标准，征收涉及部门多，征收成本高。虽然国家政策要求政府部门减免各种收费，但结果只是减免项目很多，但收费额几乎没有减少，个别部门甚至“明减实增”。名目繁多的汽车税费增加了汽车购买和使用成本，严重抑制了我国汽车特别是私人汽车的消费和汽车企业生产规模的发展壮大。实际上，汽车税费过高严重影响了汽车消费的增长，损害了税基，高税率不仅没有增加税收收入，反而使税收收入减少。

8.3.3 汽车消费者合法权益保护有待加强

近些年国内汽车产销量增长迅速，汽车质量纠纷也大幅攀升。长期以来由于相关法制不健全，我国汽车消费者的合法权益一直得不到应有保障，在买车前经销商与生产商视消费者为上帝，但是在达成交易后车辆出现问题，维权问题就成了消费者与经销商以及厂商之间的矛盾，最重要的原因就是汽车生产企业为了保护自身利益，讨价还价推诿，不愿意承担过重的责任。这也严重影响了国内汽车需求扩大与汽车产业生产规模扩张。汽车在我国长期被视为生产资料而没有被当成消费品，消费者协会也不受理有关汽车方面的投诉，汽车作为大件特殊商品一直被排斥在商品“三包”规定之外，汽车消费者提出退、换车要求时经常在经销商、制造商、修理厂以及政府主管部门之间费尽周折也无济于事。“买车靠运气”成为国内汽车行业中公认的现象，因为无论是自主品牌、合资品牌以及进口品牌旗下的车型在产品质量上还是经常能够遇见各种问题。由于国内相关政策法规长期缺位、不健全，一些著名跨国汽车公司甚至也无视国内汽车消费者权益，导致“车主砸大奔”等事件时有发生。而且在汽车使用过程中，汽车修理行业没有明确的服务标准，相关部门监管不力，维修保养服务质量普遍没有保障，车主受骗挨宰的现象非常普遍。

根据有关资料显示（陕西省汽车质量争议处理中心，2014），在2004年10月我国有关部门才宣布实施汽车消费的“三包”政策（草案），汽车“三包”规定指的是家用汽车产品的修理、更换和退货责任规定，实行谁销售谁负责“三包”的原则。在2013年10月1日国家质检总局正式实施了《家用汽车产品修理、更换、退货责任规定》（以下简称“汽车三包”），为消费者直接带来了在购车、用车以及后期维修过程中更多的合法权益。汽车三包规定：保修期限是不低于3年或6万公里，三包有效期限是不低于2年或者是行驶里程5万公里，保修期内出现产品质量问题可以免费修理；在三包有效期内，如果符合规定的退货、换货条件，消费者可以凭三包凭证、购车发票等办理退货或者是换货手续。但是实际上汽车三包规定执行起来会比一般商品困难更多。第一，由谁来认定汽车质量，汽车本身就由几百个零部件组成，车辆出现问题，究竟是正常的行驶损耗还是质量上的缺陷，也很难界定。目前国内的汽车鉴定机构比较少，而且费用昂贵、程序复杂。当汽车发生质量问题时一般只能由生产企业自行检测鉴定，其客观性、公正性很难得到保证。第二，汽车三包所涉及的车辆相关费用的退还及取消登记记录的手续还比较复杂，一旦车辆由于质量问题而退回，那消费者先前所支付的购置税、保险等费用的返还将是一个烦琐复杂的过程。第三，按照汽车三包规定，消费者因购买有质量问题汽车造成经济损失而提出经济补偿在所难免，但是交通费、租车费、误工费按什么来计算？是否能够达到双方接受的程度？这方面也是汽车三包操作中的难点。

为了有效防止因汽车自身缺陷而造成的安全和污染事故，美国、日本、德国、英国、法国等发达国家均已先后颁布和实施了汽车召回制度。所谓汽车召回制度（recall），就是投放市场的汽车，发现由于设计或制造方面的原因存在缺陷，不符合有关法规、标准，有可能导致安全及环保问题，厂家必须及时向国家有关部门报告该产品存在问题、造成问题的原因、改善措施等，提出召回申请，经批准后对在用车辆进行改造，以消除事故隐患，而且厂家还有义务让用户及时了解有关情况。但是很长时期我国一直没有建立汽车召回制度，消费者权益没有得到有效保护。直到2004年10月1日我国才开始实施由国家质检总局公布的《缺陷汽车产品召回管理规定》，但是与发达国家相比仍然还不够完备，主要问题表现在：涉及管理部门多，各部门各行其是；处罚过轻，责任追究不明确；认证机构、检测机构与汽车生产企业联系密切，难以体现出中立性。而且“召回”制度只针对汽车的设计缺陷，而大部分情况下消费者遇到的汽车质量问题都不包括在“召回”之内。由于缺乏完备的召回制度，消费者的权益得不到有效保护，汽车生产厂家和经销商也是能拖就拖、能赖就赖。例如2015年“3·15”晚会曝光路虎揽胜极光变速器存在缺陷后，路虎中国负责人迟迟不肯正面回应是否召回，直至捷豹路虎中国在3月19日晚宣布召回其在中国大陆涉及问题的部分2014年和2015年款共计36451台进口路虎揽胜极光后，此事件才逐渐淡出公众视线。中国汽车召回制度实施至今已经近20年，然而国内汽车召回总量与美国召回汽车数量仍然相去甚远。

8.3.4 保护性政府汽车采购政策长期缺位

政府采购是很多产品的重要销售市场，在中国这样的公有制计划经济国家尤其如此。保护性政府采购政策的主要目的就在于通过政府采购扩大对本国产品的需求量，从而保护本国幼稚产业，促进企业与相关产业快速发展。显然，在经济全球化的大形势下巨额的保护性政府采购可以有效扩大本国企业自主品牌产品的市场需求量，使之免受强大跨国公司的竞争压制，能够有效促进优秀本土企业的规模扩张，从而能够发挥更大规模经济效应，促进企业普遍发展。因此在经济全球化、贸易自由化与企业竞争国际化的大背景下，保护性政府采购政策对于本土企业发展是十分重要的。汽车产业与我国相同起点的韩国早在20世纪70年代就已经颁布实施了《科学技术促进法》《科学技术基本法》等相关法律，对尚处于发展早期需要重点扶持的本国高新技术产品进行优先采购。印度政府也在公务用车规定中特别强调，包括印度国家领导人在内的政府各级官员都必须使用国产汽车，严禁使用进口汽车。但是我国汽车制造企业却长期缺乏应有的保护性政府采购扶持政策。

对我国汽车制造企业来说，国产汽车起点低、底子薄，在质量、性能以及品牌影响力等方面都很难和外资、合资品牌相提并论，因此更需要进行保护性政府采购给予扶持。但是我国对自主品牌汽车的保护性政府采购政策不仅长期缺位，而且政府部门还普遍偏好购买进口汽车与合资品牌汽车，对自主品牌汽车反而存在很深成见。长期以来，我国各级政府部门动用巨额财政资金采购了大量进口与合资品牌汽车，却对国产品牌汽车不屑一顾。我国政府直到2011年11月14日才发布了扶持本土汽车的政策《党政机关公务用车选用车型目录管理细则》，但是该政策在对自主品牌汽车的政府采购过程中还屡屡被打折扣（中国汽车产业发展报告，2014）。而且好日子还不长久，我国于2015年初在全国范围内大力推行的公务用车制度改革又导致政府大量采购公务车时代的终结，使自主品牌汽车更加远离了政府采购扶持。

更为严重的是，国内社会各界在改革开放之后本来就有比较普遍的“崇洋媚外”之风，在政府部门与领导的示范带动影响下，汽车消费方面的“崇洋媚外”之风更是愈演愈烈，广大民众纷纷以购买和驾驶进口高档汽车为荣，一些中低收入消费者在资金有限的情况下才不得不购买档次不高的国产汽车，而且一旦资金许可条件成熟就会换成外资品牌汽车。对国产汽车的保护性政府采购政策长期缺位，加之受传统消费观念的影响，国内自主品牌汽车产销量长期增长缓慢，而进口与合资汽车则长期畅销国内，由此也严重影响了本土汽车制造企业的市场需求与规模扩张。

8.3.5 企业地理布局分散阻碍企业学习交流与兼并重组

(1) 美、日、欧等国家和地区的汽车产业集聚情况

企业集群理论认为，同类企业在同一地区内的相对集中分布，可以大幅降低彼此的信息沟通与学习成本，有利于优良企业知识的传播。美国、

日本等汽车强国的发展经验也表明，汽车制造企业在地理位置上的相对集中，比较有利于企业之间的信息交流与学习，有利于优良企业基因的遗传扩散，从而有利于汽车制造企业的整体发展，汽车企业实际上也毫无例外地表现出明显的地域集中特征，形成了世界著名的汽车产业集群，如美国底特律汽车产业集群、日本东京汽车产业集群、丰田汽车产业集群、德国的斯图加特汽车产业集群、沃尔夫斯堡汽车产业集群、吕塞尔海姆汽车产业集群等。美国三大著名跨国汽车公司通用、福特与克莱斯勒的总部均位于美国密歇根州，其中福特公司总部在迪尔伯恩市，通用与克莱斯勒的总部都设在世界著名的汽车城底特律，而美国的汽车零部件企业也大部分都设在密歇根州或与密歇根州相邻的各州。在日本，由横滨到北九州一带是日本汽车制造企业的沿海聚集带，东京汽车产业集群是日产、三菱和五十铃汽车公司所在地，丰田汽车城为丰田汽车公司所在地。韩国的汽车制造企业基本上都位于首尔、仁川、釜山等沿海城市，总装厂靠近港口。德国的斯图加特汽车产业集群为戴姆勒—克莱斯勒汽车公司所在地，沃尔夫斯堡汽车产业集群是大众汽车公司所在地，吕塞尔海姆汽车产业集群则为欧宝汽车公司所在地。意大利的都灵汽车产业是菲亚特公司总部所在地。法国的巴黎汽车产业集群为标致和雪铁龙汽车公司所在地，比扬古汽车产业集群则是雷诺汽车公司所在地。

（2）我国汽车制造企业的地区分布情况

我国的汽车制造业是在20世纪50年代初期起步与发展起来的，在当时的特定条件下，中国政府为了国民经济发展、备战要求以及发展地方经济等方面的需要，通过国家、地方以及各部门的共同投资而在全国各地区（除了西藏和宁夏）建立了一些汽车生产企业。另外，由于我国长期以来一直实行产品生产纳税制度，许多地方政府为了扩大地方税收，都非常重视发展汽车产业，把汽车产业作为本地区重要支柱产业，纷纷利用财政资金投资建立汽车生产企业。在这种投资与税收体制下，地方政府与部门纷纷积极进行汽车行业投资，导致各类汽车制造企业分散在全国各地，达到所谓的“生产布局的平衡”，而不可能在少数地区集群化发展。我国汽车制造企业的地理分布高度分散，企业之间相距很远，由此导致企业之间沟通交流、相互学习与开展互惠合作非常困难。2020 年，我国汽车制造业共有整车、零部件等各类企业 16309 家，在全国 31 个省级地区除西藏外均有分布，2020 年我国汽车制造企业数量、2019 年汽车产量前 10 名的地区及占比见表 8-13。这两个指标第一名地区所占份额 C1 均未超过 15%，而 C4 值则分别仅为 45. 11%、34. 25%。这些企业分散在相距甚远的不同地区，企业之间缺乏沟通，相互学习困难，难以进行应有的管理经验、生产技术、生产工艺等方面的学习交流、沟通联系与互惠合作，从而严重阻碍了优良企业基因在同类企业之间的遗传复制与扩散，从而影响我国汽车制造企业的普遍发展。

表 8-13　2020 年我国汽车制造企业数量、2019 年汽车产量前 10 名的地区及占比

排名	2020 年			2019 年		
	地区	企业数量（家）	占比（%）	地区	汽车产量（万辆）	占比（%）
1	浙江	2403	14. 7	广东	288. 08	11. 2
2	江苏	2217	13. 6	湖北	220. 79	8. 6
3	湖北	1437	8. 8	山东	197. 89	7. 7
4	山东	1300	8. 0	重庆	175. 20	6. 8
5	广东	1090	6. 7	江苏	152. 34	5. 9
6	重庆	1015	6. 2	河北	146. 46	5. 7
7	安徽	885	5. 4	上海	135. 05	5. 2
8	吉林	645	4. 0	吉林	130. 65	5. 1
9	河南	600	3. 7	浙江	129. 51	5. 0
10	上海	580	3. 6	北京	120. 05	4. 7
合计		12172	74. 6		1696. 02	65. 9
全国总计		16309			2575. 0650	

资料来源：《中国汽车工业年鉴》（2021）、《中国汽车产业发展报告》（2021），根据有关数据计算得出。

另外，兼并重组其他同类企业是优秀企业快速复制企业基因、促进规模扩张与企业发展的重要途径。而地方政府与部门投资行为不仅导致我国汽车企业的地理布局高度分散，同时也使得企业的产权隶属关系非常复杂，不仅不利于企业之间的沟通交流与相互学习，而且也使得一些大型汽车生产企业很难跨地区兼并重组其他中小汽车制造企业，从而也阻碍了优良企业基因在同类企业之间的遗传扩散，阻碍了优势企业的基因复制与规模扩张，影响了国内汽车制造企业的整体发展。由表 8-9 可知，在我国 2020 年 116 家汽车整车生产企业中年产量 10 万辆以下的中小型企业就多达 77 家，占总企业数的 66.4%，甚至还有 6 家企业的年产量连续多年为 0（中国汽车工业年鉴，2021）。从理论上说，这些规模过小甚至已经停产的企业，应该破产或者被优秀企业兼并。然而数量如此之多的小企业之所以长期“僵而不死”，重要原因就在于企业之间地理距离过远、产权隶属关系复杂，使得一些大型汽车生产企业兼并重组其他地区或其他部门的劣势企业困难重重，或者即使在行政干预下勉强完成兼并也很难持续生产经营下去。

另外，国家宏观经济发展水平、居民收入状况、国有企业制度、汽车金融服务、交通设施建设情况、社会传统文化消费观念等其他因素也会影响企业基因遗传、优秀企业规模扩张以及产业集中度提升。例如，员工在不同企业之间的正常流动是企业之间进行学习的重要方式。而我国的汽车制造企业多数为国有企业，基本上都实行企业办社会的单位型福利制度，企业员工如果离开了原单位，也就意味着失去了应有的福利待遇；而到了新企业之后，由于并没有对新企业做出应有的贡献，因此失去的福利被相应补偿的可能性是比较小的。同时，国有企业传统的人事制度也不利于员工更换工作单位。这些都增加了企业员工在不同汽车制造企业之间流动的成本，不利于员工在不同企业之间的正常流动，因此就阻碍了企业之间的正常学习，也就不利于优良企业基因在不同企业之间的传播。

8.4　小结

本章以中国汽车制造企业为案例，在前文理论分析基础上，理论联系实际，结合美国、日本、韩国等汽车产业发达国家的经验，对中国汽车制造企业发展机制与发展环境的影响等进行了深入分析。汽车制造企业发展的变异机制问题与影响因素主要有：汽车产业进入管制政策导致企业进入数量少，企业制度类型单一，民营资本进入时间晚、数量少，外资进入管制政策导致跨国汽车公司进入过早、过快、过多，汽车目录管制长期影响企业产品创新等。汽车制造企业发展的选择机制问题与影响因素主要有：汽车价格管制严重影响企业价格竞争、大量汽车进口严重侵占国内市场、汽车市场地方保护主义严重扰乱汽车市场秩序、汽车企业垄断经营等不正当竞争行为长期存在、汽车制造企业市场退出障碍较大、企业数量长期居高不下等。汽车制造企业发展的遗传机制问题与影响因素主要有：企业规模成长缓慢、产业集中度长期偏低，限制性汽车消费政策长期影响汽车产销量，汽车消费者合法权益保护有待加强，保护性政府汽车采购政策长期缺位，企业地理布局分散阻碍企业学习交流与兼并重组。分析和解释了中国汽车制造企业长期以来一直发展缓慢、后来又转向依附型发展模式的主要原因，从而在一定程度上验证了前文的理论研究观点。

9

研究结论与政策建议

9.1 研究结论

9.1.1 企业发展的变异、选择与遗传机制

按照生物进化论的观点，生物进化机制包括遗传、变异和选择。达尔文主义者把生物进化学说引入社会科学领域，认为一切组织和复杂系统的发展都必然牵涉承袭（遗传）、变异与选择三种机制。企业发展也是遗传、变异和选择三种机制既各司其职，又全面协调、共同推动的结果。

第一，变异机制本质上是一种创新机制，其作用是通过新企业进入市场与既有企业创新促进市场中企业的多样化，为市场提供更多选择对象。生物基因变异只能通过生物繁殖下一代来进行且只有一种实现途径。而企业变异机制的实现途径则有两种：一是新生企业的市场进入，主要是促进市场中企业数量不断增加；二是现有企业的各种创新，主要表现为企业在管理方法、技术工艺、产品种类质量、价格调整等方面的探索、试错和改进提高。与生物基因变异的中性特征类似，从客观效果来看企业基因变异也是中性的，对企业适应市场环境既可能有利，也可能有害，还可能没有任何显著影响。尽管并非每个企业都很优秀、都能成功地适应市场，但是如果变异机制不能发挥应有作用，那些潜在的优秀企业也许根本就没有机会“出生”，更不可能被市场选择而成长壮大，企业发展也会因此受到严重制约。

第二，选择机制本质上是一种优胜劣汰机制，即发现更适应市场环境的优秀企业并使之获得更多经济收益而不断扩张壮大，同时淘汰难以适应市场需要的劣势企业、使之从市场中退出。作为企业基因的行为策略及有关知识总是隐含在企业的管理、制度、技术、产品以及价格等方面之中，因此市场环境只能根据产品种类、质量及价格等信息来选择产品并实现对企业的选择。那些总是能够满足市场需求的企业可以获得更多收益，从而能够不断成长壮大；而难以满足市场要求的企业则很难获得足够收益，最终被迫退出市场。如果市场选择不能顺利进行，优秀企业就不能扩张成长，劣势企业也难以顺利退出，则企业之间就会优不胜劣不汰，从而阻碍企业顺利发展。

第三，遗传机制实际上是一种信息复制与传播机制，主要功能是对优良企业基因进行复制、扩散和保留。与生物只能通过繁殖后代进行基因遗传不同，企业基因遗传可以通过优秀企业主动复制、其他企业学习模仿、新生企业衍生裂变等多种途径同时进行。因此与生物基因遗传相比，企业基因遗传既具有基因信息复制功能，又具有复制速度快、扩散范围广、受益企业多等特点，这是企业比普通生物更为高级和复杂的一个突出表现。企业基因遗传的过程既是优秀企业的规模不断壮大、规模经济效应不断提高的过程，也是企业之间通过学习模仿交流改良企业基因、提高企业能力的过程，还是衍生裂变新生企业、促进企业进入的过程。

9.1.2 企业发展环境及其影响作用

任何企业处于一定环境之中，都要受到发展环境的影响和制约：如果一国或地区的企业发展环境良好，能够促进企业顺利发展，就具有更强市场竞争力，能够比其他国家或地区的同类企业占有更大市场份额、获得更多盈利，由此也会进一步带动本国经济和社会发展；而如果企业发展环境比较恶劣，则会阻碍企业发展，有关企业发展的速度就会比较慢，市场竞争力也就比较弱，在经济全球化形势下甚至会逐渐被其他国家或地区的同类企业所消灭。因此科学构建和优化良好的企业发展环境对于促进企业发展具有非常重要的意义，世界上包括美、欧、日等在内的经济发达国家和地区以及许多如我国这样的发展中国家，都非常重视优化改善企业发展环境。

但是企业发展环境包含因素错综复杂，十分有必要科学认识有关因素对企业发展的影响作用，但是当前理论界对营商环境有关因素影响企业发展的理论机制研究仍显不足，在“知其所以然”等方面仍需努力。本书认为，企业发展是变异、选择和遗传三种机制各司其职、共同推动的动态过程，如果某种发展机制受到发展环境有关因素的影响而难以正常发挥作用，则企业发展就会受到严重影响和阻碍，因此可以从发展机制的角度来分析企业发展环境有关因素对企业发展的影响作用以及企业发展环境的优化问题。①在企业发展环境中，影响企业发展变异机制的政府因素主要有政府进入管制政策、开办经营企业的法律规定、政府工作效率以及外来直接投资政策等，就业观念、传统文化等因素也会对企业进入与企业组织多样化产生一定影响。如果受发展环境因素影响企业多样化程度不足，就会产生近交衰退风险。②影响企业竞争与市场选择的政府因素主要包括政府对商品的价格管制、政府对企业不正当竞争等违法行为的监管治理、政府对部分企业的补贴政策、进口贸易壁垒等。③影响企业发展遗传机制的政府因素主要包括政府对企业的反垄断管制、地方保护主义、国际贸易环境等。还采用生物学类比研究方法，论述了企业发展中的传染病风险，即不仅好的“基因”，如比较成功的创新会在企业之间通过学习进行复制遗传，坏的“基因”，如企业违法获利行为如果没有得到及时监管治理也会在企业之间通过学习进行复制遗传。

9.2 政策建议

9.2.1 科学认识企业发展机制

按照新古典微观经济学的观点，企业市场竞争与规模经济效应之间存在着不可调和的矛盾，强调规模经济就要排斥市场竞争，而强调市场竞争就难以获得规模经济效应，二者不可兼得，这就是著名的“马歇尔悖论”。

但是从演化观点来看，企业竞争与规模经济之间实际上具有同一性，基于企业多样化的企业竞争和市场选择是企业发展的过程，而优秀企业的规模扩张与相应规模经济效应则是企业发展的结果，过程与结果之间具有密不可分的同一关系而非矛盾和对立。

在企业发展的初期阶段，政府、市场都很难先验地判定其优劣，而必须经过大量企业进入、竞争、市场选择与学习模仿等一系列高度复杂的自组织演化过程，优秀企业才会逐渐脱颖而出并发展壮大成为大规模企业。这个过程既是市场“发现”优秀企业的过程，同时也是市场“制造”优秀企业的过程。很多大规模优秀企业之所以能够逐渐形成强大市场竞争力，从而实现更大规模扩张、取得更多规模经济效应并获得更强市场垄断地位，实际上都是在遗传、变异与选择三种机制的综合作用下不断发展演化的阶段性结果，而不是发展的原因和起点。

一些政府部门总是无视企业发展机制和发展规律，经常先验地把极个别企业视为优秀企业而给予重点保护、重点培育，还严格限制新企业进入实施行政性垄断，进行大量特权式政策性补贴，或对现有企业进行强制性兼并重组等，拔苗助长地“人工制造”出催肥式速成型大规模企业。这就颠倒了企业发展过程与发展结果之间的逻辑关系，违背了企业发展的基本客观规律，显然很难取得应有的规模经济效应和强大市场竞争力，由此形成的“大规模”企业也只能是大而不强、规模很大但是却没有规模经济效应，因此也很难造就真正的世界级优秀企业。

9.2.2 全面系统优化企业发展环境

为了促进我国企业的快速发展，就有必要在科学认识企业发展机制的基础上，全面综合考虑、系统理顺遗传、变异和选择三种机制及其相互支持、制约与综合平衡关系，同时从以下三个方面采取有力措施有针对性地优化改善企业发展环境。如果不能从发展机制上综合考虑、统筹设计，只是片面强调和局部关注企业发展过程中产生的个别突出问题，就可能“头痛医头、脚痛医脚”而出现“一放就乱，一乱就收，一收就死”等诸多问题，很难取得良好企业发展效果，还可能导致企业发展的生态学风险滋生蔓延。

(1) 优化有利于企业多样化的企业发展环境

要放松企业进入管制，大力促进企业多样化，既要促进新企业市场进入，又要促进既有企业积极开展各种创新，提高企业异质性和多样化程度。

第一，取消企业进入管制，破除行政垄断。取消政府对企业的准入管制，尽可能减少对行政性垄断企业的保护，是促进企业进入与创新、提高企业基因变异与企业多样化的重要内容。如果说基于行政性垄断的进入管制在西方发达市场经济国家还仅限于少数具有自然垄断特征的行业的话，在我国则有更多表现形式、更大影响范围和更大影响作用，主要表现就是广泛存在对私人经济的严重政策歧视，严重压抑各种非国有企业进入，造成很多产业中企业制度类型单一同质化现象严重、企业活力不足、产品（或服务）质次价高，同时也使得相关领域权力集中、贪污腐败长期盛行。我国经过多年改革开放，私人经济已经得到了长足发展，但是在很多重要产业，如通信、电力、铁路、石化、金融、汽车制造等行业还广泛存在行政垄断和进入管制，尤其是对民营资本准入还存在很大政策歧视，从而长期维持有关产业的国有企业行政性垄断。因此要抛弃重复建设、恶性竞争等理论观点对有关政策的误导，取消目前仍然大量存在的政府对非国有资本特别是国内民营资本的种种显性或隐性进入管制，允许国内各类投资主体跨行业、跨地区、跨所有制进行投资，开展经营活动，最大限度地降低企业市场进入的各种政策壁垒和条件要求，促进新企业的大量产生。要彻底改变因国内市场供大于求而限制新企业进入的做法，减少直至消除行政性垄断产业。

第二，简化企业注册手续，提高政府工作效率，限制各类行政干预。如果说进入管制、行政性垄断还仅限于部分行业的话，在开办与注册企业方面的烦琐法律规定手续和过低的政府工作效率则对新企业进入与企业多样化具有更强遏制作用。在我国曾经长期存在十分烦琐的企业注册手续规定，在国内注册一个有限责任公司所需的“公章”和“证明”的数量、办理各种手续需要花费的时间以及应缴纳的费用等，都远远高于世界上绝大多数国家，在很多重要产业，过高的注册资金要求也长期严重阻碍了大量潜在企业进入。我国政府已经注意到这方面问题的严重性，在党的十八大以后持续大力开展“放、管、服”改革，实行了一系列简政放权，通过改革公司注册资本及其他登记事项，进一步放松对市场主体准入的管制，降低准入门槛，包括降低注册资本门槛、简化住所登记手续、减轻市场主体负担、推行电子营业执照和全程电子化登记管理，并进一步转变监管方式，强化信用监管，提高监管效能，激发各类市场主体创造活力。改革促生了大量新企业的产生，国内很多行业新注册企业尤其是中、小、微型企业的数量呈现出井喷式增长。这说明各级政府已经开始重视降低市场进入门槛以促进企业发展，有关做法与措施应该进一步大力推广应用。但是与发达市场经济国家的情况相比，有关方面仍然存在很大提升空间。还有不少审批事项只是换了个“马甲”，从明的转成了暗的、从上面转到了下面、从政府转到与政府有关的“红顶中介”，审批服务中的各种“要件”、程序、环节等还是关卡林立。因此，政府还有必要进一步加大简政放权、放管结合、优化服务的改革，严查简政放权改革中“玩花样”等现象，逐项清理收费项目，建立公开透明的“收费清单”，对清单外的事项务必以“法无授权不可为”为准绳，对顶风作案、变相收费的行为一定要严肃查处、绝不姑息。

另外，还要取消各类行政干预尤其是对企业的行政强制性“关、停、并、转”，提高企业自主经营自由度，使企业能够自主选择产品种类、自主定价，以及采取适合企业自身情况的人事制度、薪酬标准、管理模式等。对企业正常经营行为过多的行政审批和行政干预，必然导致政府部门行为的主观随意性、大量潜规则的产生以及政府工作效率的低下，因此就必然会加大企业进入和企业创新的成本，阻碍企业多样化，从而严重影响企业发展。所以只有减少政府对企业正常经济活动的行政审批和干预，才能增强政府行为的透明程度。这就要求政府部门要尽量把行政决定、行政程序、政策法规和其他规范性文件公布于众，让企业享受知情权、选择权、监督权，实现政府工作过程的阳光化。消除信息歧视，尽量公布与企业有关的服务贸易、货物贸易以及知识产权领域、投资领域的政府信息，增强政府政策和信息服务的透明度，尽可能减少公务人员的设租机会。

第三，明晰产权制度，加强产权保护。通过建立有效的产权制度，把建立企业所创造的大部分价值赋予企业所有者，社会民众的投资动机就会得到加强，从而更有利于促进企业投资和产生新企业。在国有产权制度下，经济资源从理论上来说属于全体公民所有，但是使用权却归国家的代理人即少数政府官员所有，一旦代理人可以从建立企业等有关决策中得到个人收益，他就有动力动用其掌握的社会资源去建立尽可能多的企业，而不会考虑这些企业能否盈利。所以国有产权制度实际上会促使企业过度进入。而私有产权则具有充分的内部性，可以对产权主体的决策形成激励约束作用，私有产权所有者在做出一项投资决策时，会努力考虑未来的收益和成本情况，并选择他认为能使他的私有权利的现期价值最大化的方式，来做出使用私有经济资源的安排；但是为了获取收益，他也必须承担由此所产生的成本与可能存在的损失。私有产权制度提供了对产权主体的激励和约束机制，从而促使产权主体会努力选择更有效地利用资源的方法。但是要正常发挥私有产权制度对企业进入的促进作用，还需要各级政府对私有产权加强保护。虽然我国政府已经明确提出要保护私有产权的合法权益，但是由于我国仍然处于经济转型时期，旧的制度和思维习惯仍然存在很大影响，公有财产仍然比私有财产重要，政府有关部门肆意侵犯投资者和企业私有产权的事情仍然经常发生。诸多漠视和任意侵犯企业产权的政府行为，必然会干扰投资者的正常决策，严重影响新企业的进入。

第四，保护本土幼稚产业，合理限制外商直接投资。外商直接投资可以带来更为先进的生产与管理知识，因此对一国经济发展具有促进作用的一面，但是也会严重压制本土企业的市场进入和成长。这种负面影响作用在那些尚未得到充分发展，但是却很有发展价值的幼稚产业中表现得尤为突出。因此世界上包括美国、德国、日本在内的很多经济发达国家，都曾经实行各种贸易保护政策，严格限制国外直接投资及国外产品进口。即使是在贸易自由化程度很高的今天，包括限制国外直接投资在内的国际之间的贸易保护行为也仍然大量存在，重大的国际贸易争端此起彼伏。如果把对外技术引进、降低国外产品进口关税、放宽对外来直接投资的限制等方面称为对外开放，则放松对本土非国有资本的市场准入，减少商品生产、购买和使用等环节中的乱收费现象，打击地方保护主义等方面就可以称为对内开放。十分明显，从日本、韩国等后起经济发达国家的实践经验来看，对内开放应该走在对外开放的前面。虽然在对外开放过程中我国也一直奉行贸易保护政策，但是实际上很多行业在还没有对国内非国有资本开放的情况下，就过早地对外来直接投资进行了大幅度开放。这种激进的开放行为所导致的一个严重后果是，国内民族企业的市场进入和发展受到了很大压制，很多行业如轿车、日用化妆品等领域实际上已经无可挽回地成为外资企业和外来品牌的天下。这个问题值得深思。因此要消除政府有关部门对国际资本的盲目崇拜和对国内非国有资本特别是民营资本的歧视，任何投资领域，在对外资开放之前，必须首先对国内非国有资本开放，尽量给国内非国有企业留有充足的发展时间；即使是那些必须对外资开放的领域，也要尽可能利用世界贸易组织有关条款、绿色贸易壁垒、反倾销等措施，提高外资和国外商品进入国内市场的成本，防范外国企业在我国市场上的不公平竞争行为，为国内企业发展创造良好的市场环境。因此，必须纠正目前政府有关部门在招商引资过程中，片面重视外国资本而轻视国内资本，片面重视大中型企业而轻视小型、微型以及个体工商企业的观点和做法。

第五，改进传统文化观念，鼓励大众创业创新。与美国等西方经济发达国家崇尚冒险、鼓励创新的文化理念相比，中国总体偏向保守、重视安定的传统文化与就业观念显然不利于新企业产生和各种创新的开展。客观来说，创业、创新都需要一定经济资源投入，具有很大风险，一旦失败就会给企业造成重大损失，而成功的创业、创新总是少数、永远是小概率事件，但是取得成功也会给企业带来巨额垄断收益和利润，同时也会引起其他企业乃至潜在进入者的学习模仿，从而使创新者的正当利益受到侵害。因此在社会文化方面，要逐渐淡化我国“官本位”“学而优则仕”的传统思想观念，培育尊重企业家、崇尚创业、鼓励冒险、支持创新、宽容失败的社会文化氛围，同时给予创业者必要的经济支持，鼓励更多的人投资创办企业、积极开展创新，与此同时还要严厉打击侵犯知识产权、生产假冒伪劣等不正当竞争行为，加强保护创新企业的合法权益，促进创业、创新与企业多样化。

习近平总书记就创新创业提出了许多新观点、新见解，如“抓创新就是抓发展，谋创新就是谋未来”“要大力推进经济结构性战略调整，把创新放在更加突出的位置”“综合国力竞争说到底就是创新的竞争。要深入实施创新驱动发展战略，推动科技创新、产业创新、企业创新、市场创新、产品创新、业态创新、管理创新等，加快形成以创新为主要引领和支撑的经济体系和发展模式。”李克强总理在2021年《政府工作报告》中多次提到“创新”“创业”。这充分说明当前我国党和政府高层领导已经十分注意和重视创业、创新对于促进企业和经济发展的重要作用。但是要扎扎实实推进“大众创业、万众创新”，广泛促进我国各个领域的企业进入与创新，大力提高企业多样化程度，还需要各级政府主管部门以及金融、文化、宣传等社会各个方面的大力支持，真正形成浓厚的崇尚创业、尊重创新、鼓励冒险、宽容失败的社会文化、就业理念和良好社会氛围，让大众创业、万众创新蔚然成风；同时也要让社会各界理智、客观认识创业创新的潜在风险，以免一哄而上搞运动式、刮风式创业创新。

（2）优化有利于企业竞争与市场选择的企业发展环境

选择机制的根本作用是根据产品种类、质量及价格等信息来选择企业，对企业优胜劣汰。因此就有必要从以下几个方面着手，优化有利于市场选择的企业发展环境，鼓励企业开展公平竞争，规范企业竞争秩序，严厉打击各种不正当竞争行为，克服信息不对称等因素对市场选择的干扰和扭曲，促进基于公平竞争的市场选择与企业优胜劣汰。

第一，严厉监管治理企业不正当竞争等违法获利行为。政府市场监管职能部门要严厉监管治理打击不正当竞争等违法行为，确保公平竞争的市场秩序，加强保护消费者正当权益，大力改善消费环境。由于信息不对称等多种原因，企业有可能故意隐瞒对自己不利的产品质量信息，如对食品成分的标示不够清晰、准确，利用广告散布产品的虚假性能质量信息，或生产劣质产品、以次充好等，市场购买方往往也很难对商品质量优劣进行科学准确鉴别，因此市场选择会受到严重干扰，往往很难选择出那些真正优秀的企业；严重情况下不仅会对使用者的利益造成重大侵害，还会使有关产业发生“劣币驱逐良币”的逆向选择问题，那些生产优质产品的企业反而竞争不过生产次品的企业，这就会使整个产业发展陷入低效锁定状态。所以就需要政府对企业商品的质量信息披露做出强制性规定，通过制定一系列的经济法规加强产品质量过程监督管理，保障买卖双方特别是需求者的合理利益。我国目前商品质量信息披露政策还不够健全，有关政府部门对法律法规执行不力，有关问题仍然频发多发。因此必须加大对生产不合格商品、肆意夸大商品质量或者隐瞒商品质量信息以欺骗消费者的企业的惩罚力度，严厉打击隐瞒商品质量信息、生产伪劣商品损害消费者正当利益的企业行为，从而使市场能够根据准确的质量信息对不同企业进行选择。政府市场监管职能的运行功能，主要体现在对一切市场交易行为制定政策规范、开展监督检查、纠正违法违规行为、维护市场主体合法权益等紧密衔接的运行环节。政府应当根据国家有关法律法规，依法对各类市场主体的各种市场交易行为的合法性进行审查与监督控制，保护合法的市场交易行为，采取国家强制手段纠正和处罚各种违法的市场交易行为，为经济与社会发展创造公平竞争的良好市场秩序环境，使得市场交易双方的合法权益能够得到切实保障。

第二，放开价格管制，促进价格竞争。市场往往根据商品的价格信息对企业及其产品进行选择，因此商品价格对于企业竞争与市场选择起到了一种低成本传递信息的作用，当市场需求方按照价格选择商品的时候，实际上也就等于在对不同企业进行选择。因此企业对产品的自由定价权利对于市场选择机制作用的正常发挥显然是非常重要的。因此政府价格管制的范围越广泛、程度越严格，则商品价格就会越僵化，价格体系在企业竞争与市场选择过程中所具有的信息传递作用也就越有限。价格管制常常会压制优秀企业而保护生产效率低下的落后企业，从而难以对企业优胜劣汰。与欧、美等经济发达国家或地区相比，我国各级政府部门对商品价格实行管制的范围则要大得多，可以说包括了社会所需要的绝大多数商品，因此对企业竞争、市场选择以及产业发展所产生的阻碍作用也是巨大的。从发展趋势来看，不仅经济发达国家在逐渐放松传统的价格管制政策，包括我国在内的许多经济转型或发展中国家也在大幅度取消价格管制，但是我国至今在石化、邮电、通信、航空等行业仍然存在诸多不必要的价格管制，因此还有必要进一步放开直至取消。

第三，减少乃至取消政府及金融部门对国有企业的制度性扶持补贴及对民营企业的歧视。我国政府既是社会公共事务的管理者，又是大批国有企业的所有者。在对待国有企业的问题上，常常混淆这两种角色。当国有企业在竞争中处于不利地位时，政府往往容易运用其社会公共事务管理者的权力，行国有企业所有者之职，对国有企业提供各种优惠待遇，扰乱和破坏国有企业与非国有企业之间应有的公平竞争。现阶段我国各级政府部门对国有企业的歧视性补贴，以及四大国有银行在融资方面对国有企业的特殊照顾和对非国有企业的歧视性融资约束，都严重影响了企业之间的公平竞争，阻碍了市场对企业的正常选择。因此，有必要大力消除政府部门、银行业、证券业对不同企业的所有制歧视，使不同所有制企业能够公平竞争。

对于中国的民营企业而言，高度融资困难与过重税收负担一直是必须面对的两大难题，这也严重干扰了同产业内国有企业、外资企业与民营企业等不同制度企业之间的正常竞争，民营企业要想发展必须首先克服更多由制度歧视所产生的困难。由于银行等金融机构对民营企业存在严重制度歧视，导致民营企业很难通过正规渠道获得贷款等经营资金，从而在市场竞争中总是处于劣势。税收方面对民营企业的制度歧视也广泛存在，与很多外企在中国常常享受“超国民待遇”不同，国内广大民营企业只能享受“次国民待遇”，负担的税费比外企和国有企业都要重，这使得民营企业“生不快、长不大、活不长”，很难快速发展。

(3) 优化促进优秀企业顺利发展壮大的企业发展环境

积极促进优良企业的“基因”复制和扩散，大力支持优秀企业规模扩张，鼓励新企业衍生裂变，强化企业之间的学习交流与业务合作，促使它们成为有机协作的网络组织。有必要从以下几个方面着手优化改善企业发展环境，大力发展规模经济，支持优秀企业规模扩张，同时还要鼓励新生企业衍生裂变，加强企业之间的学习交流与业务合作。

第一，大力发展规模经济，支持优秀企业规模扩张。传统经济理论认为，结构性产业垄断会降低市场效率，因此政府要实行反垄断政策来维护和促进市场竞争，防止市场垄断造成的低效率。而从演化观点来看，政府刻意采取反垄断政策来遏制基于市场竞争过程的大规模企业垄断，会严重影响优秀企业通过自我积累与兼并重组等途径复制优良基因、扩张生产规模与取得规模经济效应，最终反而会阻碍企业正常发展，损害而非保护消费者利益。而且目前我国大量竞争性产业普遍面临的主要问题还不是垄断过度问题（指合法市场竞争基础上的经济型垄断），而是企业规模不大、市场竞争力较弱无力参与全球化竞争的问题。所以我国政府要将反垄断的重点放在反对行政性垄断和行为垄断方面，而不是反对结构性垄断；要实施基于市场竞争的大企业、规模化战略，明晰各种所有制企业的产权关系，建立完善的资本市场，消除地区与部门的行政壁垒，积极促进而非强制优秀企业进行跨地区、跨行业、跨所有制的兼并重组与规模扩张，支持企业之间的正当竞争、兼并与合作，鼓励企业在更高层次、更大规模和全球范围内参与垄断性竞争。在促进大企业集团规模扩张、追求规模经济效益的过程中，绝不能依靠行政手段强制进行“拉郎配”。

第二，积极实行保护性政府采购政策，支持本土优秀企业成长。政府采购商品种类繁多、数量巨大，往往需要花费巨额财政资金，是很多行业产品或服务的重要购买方，在我国这样的公有制国家更是如此。保护性政府采购政策又被称为购买国货政策，即政府采购必须优先购买本国产品，其主要目的就是利用政府采购来扩大对本国产品的市场需求，从而保护本国产业、促进产业发展。在经济全球化、贸易自由化与产业竞争普遍国际化的形势下，保护性政府采购政策对于本土企业发展来说尤为重要。显然，大量保护性政府采购可以有效扩大本国企业产品或服务的市场需求量，并使之免受众多实力雄厚跨国公司的竞争压制，有效促进优秀本土企业的产量提高、规模扩张以及规模经济效应的取得，从而能够促进企业快速发展。保护性政府采购政策可以分为显性保护与隐性保护两大类。显性保护政策具体包括：为本国特定产业预留一定比例的采购招标份额；对外国企业实施差别价格政策，即只有当本国企业最低投标价格高出外国企业投标价格一定比例或范围的情况下后者才有可能中标；以国家安全、环境保护、技术工艺等为理由采购本国产品，甚至还可以直接禁止采购国外产品，如印度政府就在公务用车规定中特别要求包括印度国家领导人在内的政府各级官员都必须使用国产汽车、严格禁止使用进口汽车。隐性保护政策一般采取限制性招标的办法，具体包括：采取单一来源政府采购招标方式，指定供应商供货；在招标时对本国企业与外国企业提供不同待遇，如提前告知本国企业做好相关准备，或者缩短投标截止日期使得国外企业来不及准备投标；要求外国企业提供本国政府担保，或制定有利于本国企业的产品质量技术标准等。

第三，打击地方保护主义，构建全国统一大市场，促进优秀企业顺利发展。地方保护主义往往造成市场分割，破坏不同地区企业之间的正常竞争，压缩优秀企业正常发展成长的市场空间。还有地方政府为了维持地区政局稳定和社会秩序，追求所谓“稳定压倒一切”，将长期安定团结作为重中之重，不惜以企业亏损为代价来换取比较高的就业或低失业率，不愿让亏损企业关闭或破产，不允许企业退出、不让工人下岗还往往被各级政府官员视为一种业绩。由于政府的各种保护，本地劣势企业不能顺利进行破产或被外地优势企业兼并，经济资源难以向效率更高的企业转移，从而影响劣势企业的退出。还有，出于增加地方经济收入等多种原因，地方政府还往往对违反国家质量、安全、环境保护或其他有关法律法规的本地企业进行纵容袒护，甚至还与违法者同流合污，致使种种严重违法的“地下经济”滋生蔓延，难以得到应有的法律制裁，客观上纵容这些企业对市场秩序的扰乱和破坏，使得很多劣势企业依靠非法手段长期生存。因此有必要加强对地方保护主义的惩罚力度，建立不同地区企业之间公平竞争的社会环境，促进不同地区、不同部门企业之间的优胜劣汰。

第四，健全进口贸易壁垒，适当控制商品进口。适量的商品进口可以补充市场空白、满足市场需求，但是大量商品进口又会严重侵占国内幼稚产业的市场空间，给本国企业发展带来巨大外来竞争压力。因此世界上包括美国、德国、日本等经济发达国家在内的很多国家或地区都曾经甚至还在坚持采取限制进口的贸易壁垒以保护本国幼稚产业和相关企业。即使是在贸易自由化程度很高的今天，美国、欧洲等国家或地区仍然大量存在各种贸易保护行为，重大的国际贸易争端此起彼伏。一般来说，商品进口管制的贸易壁垒可以分为关税壁垒与非关税壁垒。与关税措施相比，非关税壁垒措施能够针对外国企业的竞争为本国企业和有关产业提供更直接、更有效的保护，因此在现代各国正得到越来越广泛的应用。

第五，促进企业集群化与专业化分工协作，强化企业集群化发展。企业集群化发展可以最大限度地克服地理距离对企业之间信息交流和学习的影响，有利于促进优良企业基因的遗传扩散，还有利于提高产业内的专业化分工与协作水平。因此政府不仅要支持大企业发展，还要保护和促进中小企业发展，支持以大带小、以大促小的企业间有机协作；综合运用经济、法律、行政、信息引导等多种手段，促进专业协作健康发展；通过征收增值税替代过去的产品税，促进企业的零部件和工艺扩散型的协作；对重点产品、基础工艺企业的新建与扩建以及技术改造给予财政、信贷、投资上的优惠；对大中小企业间的分工与协作所发生的契约、协作价格、交付款项等行为给予法律上的保障；通过强制推行标准化政策和许可证制度，解决不合理的、分散的重复建设问题。此外，还可通过各种信息渠道引导企业适时调整生产、合理分工，提高分工与协作水平。

第六，改善出口贸易环境，大力开拓国际市场。扩大产品出口也是优秀企业扩张规模、占领更多市场的重要途径。如果一个国家或地区的国际关系不佳、国际市场开拓不力，其产品出口就很难提高，企业发展空间也就只能局限于有限的国内市场而难以进一步发展。要充分改善与其他国家或地区的出口贸易关系，尽可能利用一切对外政治或经济援助等途径为国内重要产业争取更多商品出口或对外直接投资机会，加大商品出口的数量，提高商品出口的质量，为国内优势企业通过出口或对外直接投资等途径进行规模扩张积极创造国际条件。

9.3 进一步研究建议

企业发展问题纷繁复杂，因此对企业发展问题的研究只能是一个不断探索、逐渐接近最优答案的过程。本书基于生物进化论、数学生态学、进化博弈论等理论，对企业发展机制及企业发展环境的优化改善等问题进行了初步理论定性分析与案例实证研究，由于笔者水平有限，能够解决的问题十分有限，而且有些观点可能存在不足甚至谬误。从优化国内企业发展环境、促进本土企业发展、加快我国经济振兴的角度来说，笔者深感有必要对以下问题进行深入研究：

第一，企业集群是企业发展的重要且常见的表现形式，对地方经济发展具有很强的拉动作用，目前已经受到我国各级地方政府的普遍重视，但是实际上很多地方的企业集群发展情况并不理想。那么如何针对企业集群的具体特性，从演化视角研究分析企业集群的发展机制与集群发展环境的优化改善？

第二，企业发展环境中有很多因素对遗传、变异与选择机制可能存在多方面错综复杂的影响，那么如何在优化企业发展环境、促进企业发展过程中对这些因素进行科学综合评价、合理把握尺度？特别是在当前经济全球化的大形势下，政府与社会各界究竟应该如何综合权衡，才能够做到既要积极对外开放，又要切实保护与发展国内企业？

第三，当前很多重要新兴产业如新材料、新能源以及互联网信息产业等，实际上都是企业发展过程中的突变现象，那么我国理论界、政府有关部门及企业界如何才能切实总结并根据我国半个世纪以来发展汽车制造业的宝贵经验教训，紧紧抓住重要新兴产业与企业发展的宝贵历史机遇，科学认识、系统理顺企业发展机制，全面优化新兴产业与企业的发展环境，对发达国家实现“弯道超车”？

参考文献

［1］A. 阿尔奇安．产权：一个经典注释［A］//R. 科斯，A. 阿尔奇安，D. 诺斯，等．财产权利与制度变迁——产权学派与新制度学派译文集［M］. 刘守英，等，译．上海：格致出版社，2014：166-191.

［2］艾尔弗雷德·斯隆．我在通用汽车的岁月：斯隆自传［M］. 刘昕，译．北京：华夏出版社，2017.

［3］阿里·德赫斯．长寿公司：商业“竞争风暴”中的生存方式［M］. 王晓霞，刘昊，译．北京：经济日报出版社，1998.

［4］安德鲁·斯通，布赖恩·利维，里卡多·帕雷德斯．公共制度与私人交易：对巴西和智利商业交易的法律与管制环境的比较分析［A］//李·J. 阿尔斯通，思拉恩·埃格特森．制度变革的经验研究［M］. 罗仲伟，译．北京：经济科学出版社，2003：111-149.

［5］巴纳德．经理人员的职能［M］. 王永贵，译．北京：机械工业出版社，2013.

［6］毕青苗，陈希路，徐现祥，等．行政审批改革与企业进入［J］. 经济研究，2018（2）：140-155.

［7］陈金波．产业集群可持续发展机制——基于进化论的观点［J］. 宏观经济研究，2010（3）：48-52.

［8］陈金波．基于生态学的企业集群内在风险与对策研究［J］. 当代财经，2005（6）：68-72.

［9］陈金波．企业竞争的进化博弈论与种群生态学模型［J］. 数学的实践与认识，2009（1）：111-119.

［10］陈静，蔡敏，陈敬贵．企业异质性：一种基于演化经济学视角的解释［J］. 西南民族大学学报（人文社科版），2007（5）：198-200.

［11］陈敬贵．市场的自然选择与企业演化——基于演化经济学视角［J］．经济问题，2007（3）：51-53.

［12］陈建勋，刘黎．嵌入、脱嵌与再嵌入：社会资本视角下“中国企业学习型 FDI”的演化路径分析［J］．世界经济研究，2012（11）：81-86.

［13］陈清泰，刘世锦，冯飞．迎接中国汽车社会——前景·问题·政策［M］．北京：中国发展出版社，2004.

［14］达尔文．物种起源［M］．焦文刚，译．北京：北京联合出版公司，2015.

［15］丹尼尔·F. 史普博．管制与市场［M］．余晖，等，译．上海：格致出版社，2017.

［16］道格拉斯·C. 诺斯．时间历程中的经济绩效［A］//李·J. 阿尔斯通，思拉恩·埃格特森，等．制度变革的经验研究［M］．罗仲伟，译．北京：经济科学出版社，2003：415-429.

［17］邓向荣．企业组织演化理论评析［J］．经济学动态，2004（8）：108-111.

［18］丁雪辰，柳卸林．股东多样性对衍生企业绩效的影响机制研究——研发投入的中介作用［J］．科学学研究，2021（11）：2005-2012.

［19］杜鑫，李志刚，乔宝刚，等．母体支持型裂变创业企业如何构建商业生态系统——基于资源编排视角的双案例研究［J］．外国经济与管理，2022（4）：34-50.

［20］E. G. 菲吕博腾，S. 配杰威齐．产权与经济理论：近期文献的一个综述［A］//R. 科斯，A. 阿尔奇安，D. 诺斯，等．财产权利与制度变迁——产权学派与新制度学派译文集［M］．刘守英，等，译．上海：格致出版社，2014：197-227.

［21］方芳，杨岚，周亚虹．环境规制、企业演化与城市制造业生产率［J］．管理科学学报，2020（4）：22-37.

［22］高柏．日本经济的悖论——繁荣与停滞的制度性根源［M］．北京：商务印书馆，2004.

［23］高洁，盛昭瀚．产品竞争的产业演化模型研究［J］．中国管理科学，2004（12）：96-102.

［24］格劳姆，赫特施莱因特．兼并重组：企业外部扩张管理［M］．王煦逸，编译．上海：上海财经大学出版社有限公司，2014.

［25］G. M. 霍奇逊．制度与演化经济学现代文选：关键性概念［M］．贾根良，等，译．北京：高等教育出版社，2005.

［26］国家信息中心中国经济信息网．CEI 中国行业发展报告——汽车制造业（2004）［M］．北京：中国经济出版社，2005.

［27］国务院发展研究中心产业经济研究部，中国汽车工程学会，大众汽车集团（中国）．中国汽车产业发展报告（2009）［M］．北京：社会科学文献出版社，2009.

［28］国务院发展研究中心产业经济研究部，中国汽车工程学会，大众汽车集团（中国）．中国汽车产业发展报告（2014）［M］．北京：社会科学文献出版社，2015.

［29］国务院发展研究中心产业经济研究部，中国汽车工程学会，大众汽车集团（中国）．中国汽车产业发展报告（2021）［M］．北京：社会科学文献出版社，2021.

［30］H. 德姆塞茨．关于产权的理论［A］//R. 科斯，A. 阿尔奇安，D. 诺斯，等．财产权利与制度变迁——产权学派与新制度学派译文集［M］．刘守英，等，译．上海：格致出版社，2014：96-113.

［31］H. 德姆塞茨．一个研究所有制的框架［A］//R. 科斯，A. 阿尔奇安，D. 诺斯，等．财产权利与制度变迁——产权学派与新制度学派译文集［M］．刘守英，等，译．上海：格致出版社，2014：192-196.

［32］哈耶克．个人主义与经济秩序［M］．邓正来，译．上海：复旦大学出版社，2012.

［33］哈耶克．哈耶克论文集［M］．邓正来，译．北京：首都经济贸易大学出版社，2014.

［34］韩喜平，肖宇亮．马克思的演化经济思想及对演化经济学的贡献［J］．北方论丛，2013（3）：138-142.

［35］赫伯特·西蒙．西蒙选集［M］．黄涛，译．北京：首都经济贸易大学出版社，2002.

［36］侯杰，陆强，石涌江，等．基于组织生态学的企业成长演化：有关

变异和生存因素的案例研究［J］. 管理世界，2011（12）：116-130.

［37］胡代光 . 西方经济学说的演变及其影响［M］. 北京：北京大学出版社，2001.

［38］胡国栋 . 海尔制：物联网时代的新管理范式［M］. 北京：北京联合出版有限公司，2021.

［39］黄玖立，周璇 . 定制化与地方保护主义：经验证据及对自贸区建设的启示［J］. 管理世界，2018（12）：56-66.

［40］黄少安 . 产权理论比较与中国产权制度变革［M］. 北京：经济科学出版社，2012.

［41］机械工业部汽车工业司，中国汽车技术研究中心 . 中国汽车工业年鉴（1994）［M］. 天津：《中国汽车工业年鉴》编辑部，1994.

［42］贾根良 . 演化经济学导论［M］. 北京：中国人民大学出版社，2015.

［43］贾根良 . 演化经济学的综合：第三种经济学理论体系的发展［M］. 北京：科学出版社，2015.

［44］蒋德鹏 . 制度和产业分析中的演化经济理论方法研究［D］. 南京：东南大学，2000.

［45］杰克·J. 弗罗门. 经济演化——探究新制度经济学的理论基础［M］. 北京：经济科学出版社，2003.

［46］金美蓉 . 中国企业在美国反垄断诉讼中的挑战与应对：基于对相关判决的质疑［J］. 法学家，2020（2）：160-174.

［47］克鲁格曼，奥伯斯法尔德 . 国际经济学：理论与政策（第十一版）［M］. 北京：中国人民大学出版社，2021.

［48］肯·巴斯金 . 公司 DNA——来自生物的启示［M］. 北京：中信出版社，2000：229.

［49］拉马克 . 动物哲学［M］. 北京：商务印书馆，1936.

［50］雷·克洛克，罗伯特·安德森. 大创业家：麦当劳之父雷·克洛克自传［M］. 陈寅，译 . 北京：中国经济出版社，2019.

［51］理查德·R. 纳尔逊，悉尼·G. 温特 . 经济变迁的演化理论［M］. 北京：商务印书馆，1997.

[52] 李洪．中国汽车工业经济分析［M］．北京：中国人民大学出版社，1993.

[53] 李俊青，刘帅光，刘鹏飞．金融契约执行效率、企业进入与产品市场竞争［J］．经济研究，2017（3）：136-150.

[54] 李克强．简政放权、放管结合、优化服务，深化行政体制改革，切实转变政府职能［N］．人民日报，2015-05-15.

[55] 李克强．深化简政放权、放管结合、优化服务，推进行政体制改革，转职能提效能［N］．人民日报，2016-05-23.

[56] 李克强．在全国深化“放、管、服”改革转变政府职能电视电话会议上的讲话［N］．人民日报，2018-07-13.

[57] 李克强．在全国深化“放、管、服”改革着力培育和激发市场主体活力电视电话会议上的讲话［N］．人民日报，2021-06-08.

[58] 李克强．在全国深化“放、管、服”改革优化营商环境电视电话会议上的讲话［N］．人民日报，2020-09-30.

[59] 李克强．在全国深化“放、管、服”改革优化营商环境电视电话会议上的讲话［N］．人民日报，2019-07-29.

[60] 李克强．在全国深化“简政放权、放管结合、优化服务”改革电视电话会议上的讲话［N］．人民日报，2017-06-30.

[61] 李斯特．政治经济学的国民体系［M］．邱伟立，译．北京：华夏出版社，2013.

[62] 李涛．国有股权、经营风险、预算软约束与公司业绩：中国上市公司的实证发现［J］．经济研究，2005（7）：77-89.

[63] 李文华，韩福荣．企业种群间协同演化的规律与实证研究［J］．中国管理科学，2004（10）.

[64] 李贤沛，胡立君．21 世纪初中国的产业政策［M］．北京：经济管理出版社，2005.

[65] 李玉红，王皓，郑玉歆．企业演化：中国工业（全要素）生产率增长的重要途径［J］．经济研究，2008（6）：12-24.

[66] 李朝霞．企业进化机制研究［M］．北京：北京图书馆出版社，2001.

［67］李志刚，黄灿，徐文明．裂变新创企业邻近选址类型划分及其与外部环境的匹配关系——基于扎根理论方法的探索国外公司裂变型创业研究综述［J］．管理评论，2020，32（8）：91-105.

［68］梁卓，孙颖，李树文．研发企业学习平衡及其对不同结果的动态效应［J］．科研管理，2021（11）：148-154.

［69］梁强，邹立凯，宋丽红，等．组织印记、生态位与新创企业成长——基于组织生态学视角的质性研究［J］．管理世界，2017（6）：141-154.

［70］刘宗巍，赵福全，陈嘉瑶．中国新能源汽车产业地方保护问题及对策研究［J］．科技管理研究，2018（7）：136-141.

［71］刘廷华，周瑾，刘潇．中国工业企业学习效应与效率收敛分析［J］．统计与决策，2018（24）：177-181.

［72］龙小宁，王俊．中国司法地方保护主义：基于知识产权案例的研究［J］．中国经济问题，2014（3）.

［73］罗伯特·A. G. 蒙克斯，尼尔·米诺．公司治理（第五版）（经济科学译丛）［M］．北京：中国人民大学出版社，2017.

［74］罗珉．组织理论的新发展——种群生态学理论的贡献［J］．外国经济与管理，2001（10）：34-37.

［75］罗纳德·H. 科斯. 新制度经济学［A］//克劳德·梅纳尔．制度、契约与组织——从新制度经济学角度的透视［M］．北京：经济科学出版社，2003：10-14.

［76］马克斯·韦伯．新教伦理与资本主义精神［M］．林南，译．南京：译林出版社，2020.

［77］马歇尔．经济学原理［M］．朱志泰，陈良璧，译．北京：商务印书馆，2022.

［78］曼昆．经济学原理：微观经济学分册（第6版）［M］．梁小民，译．北京：北京大学出版社，2012.

［79］孟德尔．植物杂交的实验［M］．北京：高等教育出版社，1990.

［80］米切尔·C. 詹森，威廉·H. 麦克林．专门知识、一般知识和组织结构［A］//拉斯·沃因，汉斯·韦坎德．契约经济学［M］．北京：经济科学出版社，1999：309-336.

[81] 苗东升．系统科学精要［M］．北京：中国人民大学出版社，2010.

[82] 尼古拉·阿克塞拉．经济政策原理：价值与技术［M］．郭庆旺，刘茜，译．北京：中国人民大学出版社，2001.

[83] 钱颖一．激励与约束［J］．经济社会体制比较，1999（5）：7-12.

[84] 钱颖一．市场与法治［J］．经济社会体制比较，2000（3）：1-11.

[85] 让·梯若尔．产业组织理论［M］．北京：中国人民大学出版社，2018.

[86] 日本经济新闻社．丰田的未来：人工智能时代的生存之道［M］．杭州：浙江人民出版社，2021.

[87] 塞思·戈丁．公司进化［M］．沈阳：辽宁教育出版社，2003.

[88] 陕西省汽车质量争议处理中心．“家用汽车三包”知识及案例分析与维权［M］．北京：中国质检出版社，2014.

[89] 尚玉昌．普通生态学（第三版）［M］．北京：北京大学出版社，2010.

[90] 沈伟伟．迈入“新镀金时代”：美国反垄断的三次浪潮及对中国的启示［J］．探索与争鸣，2021（9）：66-76.

[91] 沈艺峰，肖珉，黄娟娟．中小投资者法律保护与公司权益资本成本［J］．经济研究，2005（6）：115-124.

[92] 施蒂格勒．产业组织和政府管制［M］．上海：上海三联书店，上海人民出版社，1996.

[93] 史自力．日本汽车产业发展战略研究［M］．北京：经济科学出版社，2005.

[94] 宋泓，柴瑜，张泰．市场开放、企业学习及适应能力和产业成长模式转型［J］．管理世界，2004（8）：61-74.

[95] 苏晓华，张书军．伙伴选择、战略设计与合资企业学习效果——广州标致与广州本田的比较研究［J］．学海，2007（5）：125-130.

[96] 孙瑞英．网络舆情治理的协调性惩罚自组织演化机制研究［J］．现代情报，2020（5）：122-129.

[97] 唐明凤，黄皓，李凤莲．创业者认知偏差对在孵企业学习的影响机制研究——基于孵化器管理情境的三阶交互模型［J］．研究与发展管理，2020（2）：169-180.

[98] 王皓，李玉红．企业演化的动态特征及其对劳动就业的影响——对中国制造业的经验分析［J］．经济管理，2010（7）：1-7.

[99] 王慧，安立仁，张晓明．创新网络非核心企业学习意图对知识反哺的作用机制研究［J］．经济体制改革，2018（3）：97-104.

[100] 汪志平．日本汽车工业的发展和产业保护政策［J］．经济学动态，1999（10）.

[101] 汪伟，史晋川．进入壁垒与民营企业的成长——吉利集团案例研究［J］．管理世界，2005（4）：132-140.

[102] 韦登鲍姆．全球市场中的企业与政府（第6版）［M］．上海：上海人民出版社，2006.

[103] 韦倩，孙瑞琪，姜树广，等．协调性惩罚与人类合作的演化［J］．经济研究，2019（7）：174-187.

[104] 吴利学，叶素云，傅晓霞．中国制造业生产率提升的来源——企业成长还是市场更替［J］．管理世界，2016（6）：22-39.

[105] 吴熊伟，章玉贵．中国须紧握产业发展主导权［J］．学习月刊，2011（19）.

[106] 西格蒙德．利己主义的数学解析［M］．北京：科学出版社，2017.

[107] 小艾尔弗雷德·D. 钱德勒．看得见的手——美国企业的管理革命（中译本）［M］．重武，译．北京：商务印书馆，1987.

[108] 小艾尔弗雷德·D. 钱德勒．企业规模经济与范围经济：工业资本主义的原动力［M］．张逸人，等，译．北京：华夏出版社，2006.

[109] 小宫隆太郎，奥野正宽，铃村兴太郎．日本的产业政策［M］．北京：国际文化出版公司，1988.

[110] 谢识予．经济博弈论（第4版）［M］．上海：复旦大学出版社，2017.

[111] 熊彼特．资本主义、社会主义与民主［M］．吴良健，译．北京：商务印书馆，2021.

[112] 熊彼特．经济发展理论［M］．何畏，易家详，等，译．北京：商务印书馆，2021.

[113] 许文彬．经济学中的达尔文主义：背离与复归［J］．南开经济研

究，2004（4）：3-10.

［114］薛才玲，黄岱．政府管制理论研究［M］．成都：西南交通大学出版社，2012.

［115］亚当·斯密．国富论［M］．郭大力，王亚南，译．上海：三联书店，2009.

［116］焉昕雯，孔爱国．管理者能力对企业价值的提升效应——基于市场竞争与地方保护的视角［J］．复旦学报（社会科学版），2021（1）：172-183.

［117］杨虎涛．演化经济学讲义——方法论与思想史［M］．北京：科学出版社，2011.

［118］杨汝岱．中国制造业企业全要素生产率研究［J］．经济研究，2015（2）：61-74.

［119］杨瑞龙，刘刚．企业的异质性假设和企业竞争优势的内生性分析［J］．中国工业经济，2002（1）：88-95.

［120］杨正东，甘德安．中国国有企业与民营企业的数量演进——基于种群生态学的仿真实验［J］．经济评论，2011（4）：96-103.

［121］叶斌，熊秉元．企业合同纠纷案件中的司法地方保护主义［J］．财经问题研究，2020（11）：22-31.

［122］于海云，赵增耀，李晓钟，王雷．基于企业衍生的 FDI 知识转移影响因素研究［J］．科研管理，2015（3）：13-20.

［123］俞小江，王治．企业兼并与收购案例分析［M］．武汉：湖北人民出版社，2014.

［124］约翰·C. 奥瑞克，吉利斯·J. 琼克，罗伯特·E. 威伦．企业基因重组：释放公司的价值潜力［M］．北京：电子工业出版社，2003.

［125］詹姆斯·W. 布罗克．汽车业［A］//沃尔特·亚当斯，詹姆斯·W. 布罗克．美国产业结构（第十版）［M］．北京：中国人民大学出版社，2003：114-136.

［126］张厚明，文芳．发展新能源汽车亟待破除地方保护主义［J］．宏观经济管理，2015（2）：83-84.

［127］张天华，陈力，董志强．高速公路建设、企业演化与区域经济效率

[J]. 中国工业经济，2018 (1)：79-99.

[128] 张维迎 . 市场与政府：中国改革的核心博弈 [M]. 西安：西北大学出版社，2014.

[129] 张维迎，马捷 . 恶性竞争的产权基础 [J]. 经济研究，1999 (6)：11-20.

[130] 张昀 . 生物进化 [M]. 北京：北京大学出版社，2019.

[131] 郑健壮，朱婷婷，郑雯好 . 高技术产业中的企业衍生、关系网络与创业行为——以硅谷为例 [J]. 企业经济，2018 (3)：94-101.

[132] 植草益 . 微观规制经济学 [M]. 北京：中国发展出版社，1999.

[133] 中国汽车工业联合会 . 中国汽车工业年鉴 (1988) [M]. 北京：机械工业出版社，1989.

[134] 中国汽车技术研究中心，中国汽车工业协会 . 中国汽车工业年鉴 (2004) [M]. 天津：《中国汽车工业年鉴》编辑部，2004.

[135] 中国汽车技术研究中心，中国汽车工业协会 . 中国汽车工业年鉴 (2007) [M]. 天津：《中国汽车工业年鉴》编辑部，2007.

[136] 中国汽车技术研究中心，中国汽车工业协会 . 中国汽车工业年鉴 (2013) [M]. 天津：《中国汽车工业年鉴》编辑部，2014.

[137] 中国汽车技术研究中心，中国汽车工业协会 . 中国汽车工业年鉴 (2021) [M]. 天津：《中国汽车工业年鉴》编辑部，2021.

[138] 中华工商联合出版社有限责任公司 . 中国民营经济发展报告 (2018—2019) [M]. 北京：中华工商联合出版社，2020.

[138] 周其仁 . 市场里的企业：一个人力资本与非人力资本的特别合约 [J]. 经济研究，1996 (6)：71-80.

[140] 周三多，陈传明 . 管理学：原理与方法 [M]. 上海：复旦大学出版社，2014.

[141] A. A. Alchian. Uncertainty, Evolution and Economic Theory [J]. Journal of Political Economy, 1950 (58): 211-222.

[142] AldrichH. E.. Organizations Evolving [M]. London: SAGE Publications, 1999.

[143] Arrow K.. Economic Welfare and the Allocation of Resources for Inven-

tions [A] //in R. Nelson (ed.), The Rate and Direction of Inventive Activity [M]. Princeton: Princeton University Press, 1962: 609-624.

[144] Arthur W. Brian. Self-Reinforcing Mechanisms in Economics [A] //in Philip W. Anderson, Kenneth J. Arrow, and David Pines (eds.), The Economy as an Evolving Complex System [M]. Addison- Wesley Publish Company, 1988.

[145] Bain J.. Barriers to New Competition [M]. Cambridge (MA): Harvard University Press, 1956.

[146] Baumol W. J., Panzar J. C., Willing R. D.. Contestable Markets and the Theory of Industry Structure [M]. New York: Harcourt Brace Jovanovich, 1982.

[147] Baum J. A. C., Singh J. V.. Evolutionary Dynamics of Organizations [M]. New York: Oxford University Press, 1994.

[148] Becker G. S.. Irrational Behavior and Economic Theory [J]. Journal of Political Economy, 1962 (70): 1-13.

[149] Breyer S.. Regulation and its Reform [M]. Cambridge (MA): Harvard University Press, 1982.

[150] Breyer S.. Regulation and Deregulation in the United States: Airlines, telecommunications and antitrust [A]. //in Majone G. Deregulation or re-regulation?: Regulatory reform in Europe and in the United States [M]. New York: St. Martin's Press, 1990: 7-58.

[151] Carl M. Campbell. The Effect of State and Industry Economic Conditions on New Firm Entry [J]. Journal of Economics and Business, 1996 (48): 167-193.

[152] Carroll G. R., A. Swaminathan. Density Dependent Organizational Evolution in the American Brewing Industry from 1633 to 1988 [J]. Acta Sociologica, 1991 (34): 155-175.

[153] Friedman M. Essays in Positive Economics [M]. Chicago: University of Chicago Press, 1953.

[154] George Akerlof. The Market for "Lemons": Qualitative Uncertainty and the Market Mechanism [J]. Quarterly Journal of Economics, 1970 (84): 488-500.

[155] Gregory N. Price. The Determinants of Entry for Black-owned Commercial

Banks [J]. The Quarterly Review of Economy and Finance, 1995, 35 (3): 289-303.

[156] Geroski P.. Entry, Innovation and Productivity Growth [J]. Review of Economics and Statistics, 1989 (71): 572-578.

[157] Geus A. P. de.. Planning as Learning [J]. Harvard Business Review, 1988 (3-4): 70-74.

[158] Gort M. , Klepper S.. Time Paths in the Diffusion of Product Innovations [J]. Economic Journal , 1982 (92): 630-653.

[159] Hannan M. T.. Inertia, Density and the Structure of Organizational Populations: Entries in European Automobile Industries, 1886-1981 [J]. Organization Studies, 1997 (18): 193-228.

[160] Hannan M. T. , Freeman J. H.. The Population Ecology of Organizations [J]. American Journal of Sociology, 1977 (82): 926-964.

[161] Hannan M. T. , Carroll G. R.. Dynamics of Organizational Populations: Density, Legitimation, and Competition [M]. New York: Oxford University Press, 1992.

[162] Hannan M. T. , Carroll G. R. , Dundon E. A. , Torres J. C.. Organizational Evolution in a Multinational Context: Entries of Automobile Manufacture in Belgium Britain, France, Gremany and Italy [J]. American Sociological Review, 1995 (60): 509-528.

[163] Hannan M. T. , Freeman J. H.. Organizational Ecology [M]. Cambridge: Harvard University Press, 1989.

[164] Hernando de Soto. The Other Parth: The Invisible Revolution in the Third World [M]. New York: Harper & Row, 1989.

[165] Hirshleifer J.. Economics From a Biological Viewpoint [J]. The Journal of Law and Economics, 1977 (20): 1-52.

[166] Jocl A. C. Baum, Helaine J. Korn, Suresh Kotha. Dominant Designs and Population Dynamics in Telecomunication Services: Founding and Failure of Facsimile Transmission Service Organizations, 1965—1992 [J]. Social Science Research, 1995 (24): 97-135.

[167] John C. Panzar, Rober D. Willig. Economies of Scope [J]. American Economic Review, 1981, 71 (2): 268-272.

[168] Jones R.. The Origin and Development of Media of Exchange [J]. Journal of Polotical Economy, 1976 (84): 757-775.

[169] Joskow P. L., Noll R. G.. Regulation in Theory and Practice: An Overview [A] //in G. Frommeds., Studies in Public Regualtion [M]. Cambridge: The MIT Press, 1981: 1-65.

[170] L. Magnusson, J. Ottoson (eds.). Evolutionary Economics and Path Dependence [M]. Cheltenham: Edward Elgar Publishing Limited, 1997.

[171] Kahn A. E.. The Economics of Regulation: Principles and Institutions [M]. New York: Wiley, 1970.

[172] Kandory M., Mailath R. Rob. Learning, Mutation, and Long Run Equilibrium in Games [J]. Econometrica, 1993 (61): 29-56.

[173] Klepper S.. The Capabilities of New Firms and the Evolution of the US Automobile Industry [J]. Industryial and Corporate Change, 2002 (11): 546-666.

[174] Konosuke Odaka. The Automobile Industry in Japan [M]. Oxford: Oxford University Press, 1988.

[175] Lyda S. Bigelow, Glenn R. Carroll, Marc - David L. Seidel, Lucia Tsai. Legitimation, Geographical Scale, and Organizational Density: Regional Patterns of Foundings of American Automobile Producers, 1885—1981 [J]. Social Science Research, 1997 (26): 377-398.

[176] Maynard Smith J., Price G. R.. The Logic of Animal Conflicts [J]. Nature, 1973 (246): 15-18.

[177] Maynard Smith J.. The Theory of Games and The Evolution of Animal Conflict [J]. Journal of Theory Biol, 1974 (47): 209-212.

[178] Maynard Smith J.. Evolution and the Theory of Games [M]. Cambridge: Cambridge University Press, 1982.

[179] Metcalfe S.. Evolution and Economic Change [A] //in A. Silberston (ed.), Tecbnology and Economic Progress, Basingstoke [M]. Hampshire: Mac-

millan Press, 1989: 54-85.

[180] Murray B. Low. Eric Abrahamson, Movements, Bandwagons, and Clones: Industry Evolution and the Entrepreneurial Process [J]. Journal of Business Venturing , 1997 (12): 435-457.

[181] Olav Sorenson. The Effect of Population - Level Learning on Market Entry: The American Autumobile Industry [J]. Social Science Research, 2000 (29): 307-326.

[182] P. A. Geroski, M. Mazzucato. Modelling the Dynamics of Industry Populations [J]. International Journal of Industrial Organization, 2001 (19): 1003-1022.

[183] Peltzman S.. Toward a More General Theory of Regulation [J]. Journal of Low and Economics, 1976 (19): 211-240.

[184] Penrose E. T.. The Theory of the Growth of the Firm [M]. New York: Oxford University Press, 1959.

[185] Posner R. A.. Theories of Economics Regulation [J]. Bell Journal of Economics, 1974 (5): 335-358.

[186] Richard R. Nelson, Sidney G. Winter. An Evolutionary Theory of Economic Change [M]. Cambridge (MA): The Belknap Press of Harvard University Press, 1982.

[187] Senge P.. The Fifth Discipline: The Art and Practice of the Learning Organization [M]. New York: Doubleday Currency, 1990.

[188] Shaw R.. Investment and Competition from Boom to Recession: A Case Study in the Process of Competition-The Dry Cleaning Industry [J]. Journal of Industrial Economics, 1973 (21): 308-324.

[189] Sidney G. Winter: The Research Program of the Behavioral Theory of the Firm: Orthodox Critique and Evolutionary Perspective [A] //in B. Gilad and S. Kaish (eds), Handbook of Behavioral Economics, Greenwich [M]. Connecticut: JAI Press Inc, 1986: 151-188.

[190] Simon H. A.. The Compensation of Executives [J]. Sociometry, 1957, 20 (1): 32-35.

[191] Simon H. A.. Theories of Decision Making in Economics and Behavioral Science [J]. American Economic Review, 1959, 49 (3): 253-283.

[192] Singh J. V.. Organizational Evolution: New Directions [M]. Newbury Park, CA : Sage, 1990.

[193] Stigler G. J.. The Organization of Industry [M]. Homewood, Illinois: Irwin, 1968.

[194] Stigler G. J.. Comment on Joskow and Noll [A] //in G. Frommeds. , Studies in Public Regualtion [M]. Cambridge (MA): The MIT Press, 1981: 73-77.

[195] Utton M. L.. The Economics of Regulating Industry [M]. Oxford: Basil Blackwell, 1986.

[196] Weidenbaum M. L.. Business and Government in Global Marketplace, 5th ed. [M]. Englewood Cliffs: Prentice-Hall, 1995.

[197] Mitnick B. M.. The Political Economy of Regulation [M]. New York: Columbia University Press, 1980.

[198] Williamson O. E.. Economics and Sociology: Promoting a Dialog [A] //in G. Farkas and P. England (eds), Industry, Firms and Jobs: Sociological and Approacbes [M]. New York: Plenum, 1988: 159-185.

[199] Williamson O. E.. The Economic Analysis of Institutions and Organization-in General and with Respect to Country Studies [J]. Economics Department Working Papers Paris: OECD, 1993 (133): 1-78.

[200] Witt U.. The Evolution of Economic Institutions as a Preopagation Process [J]. Public Choice, 1989 (2): 155-172.

重要术语索引表

S

T

W

X

Y

Z